阅读成就思想……

Read to Achieve

亲密关系与
家庭治疗**系列**

原生家庭

影响人一生的心理动力

沈家宏◎著

中国人民大学出版社

· 北京 ·

图书在版编目（CIP）数据

原生家庭：影响人一生的心理动力 / 沈家宏著 . -- 北京：中国人民大学出版社，2018.7

ISBN 978-7-300-25808-9

Ⅰ . ①原… Ⅱ . ①沈… Ⅲ . ①家庭学 Ⅳ . ① C913.11

中国版本图书馆 CIP 数据核字（2018）第 109312 号

原生家庭：影响人一生的心理动力

沈家宏　著

Yuansheng Jiating : Yingxiangren Yisheng de Xinli Dongli

出版发行	中国人民大学出版社		
社　　址	北京中关村大街 31 号	**邮政编码**	100080
电　　话	010-62511242（总编室）		010-62511770（质管部）
	010-82501766（邮购部）		010-62514148（门市部）
	010-62515195（发行公司）		010-62515275（盗版举报）
网　　址	http://www.crup.com.cn		
	http://www.ttrnet.com（人大教研网）		
经　　销	新华书店		
印　　刷	天津中印联印务有限公司		
规　　格	170mm×230mm　16 开本	**版　　次**	2018 年 7 月第 1 版
印　　张	19.5　插页 1	**印　　次**	2023 年 9 月第 22 次印刷
字　　数	280 000	**定　　价**	75.00 元

推荐序

与自己和解的智慧

刘丹　北京大学心理学博士，

清华大学学生心理发展指导中心副主任

雷茵霍尔德·尼布尔（Reinhold Niebuhr，1892—1971）在 1934 年写下的祷告词中有一段文字是我非常喜欢的，也是很多人喜欢的：

上帝，
请赐予我平静，
去接受我无法改变的；
请给予我勇气，
去改变我能改变的；
请赐予我智慧，
分辨这两者的区别。

在心理咨询实践中，我发现，人们常常有昂扬甚至誓死的勇气一直奋力去改变配偶或者孩子的一些特点，也常常有平静甚至绝望的心态去接受自己的痼疾。但是，却没有区分二者的智慧。

有个妻子，每次遇到大事都强烈期待丈夫出头与人交涉，把事情搞定。在咨询室里，孩子不讲话时，她期待老公把孩子搞定。但是，丈夫却总是如缩头乌龟，要么不讲话，要么百般推诿，抑或直接起身走人。我问她："我注意到你竭力推动老公去做事情，他根本不动。似乎你的做法一直没有什么效果，可你还是一直这样很辛苦地努力着。你怎么看？"妻子低下头，说："我没有别的办法，只能这样。"

这个妻子一直在做着两件事：第一件，努力推动丈夫改变，虽然没有效果；第二件，接受自己不改变，允许自己总是做没有效果的事情，却不停下来。

我问妻子："假如有一位预言家能看透命运，他告诉你，你丈夫在做决定这件事上不会改变了。你会怎样？"妻子一副心有不甘的样子，沉默了一会儿，抬头看着我说："那我可能会放弃吧。我会让他做点别的事情。""别的什么事情呢？"我好奇地问。"他陪伴孩子还是非常有耐心的。我会让他多陪孩子学习，多出去运动吧。"当她说出这句话的时候，她的丈夫轻轻地吁了一口气，身体似乎也放松了一些。

假如我们知道什么是人生中无法改变的，那么，我们就比较容易停下想要去改变的行动，去接受命运的安排。但问题是，我们常常不知道。有时候，我们好像是知道一点，却不愿意相信和接受。比如，我们知道"江山易改，禀性难移"，却指望"放下屠刀，立地成佛"的事情发生。

虽然我们不是预言家，无法准确地预言人类的命运和自己的未来，但是我们具有学习和思考的能力。人类在了解自己的道路上，已经跋涉了几千年，人类思想和智慧的结晶可以帮助我们了解和理解关于命运的一些规律。

沈家宏医生精通精神病学和心理治疗学。他通过广泛涉猎的理论、长期的实践总结，发现了影响人成长的一些关键性环节和因素。他说："我发现了一个人的早年经历和生长的环境对其后来成长的重要性，我沿着这个方向坚持不懈地观察、探索和研究，便逐渐积累了一些经验和发现。"这些发现，被沈家宏医生命名为"家庭动力学"。其中的核心思想就是，"一个人的早年经历会影响或决定一个人的人生状态。"这个思想与精神分析理论、沟通分析理论、依恋理论以及代际传承理论等都有相似之处。在《原生家庭》一书中，沈家宏在开篇第1章中就简要、生动地介绍了这些对他极具启发的“各家学说”。

令我印象深刻的是，作者在本书中更着重从理论阅读和实践总结两方面介绍“个体的出生方式、喂养方式、抚养人、性别、排行、原生家庭成员状况、原生家庭成员的非正常死亡、父母的关系与婚姻状态、家庭文化与信念等因素，并讨论在个体早年这些因素如何影响其一生发展的”。这些方面与人们日常生活经验紧密相关，每个人都有切身体会，使读者阅读起来非常轻松，接受起来也很容易。

作者希望这本书可以“帮助父母认清在孩子早年的发展中，哪些阶段中的哪些因素会影响孩子的未来发展，从而把握好一些有益因素来促进孩子的健康发展，并控制一些不利因素来规避对孩子的伤害”；希望帮助“教师了解学龄前教育的重要性”；希望帮助“咨询师在咨询中去探索一个人早年的成长经历，探索一个人与家庭成员的联结，尤其是与父母的联结”。我相信，这本书一定具有这些意义和功能。

看过这本书后，我的另一个感悟是，这本书可以帮助读者立刻踏上“与自己和解”的旅程。当我在阅读的过程中逐渐知道，我出生的方式、我被喂养的方式、我的抚养人的特点、我的性别、我的排行、我的原生家庭成员状况、我的原生家庭成员的非正常死亡事件、我的父母的关系与婚姻状态、我的家庭文化与信念等因素，都对我有着不可磨灭的影响时，我就开始带着不一样的心情看待我的历史了。我似乎不会再像以前那么纠结于我的原生家庭的不完美，我开始怀着敬意与尊重、无奈与释然，试着去放下过往的执念，由此我感到了一丝轻松。这一刻，我比以往更确切地知道，有很多事情，无论我多么不情愿，都是我无法改变的，或者说是很难改变的，我只能接受它。当我开始接受它的时候，我开始转移我的目光，寻找我可以改变的，并迈步向前。

感谢沈家宏的这本心血之作，让我开始学到更多“与自己和解的智慧”。

2018年于清华园C楼

前　言

每当抬头仰望夜晚的星空，我都会情不自禁地发问："宇宙有没有边际？有没有起点？如果宇宙有边际，那么宇宙之外是什么？如果宇宙有起点，那么宇宙之前又是什么？"虽然后来接触到了宇宙大爆炸学说，但我的这些疑惑仍然没有能够被完全解答。

后来我慢慢长大，我对自己的存在又在不停地发问："人作为宇宙里的一个存在、一个物种、一个生命、一个动物、一个人，他存在的意义是什么？同时活着的价值又是什么？一个人如何活着才不算枉度一生？"我如饥似渴地去攻读哲学家的各类著作，却依然无果，直到现在，我也始终没有找到令自己满意的答案。

后来，我又把视线转移到一个人一生的成长与发展上来。我又不禁发问："一个人从小到大，从生到死，决定其一生成长的因素是什么？是什么决定着我们一生的人生轨迹、状态、苦乐和成败？"我选择了医学、精神病学和心理治疗学，通过医治精神障碍患者，通过会见前来进行心理咨询的不同身份和性格迥异的来访者与形形色色的家庭，在不断地为他们解决精神、心理和人生困境的过程中，我渐渐地发现了影响他们人生成长的一些关键性环节和因素。我发现了一个人的早年经历和生长的环境对其后来成长的重要性，我沿着这个方向坚持不懈地观察、探索和研究，便逐渐积累了一些经验和发现。

本书的内容是我对这个领域的思考和探索的总结，也是本人在多年的临床咨询实践和家庭治疗培训工作中不断进行思考和沉淀的结果。我试图把这些探索形成一个比较完整的体系——“家庭动力学”，希望能够有更多志同道合的伙伴参与到这个领域的研究中来，为追求自我成长或帮助他人自我成长的人士提供一些新视角、新思路和可操作性的技巧或方法。

我认为，一个人的早年经历会影响或决定一个人的人生状态。精神分析的客体关系特别看重个体 1 岁之前的发展；而依恋关系则特别看重 3 岁之前的发展；精神分析的鼻祖西格蒙德·弗洛伊德（Sigmund Freud）特别强调 6 岁之前的发展。我也特别赞同我国俗语“3 岁看大，7 岁看老”的说法，也同样认为一个人在 3 岁至 7 岁前的早年发展是特别重要的。个体未成年之前所经历的事件，其所带来的影响远大于他成年之后所经历的事件的影响；个体所经历事件的影响与其年龄成反比，即年龄越小，其所经历事件的影响力就会越大。

我们一生通常会有两个家庭，一个是我们从出生到成年的家庭，一个是我们成年后所成立的家庭。我们把前面的家庭叫原生家庭（family of origin），把后面的家庭叫再生家庭（family of procreation），原生家庭会影响或决定再生家庭。

在本书中，我们着重研究的是个体的出生方式、喂养方式、抚养人、性别、排行、原生家庭成员状况、原生家庭成员的非正常死亡、父母的关系与婚姻状态、家庭文化与信念等因素，并讨论在个体早年这些因素如何影响其一生发展的。

除此之外，我们对上述因素的研究和探索，在育儿、教育、心理咨询等领域也会对相关工作起到积极的作用。

在育儿方面，能帮助父母认清在孩子早年的发展中哪些阶段中的哪些因素会影响孩子的未来发展，从而把握好一些有益因素来促进孩子的健康发展，并控制一些不利因素来规避对孩子的伤害。

在教育领域，有助于教师了解学龄前教育的重要性。

在心理咨询领域，家庭动力学和一些重视当下、重视未来的心理学流派不同，它特别看重过去经历的重要性。家庭动力学和精神分析学说一样是决定论者，强调现在是过去的结果，过去是现在的原因，看重过去与现在的联结。因此，咨询师在咨询中通常会去探索一个人早年的成长经历，探索一个人与家庭成员的联结，尤其是与父母的联结。咨询师还会探索一个人目前的心理问题是与哪些早年经历或与哪些家庭因素相关。同样的道理，我们也可以根据一个人的早年成长经历，来预测他后来的成长状态或心理健康程度。

综上所述，探索家庭动力的意义是显而易见的，如果我们找到了那些影响个体人生成长的早年因素，那么作为家庭中的父母就可以通过控制这些因素为他们的孩子的未来成长服务。我们或许可以因此避免一些人生的不幸，也可以突破人生的一些限制，让我们自己、也让我们的家人尤其是孩子的生命潜能最大化，并以此获得更多的成功、快乐与幸福。

目　录

01 各家学说：家庭如何影响人的一生

02 我们赖以生存的家庭

03 原生家庭对个人成长的影响

04 排行与动力：同胞序位对人一生的影响

05 在丧失中成长

13 人生问题：从原生家庭溯源

14 中国传统文化对家庭的影响

Family Dynamics / CHAPTER 01

01

各家学说

家庭如何影响人的一生

一些心理学流派的研究表明，一个人的早年经历对其后来成长有非常重要甚至决定性的作用。

- 经典精神分析理论认为，一个人的人格结构在 6 岁之前就已经基本完成。
- 沟通分析理论认为，一个人在 6 岁之前的经历会成为他后来人生的剧本，也就是说，一个人 6 岁之后的人生，都是在上演 6 岁之前的故事。
- 依恋理论认为，一个人在 3 岁之前和父母所建立起来的依恋关系模式会影响他后来人生的关系模式。
- 客体关系理论认为，一个人在 1 岁之前和母亲所建立的母婴关系对他后来的人生有非常重要的影响。

我们看到，这些心理学流派都主张一个人早年经历的重要性。这些早年经历都可能会演变成他未来人生成长的心理动力。

童年经历影响一生的成长：精神分析理论

经典精神分析理论

精神分析的创始人西格蒙德·弗洛伊德是较早探索家庭动力对一个人的影响的先驱之一。他特别强调童年经历对一个人后来成长的影响。

弗洛伊德的精神分析学说主要研究潜意识对一个人的影响，他特别强调一个人的“性”发展与“性”满足。并认为，一个人的心理出现问题，多是“性”的发展在早年遇到了障碍。这个障碍会潜伏在一个人的潜意识里，当他后来在成长的道路上遇到压力大的事件而无法应对时，这些被压抑在潜意识里的性创伤或性需求就会以症状的方式出现，从而影响他的健康和生活。

弗洛伊德把一个人的心理发展视为性心理的发展，并且把他分成五个阶段，这五个阶段分别为口唇期（oral stage）、肛门期（anal stage）、性器期（phallic stage）、潜伏期（latent stage）和生殖期（genital stage）。

- 口唇期是从出生到出生的第二年，这个阶段对婴儿口腔的刺激，如吮吸、咬和吞咽等，是性满足的主要来源。
- 肛门期是从 1 岁到 3 岁，这一阶段性敏感区转到肛门。
- 性器期是从 3 岁到 5 岁，这个阶段生殖器成为性敏感区。这一阶段的性满足涉及对异性父母的性幻想以及玩弄和展示生殖器。恋父情结和恋母情结正是在这一阶段产生的。

前三个阶段是人格发展的重要阶段，为成人后的人格模式奠定了基础。弗洛伊德认为，一个人的人格在 6 岁之前基本完成，因此一个人在 6 岁之前的发展就会影响并决定他后面人生的发展。在前面的这三个阶段，如果没有得到顺利发展，那么，他后面的阶段就不可能顺利进入，他可能会停留在某一阶段，或即使发展到后面的阶段，仍可能会退回到前面的阶段。因此，即使他随着年龄的增长进行到成年后的各个阶段，但他的人格可能仍然在所停滞或所退回的那个心理阶段，并按照这些阶段所具有的人格特点行事。尤其是在 3~5 岁的恋父或恋母阶段没有得到很好处理，就会发展成为恋父或恋母情结，这个情结会在很多方面影响一个人在未来的人生发展，关于这个影响，在后面的章节还会详细地描述。

客体关系流派

较早探索家庭动力的另一个精神分析理论流派是客体关系流派，这个流派的创始人是奥地利精神分析学家梅兰妮·克莱因（Melanie Klein），她也是儿童精神分析研究的先驱。

梅兰妮·克莱因认为，每个人最基本的需求是与外在世界建立关系，人们把这个与外在所建立的关系内化到各自的内心世界则变成主观世界里的关系，然后我们再把这个内在的主观世界里的关系投射到外在的真实世界的关系里去，并影响或控制我们与外在的世界关系。

我们与外在世界建立最早关系的是妈妈的乳房，然后才是妈妈。乳房被分为好乳房与坏乳房，这个好乳房会被婴儿内化成好自己，坏乳房会被内化成坏自己。也就是说，如果婴儿觉得妈妈的乳房是好乳房，那么婴儿就会觉得自己是好自己、好孩子，是个可爱的、有价值的孩子；反之，如果他觉得妈妈的乳房是坏乳房，他就会觉得自己是坏自己、坏孩子，是个糟糕的、没有价值的孩子。因此，婴儿与妈妈乳房的关系会演变成婴儿与自己的关系，会影响孩子自身的价值感。后来婴儿与外在世界的关系才慢慢从妈妈的乳房，转移到一个完整的妈妈这里。于是，婴儿与妈妈乳房的关系、与妈妈的关系便成了影响一个人后来发展最为重要的关系。

因为婴儿与乳房的关系模式、与妈妈的关系模式会演变成后来他与外在世界的关系模式，而这两个关系的建立是在婴儿出生 6 个月之内。也就是说，孩子在出生 6 个月之内与妈妈的乳房和完整的妈妈所建立起来的关系，会影响到婴儿后来的成长与发展。我们会看到，这个时间比我们中国人所认为的 3 岁之前和 7 岁之前还要早。

个体心理学学说

对家庭动力研究比较早的还有阿尔弗雷德·阿德勒（Alfred Adler），他也是奥地利人，是精神病学家和个体心理学的创始人。阿尔弗雷德·阿德勒曾是弗洛伊德精神分析的追随者，并是弗洛伊德早期最为得意的门生之一，后来因与弗洛伊德在学术上有分歧而离开了弗洛伊德，并创立了自己的个体心理学学说。

阿德勒认为，人是一种追求卓越的动物，而人不可能是完美的，因此我们常常会产生自卑感，为了摆脱这种自卑感，我们就需要不断地追求优秀和卓越。因此，在阿德勒看来，自卑又是卓越的推动力。人有了自卑之后，才会去不断地追求卓越和完美。而在摆脱自卑和追求卓越的道路上，每个人都会有自己独特的方式或方法，阿德勒将之称为“生活模式”，意指个体在其成长的过程中所呈现出来的应对和适应环境的行为方式和处理问题的方法。

他认为，个体的生活主要在于克服婴儿期无助的感觉并追求优越，最终的目的是提高个人的价值，为个人带来安全感。为了达到这个目的，每个人所采用的手段也大相径庭，因而形成了不同的生活风格。这也是个人行为表现中所显现出来的动机、特质、兴趣、价值等明显独特的组合体。简言之，生活风格就是个体追求优越的方法。

在他看来，一个人的生活风格大多形成于 4 岁或 5 岁之前。一个人根据自己所积累的经验，渐渐塑造成自己所独有的特质，也形成了个自人格的独特性，因此生活风格表现了一个人人格的整体性和独特性。每个人都有其独特的生活风格，正如我们不能发现两片完全一样的树叶，我们也无法发现两个绝对相同的个人。

阿德勒认为，一个人的生活风格是在儿童时期形成的。每个儿童形成什么样的生活风格有赖于他的家庭环境与幼年经验。人们这种早期形成的生活风格会牢固地保持下来，并且难以改变，这就为其应付以后所遇到的生活问题提供了规则。生活风格主要是由儿童所处的家庭环境（如家庭的社会地位、经济状况、家庭结构、在家庭中的处境、兄弟姐妹的多少及家庭气氛等）决定。

阿德勒也是最早研究排行的心理学家之一，他系统地研究了出生顺序对孩子心理成长和性格特点的影响。阿德勒认为，孩子的出生顺序影响孩子的心理发展。在同一个家庭中，即使只有两个孩子，也不会处于完全相同的情境。因此，每个孩子都会因其想适应自己所处的特殊情境而表现出自己独特的生活方式，这种独特生活方式的影响具体表现在性格、学业、工作、交友、兴趣、恋爱和婚姻等方面。

家庭中的每个孩子为了确保他们在家庭中的地位，也会采用不同的行为模式。阿德勒的研究发现，年龄最大的孩子会自然地扮演有责任感的、代理父母的角色；最小的孩子则向相反的方向发展，成为喜欢取乐、不负责任的冒险者；而中间的孩子常常发现自己很难建立一种自我认同感，那就是赋予他们区别于其他兄弟姐妹的自然差异点，他们需要寻找机会强大起来，甚至成为孩子中最强大的那一位，从而使他们在家庭中找到一个位置。阿德勒认为，由于出生顺序所带来的排行不同，便决定了孩子的性格模式或行为模式不同，这也是孩子所形成的“生活模式”的一部分。这些生活模式大部分都在孩子最初的第四或第五个年头形成，而这些生活模式一旦形成，便很难改变。从另外一个角度看，阿德勒同弗洛伊德一样，也强调生命早期在形成人格上的重要性。同时，他也是研究家庭动力的先驱者之一。

主体间性心理治疗

我们再来看看后现代精神分析的主体间性心理治疗是如何探索家庭动力、如何看待早年经历对我们后来成年世界的影响的。主体间性心理学认为，我们每个人和外在他人与世界的关系模式是在早年形成的，并被个体不断加强完善和保持，然后用相同的模式与外在的他人、与世界建立关系。该学说把这个关系模式称为“经验组织原则”。

主体间性心理治疗的主要创始人是罗伯特·史托楼罗（Robert Stolorow）和乔治·阿特伍德（George Atwood）。他们认为，人出生后就开始和外围世界产生各种各样的联系，一个人的能力、性格、孩提时期与抚养者的关系以及生活环境的好坏可以互相影响、共同作用；久而久之，人和周围世界的互动就形成了特定的“模式”。这些“模式”就是我们感知自我与世界的方式，具有一定的组织性、主观性和特异性。

另一位重要的主体间性心理学家约瑟夫·利希滕贝格（Joseph Lichtenberg）认为，人类产生的“当下的体验”与生命早期婴儿和抚养者的互动模式息息相关。利希滕贝格很重视情绪的作用，他认为我们当下体验到的需要以及由此产生的情绪，在某种程度上都可以看作“婴儿与抚养者”互动模式的重复。也就是说，人们当下的情绪体验，在生命早期与抚养者互动中早已体验过。

多纳·奥林奇（Donna Orange）也是一位主体间性心理学家，他也强调，由于无意识地重复“婴儿—抚养者”的情感反应方式，人类的主体性就慢慢具备了一定的结构性和组织性，进而形成了特异的“互动模式”。这些“互动模式”来自个体生命早期体验过的情感，是人们当下主观感受形成的基础。

一个人的早年经验组织原则之所以被维持住，在主体间性心理学看来，是出于一个人的自我统合感、连续感和自我完整感。一个人会把早年所形成的一些体验或信念“正常化”，并会把这些视为正常，然后按这些他认为的“正常”来组织当下的情境。

例如，一名 6 岁的男孩到他的小伙伴家里去做客。当他看到小伙伴家中的交流情况时，偷偷地把他的小伙伴拉到一旁，悄悄地告诉他：“你们家太不正常了，你的爸爸和妈妈说话都是客客气气的，他们对你说话也是客客气气的。在我们家，我的爸爸妈妈说话都是声音很大，从来不客气的。他们对我说话也是这样。你们家不正常。”

我们会像这位小男孩一样，把自己曾经在早年所经历的情境“正常化”，然后把这个“正常”不断保持和继续下去，这样才更像我们自己，才更是我们自己，才更能找到我们自己。

主体间性心理学的经验组织原则通常来自个体生命早期和抚养者及其重要成员的关系。这种模式会形成我们的自我概念，以及我们在阿伦·贝克（Aaron Beck）的认知疗法（Cognitive Behavioral Therapy，CBT）中所看到的早年信念。这些自我概念和自我信念又会影响或决定我们对后来当下情境的应对。

主体间性心理学认为，经验组织原则同时包括认知和情感两个方面。例如，一个人会认为自己是不值得爱的、是有缺陷的，这是认知层面；那么在这个认知之上，会形成羞耻感或自我厌恶感，这是情感层面。当后来的“经验组织原则”不在这个模式里，如他是可爱的、是出色的，那么出于一个人的自我统合感、连续感和自我完整感，他也会把这种“可爱”和“出色”给破坏掉，然后让自己符合“不值得爱”“有缺陷”的“经验组织原则”。从这个角度看，来访者的症状以及不良的关系正是他们想要继续保持心理统合感所做出的努力。

3 岁看大，7 岁看老：沟通分析理论

对家庭动力学有重要贡献的另外一位心理学家是艾瑞克·伯恩（Eric Berne）。他是一位美国心理学家，是沟通分析（Transactional Analysis，TA）或称交流分析学派的创始人。伯恩在心理学上的贡献，主要是他在 20 世纪 50 年代独创的交往分析治疗体系。所谓交往分析，就是以人际互动为基础的心理治疗，其目的旨在对一个人的自我心理状态分析了解之后，帮助一个人了解和认识自己的自我状态，学习适应性的交往行为，从而重建自我，获得一个成熟健康的人生。

三个自我状态

伯恩认为，我们内在都有三个自我状态，这三个自我状态分别是父母自我状态、成人自我状态和儿童自我状态。这三种自我状态分别表现在他们对外在事情或自己的内在状态的不同的感知、想法和行为的方式上。

- 父母自我状态是一个人从父母那里学习而来，并整合到自己人格里的那些部分。因为它主要来自自己的父母，因此他会在不知不觉中表现出和自己父母相同的行为、动作、语言、态度等。其可能的表现有控制、专制、好为人师、指责、批评、要求，也可能会表现为爱、照顾、包容和关怀等。
- 成人自我状态是一个人的行为、思考、感觉的方式是针对此时此地发生的事件的反应，并且是能够考虑后果的反应。其可能的表现有理性、尊重、民主、平等、有原则、有弹性、现实、顾大局等。
- 儿童自我状态是一个人以自己过去（特别是年幼时）的方式思考、感觉并表现的部分。其可能的表现有直接表达需求、自我中心、冲动、感情用事、单纯、喜怒无常、直率、哭泣、无理取闹、不负责任、任性，也可以表现为活泼、有创造力、追求自由、自然、纯真和有生命力等。

我们每个人都有这三种自我状态，只是比例不同。人与人之间的区别也在于这种比例的不同。我们在人际交往或与他人沟通时，会在不同的场合或遇到不同的人群时使用不同的自我状态去应对或反应。这些比例和应对的不同，便形成

了我们每个人的风格。这些风格或模式的不同，也是我们在成长过程中所形成的，通常取决于一个人早年所经历的家庭环境。

人生脚本理论

伯恩的另外一个与家庭动力有关的学说是人生脚本理论。伯恩认为，我们每个人都有自己的人生脚本，这个脚本在我们每个人的6岁之前就已经写好了，而且很难更改。我们在6岁之后，通常就按照这个写好的脚本来演绎自己的人生故事。

按照伯恩的说法，我们的“人生脚本”就是“潜意识对一生的计划。”后来又补充为“是童年时针对一生的计划，被父母所强化，从生活的经验中得到证明，经过选择而达到高潮”。

人生脚本理论认为，每一个人都早已在孩童时代就为自己的一生制订了特别的计划，这个计划不只是一个人对世界整体的看法，而是被安排得像一出戏：有明显的开场、剧情和结尾，人的一生都按照这个剧本的剧情在预期地不断上演。如果真是如此，那么我们所有的人在6岁之前是我们人生的原型，而在6岁之后我们都成了演员。我们用6岁以后的人生，不断地上演6岁以前的故事。

伯恩认为，一个人的儿时脚本是别人所赋予的，这个别人通常是自己的父母。相较成年人的父母而言，处在童年期之前的儿童通常是非常弱小的，他们如果要活下来，就离不开父母的养育。父母不要他们或者抛弃他们，对他们来说无疑是天大的灾难。而让父母能够留下他们的话，他们能做的就是让父母开心，能够满足父母的要求，并且得到父母的认可。他们不会无视父母对他们的要求，因为如果他们看到自己的父母因为自己而不开心，或者不满意，可能就意味着父母不要他们，因此他们对父母的要求通常会言听计从。孩子对父母的这些要求内化到他们的内心世界所形成的行为规范便形成了个体一生的“人生脚本”。

伯恩认为，父母对孩子的要求通常包括两个部分：一部分是父母从自己的需求或感受出发，并非满足孩子的需要，而是为了满足父母自己的需要，且所传递的是负面的要求和信息，这些信息的内容是阻止孩子做一些事情，这些信息被称作“禁令”（Injunction）；另外一个部分是传达正面的信息，希望孩子建立一些好的品质或获得一些好的能力，并对孩子提出一系列的要求，这些正面的要求和信息被称作“允许”（Permission）。

这些“禁令”通常会含有禁止的信息，具有威胁性、恐吓性、否定性、拒绝性。这些“禁令”大概有以下 12 种。

1. 不要存在（Don't exist）。这类信息通常包含父母对孩子本人的否定。例如，一些父母经常会对孩子说：“我就不该把你生出来。”“我真倒霉，这一辈子怎么会有你这样一个小孩！”“你做了这些事情，太伤我的心了，你气死我了，我上辈子造了什么孽啊！”“你跟你爸（妈）吧，我不要你了。”“我不认你这个孩子，你也不要认我这个爸爸（妈妈）。”当父母说出这些话的时候，孩子就会感受到父母在否定自己的存在感，孩子会觉得“我是多余的”“我不该活在这个世上”“我是危险的，我是恶魔，我应该受到惩罚”。这类孩子往往没有价值感，会经常出现自伤、自残甚至自杀行为。而那些在存在家暴行为或虐待孩子的家庭里长大的孩子，经常会有这样的脚本。
2. 不要是男孩 / 女孩（Don't be your sex）。这类家庭中的父母通常会因他们对孩子的性别期待没有得到相应的满足而迁怒于孩子。他们本想要男孩，结果却生了个女孩；本想要一个女孩，却偏偏生了个男孩。这类孩子常常会收到父母的信息：“你不是我们期待的”“我们想要的是男（女）孩，我想要的不是你”。不被父母性别期待的孩子通常会收到来自父母对自己性别的拒绝或不满，此类孩子通常也会拒绝自己的性别。他们无法改变自己的生理性别，但是却可以通过改变自己的心理性别或社会性别来满足父母的愿望。如果是女孩，她们可以改变自己的外形、着装、性格、爱好等，把自己弄得更像男孩，她们也可以变得非常优秀，来补偿父母没有要到男孩的缺憾。另外，此类孩子通常也会有非常低的价值感，经常会用优秀来证明自己的价值，会非常渴望来自他人的认可和赞美，会非常害怕他人的否定、拒绝和轻视。

3. 不要像个孩子（Don’t be a child）。这类父母通常希望孩子是个小大人，要像大人一样感受、思考和做事。用成人的标准和规范来要求孩子。他们无法接受孩子的单纯、天真、活泼、好奇、无常、任性、感情用事、简单、直接、快乐等。经常会用“有什么可笑的？”“有什么好玩的？”“不觉得有什么意思。”“你太简单（幼稚、单纯、天真、任性、没有脑子了、轻率、轻信等）了！”来否定孩子的童性。此类孩子通常无法拥有自己的童年，因此也无法完成童年时期的心理发展，他们自然也无法顺利过渡到成年。被剥夺了童年的孩子，他们往往也不可能有真正的成年。当他们进入了成年，他们会利用一切机会，把童年没有完成的那些心理发展补回来，就像迈克尔·杰克逊所做的那样。

4. 不要长大（Don’t grow up）。一些父母不希望孩子长大，希望他们停留孩子状态，是因为他们内心里需要孩子的情感，需要孩子陪伴在他们身边。所以，他们就不希望孩子离开，甚至不允许孩子与他们分离。当然孩子会一天天长大，而长大就意味着与父母分离。而那些在关系上与自己配偶不和谐的父母，就希望能把孩子留在自己身边，这样就可以补偿和配偶不好的关系。然而，如何才能让孩子不和自己分离呢？不要孩子长大通常是比较好的策略。于是，一些父母通常会采用溺爱孩子的方式，让孩子没有照顾自己的能力，也没有和其他人建立关系的能力，这样，孩子就无法和父母分离，父母便满足了依赖孩子的需求。

5. 不要成功（Don’t succeed）。当孩子成功了，就意味着孩子会不断地强大，对那些控制欲很强和自我价值感很低的父母来说，就意味着如果孩子不断地成功，那么总有一天会超过父母，那么父母就会被孩子比下去，他们的自我价值感就会受到威胁。如果孩子不断地强大，他们对孩子的控制就会越来越困难，当他们无法控制孩子时，就意味着孩子变得越来越失控，而当孩子不再处在他们的可控之中，他们就会有强烈的不安全感。于是，父母为了保住这种能力上的优势，他们表面上想让孩子成功，如对孩子提出很严格的要求，给孩子定很高的目标，然后给孩子施加很大的压力，结果让孩子无法做到这些要求，无法实现这些目标，于是孩子就无法成功了，父母便成功地做到了让孩子无法超越自己。例如，一些孩子平时学习很好，可一到重大考试时就焦虑，从而导致考试成绩不理想，考不好就不会很优秀和很成功，这样就无法超越父母。

6. 不要做任何事情（Don't）。不要做任何事可以获得安全，但是却会失去成长的机会，因为成长需要探索，需要变化，甚至需要冒险。不要做任何事，就等于父母告诉孩子不要成长，然后让孩子永远在父母的庇护下长大，这样孩子就可以不离开父母了。因此，不要做任何事，就像第 4 条里不要长大一样，同样是出于父母无法和孩子分离的结果。当不要做任何事成为孩子的一种习惯时，孩子就会处在一种习得性无助的状态，他们不会有欲望，不会有渴求，不会有想法，在困难面前，他们也从不会想办法去解决。
7. 不要重要（Don't be important）。当一个人把自己放在不重要的位置时，他就会把别人放在重要位置上，并漠视自己的需要和权利而去照顾他人的需要和权利。这个他人最初是父母，后来会变成朋友、恋人、配偶和孩子。当觉得自己不重要，他就要成为满足比他重要的人的需要的工具。当一个人觉得自己不重要时，他也会因此觉得自己不配享受美好、快乐、幸福和有价值的东西。当一个孩子觉得自己不重要时，他才能满足父母的重要感，孩子才能更好地去满足父母的需求，也会更加容易被父母所控制。
8. 不要有归属感（Don't belong）。有些家庭会出现拉帮结派的现象，父母在孩子那里说对方的坏话，想把孩子拉到自己这一边。这个时候，孩子的归属感就会成为问题。当母亲想把孩子拉到自己这一边时，她通常就不允许孩子归属到父亲那边；而当父亲想把孩子拉到自己这一边时，他通常也不允许孩子归属到母亲那里去。更有甚者，当孩子的母亲对父亲不满意，进而扩大到对孩子父亲整个家族不满意时，母亲也会不允许孩子对父亲的整个家族有归属感。当孩子到了青春期，想去结交朋友（或者异性朋友）时，一些父母出于孩子的学业或安全考虑，而千方百计地进行阻拦，不让孩子走进他们的同龄人，同时也会警告孩子，不能归属于他们的同学或同龄伙伴。当孩子的归属感被父母打乱，他们在长大之后，就会无法融入集体，也无法从他人那里找到归属感，从而无法建立亲密关系和安全感。

9. 不要亲近（Don’t be close）。不要亲近的含义有三：不可与父母亲近；不可与异性亲近；不可与陌生人亲近。和父母亲近时，父母有失去威严的风险；和异性亲近时，有失去志向的风险；和陌生人亲近时，有遭遇伤害的风险。还有一种情形，当我们和一个对象过于亲近，如果面临不得不分离时，会带来格外的痛苦。尤其是当一个人在生活的层面不断地面临分离时，“不要亲近”就会成为一个警语。因为我们和一个对象越是亲密，分离所带来的痛苦就越是深重。为了免于分离的痛苦，比较好的策略就是不要过于亲近。这种情况可能多发生在那些在小时候经历频繁地转学、搬家的孩子那里；还有那些小时候经历过父母离异，并且在离婚后父母彼此之间不相往来的孩子那里。

10. 不要健康（Don’t be healthily）。健康本是我们希望拥有的东西。如果一个孩子在父母那里经常被忽略，得不到关心，突然有一天，他因患病而从父母那里得到了他所渴望的关心、照顾、陪伴和疼爱，之后又因他恢复健康，他父母的爱又慢慢地远离他而去，他过去受忽略和不被关心的状态再次恢复到从前。那么，这个孩子就会认为还是生病好，生病虽然身体上痛苦，但是却可以换来父母的关心和疼爱，心灵上可以得到慰藉。于是，用生病来获得父母或他人的关心，就会变成他满足需求的一种模式。当生病可以用来获得关心时，生病也会被用来控制关系。

11. 不要思考（Don’t think）。在有的父母看来，孩子不需要独立思考，听父母的就可以了，因为孩子一旦有了思想，父母控制孩子就会变得困难。而当孩子的思想超过父母时，父母的价值感就会受到威胁。孩子和父母在关系上最困难的时期是孩子进入了青春期的时候。父母会觉得孩子由原来的言听计从变成我行我素了，由原来对父母的崇拜与敬仰变成对同学和明星顶礼膜拜了。其实，孩子的这些变化都是缘自有了自己的思想、有了自己的主张，这是孩子开始从父母那里分离的表现。可是，有些父母是害怕孩子与自己分离的，而孩子有了自己的思想是分离的标志。为了避免这种分离，这类父母认为最有效的方法之一就是不让孩子有自己的思想，而让孩子完全活在自己的想法里。

12. 不要有感觉（Don’t feel）。很多人小时候可能有这样的经历：当你在父母那里受到了委屈，伤心地抽泣时，可能会遭到父母的制止，不允许你哭泣，不允许你伤心；当你生气发怒的时候，也会受到来自于父母的压制，不允许你发怒；你表现出害怕，父母也会告诉你要勇敢，来把这种胆小消除掉；当你遇到失败或挫折表现出沮丧的时候，父母可能会用要坚强来把沮丧从你这里赶跑。父母经常会用他们觉得正向的、有力量的、积极的感觉来覆盖孩子的那些被父母认为是负面的、消极的感觉。久而久之，孩子会觉得自己的感觉是不对的、不应该的。于是，孩子要么变得没有感觉，要么就用父母或他人的感觉来替代自己的感觉。

上面的这些禁令都是早年儿童从与父母相处的经验中所得到的，来自父母对他们的具有警告、拒绝和负面的信息，这些负面的信息会化成孩子的一种内在信念，这些信念就会变成孩子未来的人生脚本。

当他的人生脚本里有“不要成功”时，一旦他不经意成功了，他就会想方设法将之破坏掉；如果他觉得“不要健康”，那么他的身体和心理都会配合这个脚本，会让自己陷入疾病状态；如果他的脚本里有“不要亲近”，那么他在人际关系里会和所有的人保持距离，不允许自己和任何人靠近，也不允许任何人走近他的内心世界；如果他的脚本里有“不要有归属感”，那么他可能会保持离群索居的状态，不让自己属于任何人和团体，也不让他人属于他自己；如果他的脚本里有“不要有感觉”，那么他就会让自己保持超理性的状态，或者是对外在没有任何反应的状态。

人生脚本除了“禁止”信息之外，还有“允许”信息。严格上来说，“允许”信息则是“应该”和“必须”的信息。

如果说“禁止”信息是父母不希望孩子做的事，那么，“允许”的信息、“应该”和“必须”的信息，就是父母希望或要求孩子要做到的事情。伯恩把这类信息归为下面 5 大类。

1. 要完美（Be Perfect）。完美是基于好与坏、对与错、是与非、美与丑、善与恶。在完美的状态下，只允许一种可能性存在，那就是只允许好的、对的、美的和善的存在，不允许坏的、错的、丑的和恶的存在，因此完美就是对不完美的拒绝。完美通常源于对高自我价值的需要，追求完美的人通常是想借此来补偿自己的低自尊，通过完美来提升自己的自我价值。因此，那些自我价值比较低的父母，通常会通过要求自己完美，也要求孩子完美来提高自我价值。因为孩子是父母的一部分，如果孩子是完美的，那么父母的价值就会得以提高。这类父母会通过严格要求孩子而获得完美；当孩子不完美或犯错时，又会通过高惩罚来打击或压制孩子。父母会采用双重措施来得到完美并回避不完美。被父母用完美要求的孩子，通过会有很高的超我。这类孩子会有很大的压力，这些压力不仅来自对自身完美的要求，而且还来自父母要求自己完美的苛求。当然，过高的超我可能会带来一些心理或精神上的症状，如焦虑、强迫和抑郁。因为当超我过强时，本我就没有办法在自我中找到出口，本我通常会利用症状来寻求出路或满足需求。

2. 要取悦别人（Please others）。相较于父母，孩子通常会很弱小。没有父母的照顾，孩子通常会活不下来。如果父母对孩子不高兴，孩子可能就会面临被“抛弃”的境地。因此，父母心情好、父母高兴，孩子就会得到很好的照顾。因此，所有的孩子都会想方设法取悦父母，让父母高兴和开心。尤其当父母对孩子的爱是有条件时，那么孩子就越会意识到取悦父母的重要性。父母对孩子有条件的爱通常表现为当孩子满足了父母的需要，当孩子表现优秀时，父母就会高兴，就会全力满足孩子的需求；而当孩子没能满足父母的需求或表现很糟糕时，父母就表现出不高兴，或是对孩子进行非常严厉的惩罚，此时父母可能就会把对孩子的爱收回来，对孩子合理的需求不予以满足或曾经做出的承诺也不再履行或兑现。取悦他人的孩子通常是牺牲自己的需要来成全或满足父母或他人的需要。这类孩子通常是处在压抑状态，唯命是从，时刻准备着奉献自己。

3. 要努力（Try hard）。我们在父母那里经常被要求要超越他人，也要不断地努力超越自己。这通常会来源于有优秀情结的父母。因为在这类父母眼里，一个人只有优秀、只有成功、只有有所作为才会活得有价值、有意义，而这些都需要一个人不断地努力才能实现。因此，一个人必须要不断地努力，才能让自己保持优秀的状态。有了这种状态，你的人生才可以称得上没有虚度。

4. 要坚强（Be strong）。我们知道，安全感在马斯洛需求层次中是第二层级的需求。当我们面临充满风险的世界，脆弱会使我们失去对自我的保护，会威胁到我们的生存和安全，我们可能会遭受伤害，甚至会使我们面临死亡。因此，坚强对于我们来说就显得尤为重要。我们如何才能坚强呢？第一要有一个健壮的体魄，第二要有一颗勇敢的心，第三要有强大的能力。尤其是在面对危险、困难、挫折时，不可退缩，不可畏惧，不可言败。为了做到坚强，我们就需要把脆弱管理住，不可以轻易流露忧伤，不可流泪，不可以倾诉。我们经常需要一个强大的理性、一个强大的控制力，不让内在的软弱跑出来。
5. 要快一点（Hurry up）。在生活中，我们到处都可以看到快节奏。因为快可以成功，可以获得高效率，可以超越别人。尤其是到了21世纪互联网时代，人类知识和技术的更新越来越快，快和高效几乎成了这个时代的代名词。快可以使我们走在他人的前面，可以让我们获得更多的机会，可以让我们立于不败之地。因此，“快一点”成了当今时代父母对孩子的普遍要求。

伯恩认为，上面的12道“禁令”和后面的5条“允许”，通常是组成孩子人生脚本最为核心的内容。每个人在这些方面的内容是不同的，通常会是不同的“禁令”和“允许”的组合，这些不同的组合被写进我们每个人的人生脚本中。

母婴关系对成年后的影响：依恋理论

依恋理论（Attachment theory）也是与家庭动力相关的理论。依恋是一种婴儿和其照顾者（通常是母亲）之间存在的一种特殊的感情关系。依恋产生于婴儿与其父母的相互作用过程中，是一种感情上的联结和纽带，是婴儿和父母尤其是母亲的一种情感联结方式。这种联结方式一旦形成，就会变成他在未来与他人打交道或建立关系的一种模式。因此，一个人早年与母亲所建立起来的依恋模式，不仅会影响到他与母亲的关系质量，也会影响到后来的人际关系，这些关系包括他在幼儿园、小学、中学、大学里与同学和老师的关系；步入职场后，他与同事和上司的关系；恋爱时，与恋人的关系；走进婚姻后，与配偶和孩子的关系。

首先提出并建立依恋理论的是英国精神病学家约翰·鲍尔比（John Bowlby）。美国心理学家玛丽·爱因斯沃斯（Mary Ainsworth）将婴儿的依恋关系分为以下三类。

- 安全型（secure）。具有安全型依恋关系的儿童与母亲在一起时能舒心地玩玩具，并不总是依恋母亲。当母亲离去时，明显地表现出苦恼；当母亲回来时，会立即寻求与母亲的接触，很快平静下来并继续玩。
- 不安全—回避型（insecure- avoidant）。具有不安全—回避型依恋关系的儿童在母亲离去时并没有紧张或忧虑，母亲回来，他们亦不予理会或短暂接近一下又走开，表现出一种忽视及躲避行为。这类儿童在接受陌生人的安慰与母亲的安慰上没有差别。
- 不安全—反抗型（insecure- ambivalent）。具有不安全—反抗型依恋关系的儿童对母亲的离去表示强烈反抗，母亲回来，寻求与母亲的接触，但同时又显示出反抗，甚至发怒，不能再去玩玩具。

后来的研究表明，一个人的依恋类型在早年一旦确定，就会对他后来的人际关系产生持续和恒定的影响。

那么一个人的依恋是如何建立起来的，他的依恋类型在其多大的时候会初步定型呢？

1969 年，鲍尔比依据儿童行为的组织性、变通性与目的性发展的情况，把儿童依恋的产生与发展过程分为前依恋期、依恋关系建立期、依恋关系明确期和目标调节的伙伴关系四个阶段。

第一阶段，前依恋期（出生至 8 周到 12 周）。这一时期的婴儿对任务不加区别，表现出信号行为。这些信号行为包括出生后的哭叫、吮吸、依附、定向等反应；几个星期后，是微笑、咿呀学语反应；几个月是爬行、走步反应等。

虽然还不会识别某一个特定的人，但已会向人表现出信号行为，这种行为易激发母亲的母性行为，母亲就会花更多的时间和婴儿待在一起。

第二阶段，依恋关系建立期（12 周至 6 个月）。这一时期是对特定人物进行定位和表现信号行为的阶段。依恋关系建立期的婴儿对其他人仍是友好的，但对母亲或起母亲作用的人的反应越来越频繁，表现出自发的喜悦。

第三阶段，依恋关系明确期（6 个月至 3 岁）。这一时期的婴幼儿通过躯体移动和信号表示向识别出的人表达亲近的意愿，并对陌生人表现出警戒和惧怕的情绪。处在依恋关系明确的婴幼儿在探索行为中，开始把母亲作为安全基地。

第四阶段，目标调节的伙伴关系期（3 岁以后）。这一时期的幼儿逐渐对与母亲相关的行为的先后、因果做出认知推断，能对母亲的行为进行预测、能洞察她的情感和动机。他们也能容忍与母亲的距离逐渐增大，并逐渐善于与同伴和不熟悉的人进行交往。

一个人的依恋类型大致在 3 岁以前就被初步建立起来，由此我们每个人在 3 岁之前与父母尤其是母亲所建立起来的依恋模式，会影响到我们一生的人际关系。在这里，我们找到了“3 岁看大”的心理学理论依据。关于依恋理论对一个人成长的动力学影响，我们在后面的章节还会详细论述。

有其子必有其父：代际传递理论

穆雷·鲍文（Murray Bowen）是家庭代际传递理论（Multigenerational transmission theory）的奠基人，是对家庭动力在代际层面传递进行系统探索和研究的先驱者之一。同时，他也是一名精神科的医生，对大量的精神分裂症家庭的互动模式进行了长期的研究。他提出了自我分化（Differentiation of Self）、三角关系（Triangles）、核心家庭情感系统（Nuclear Family Emotional System）、家庭投射过程（Family Projection Process）、情绪阻断（Emotional Cutoff）、多代传递过程（Multigenerational Transmission Process）、排行（Sibling Position）和社会情感过程（Societal Emotional Process）8 个与用家庭动力有关的重要概念。

鲍文认为，我们人类高估了自己在家庭生活中的自主性。大多数人比我们想象的更加依赖、更加关注家庭关系之间的互动。鲍文的系统理论说明家庭作为一个跨代关系网络是如何通过上述 8 个相互联系的概念联结起来，并通过代际传递下去的。

自我分化

自我分化是鲍文家庭系统理论的基石。他认为，一个人的成熟意味着与他人在情感上的分离，尤其是与父母的情感分离。如果没有完成这种分离，那么就意味着一个人没有能够完成与父母或家庭的分化。他用情感与父母（重要他人）的融合和依赖度，用理智的发展和完善度来衡量一个人的分化程度。当一个人与父母（重要他人）的情感融合度和依赖度越高，那么他的自我分化度就会越低。

在低分化的家庭中，由于情感或紧密性的压力强度过高，孩子在成长中无法为自己的需求进行思考、感觉、行动。孩子的功能仅仅是对他人做出反应，他们会更多地做出情感反应而缺乏理智的思考。如果影响孩子的重要他人之间有不同的信念和价值观，孩子就会在不同的信念和价值观之间摇摆，出现不一致。

由于是低分化的，他们很难发展出一个完整的自我，他经常用他人的自我来替代或武装自己的自我。他们的感受、情绪、想法和行为通常是来源于重要他人（如父母）的感受、情绪、想法和行为，自己的部分与重要他人的部分通常处于不分彼此和你我的融合（fusion）状态。他们往往倾向于情绪化，对其他人不是顺从就是逆反。他们经常失去自我控制。他们的生活完全受周围人对其反应所驱使。他们发现很难保持自己的自主性，尤其是在面对令人焦虑的事件时。如果问他们是怎样想的，他们会说自己的感受；问他们的想法或信念，他们可能会说一些曾经在父母或他人那里所听到的。他们不是同意你所说的一切，就是每件事情都要和你争论。他们通常会通过要么融合，要么对立；要么亲密无间，要么势不两立或不相往来来寻找在关系里的自我存在感。

未分化的个体几乎不能将理智从情感中分离出来；他们的理智被情感所淹没，以至于他们几乎没有能力客观地进行思考。

自我分化好的人，会与他人保持感受、情感、想法和行为上的界限，知道哪些属于自己的，哪些属于父母（他人）的。他们能够区分哪些是自己的事，哪些是他人（父母）的事，而且对这些事务会进行恰当的区分。他们不会去承担属于他人（父母）的事务，他们也不会把属于自己的事务交由他人承担。他们会对自己的部分承担起所有的责任。他们对自我会有很高的认同感。他们总是基于理性或结果而不是基于情绪行事。他们在情绪和理性之间通常能够找到一种平衡。他们既能够产生强烈的情感和自发性的行为，同时也能够自我克制并且客观地看待事物，因此有能力抵制情感冲动对自身的影响。

和父母的分化、分离并不意味着和父母的不相往来，也不意味着与父母关系上的断裂。一些人认为真正的独立和好的分化就是与父母不再往来，过着一种与父母完全隔绝的生活，这种状态恰恰不是分化好的标志，而是分化差的表现。和父母分化差的人、高度融合的人，通常会用关系断裂来对抗这种因融合带来的焦虑。好的分化是和父母既保持恰当的亲密和联系，又保持着恰当的界限和距离，他们和父母能够找到一个恰当的有界限的联结。

一个人的分化水平很大程度上是由一个人与抚养他成长的家庭（父母）之间的情感分离程度所决定的。这种分化水平一般在孩子到了青春期就已经建立得很完善了，通常可以持续一生。除非有不寻常的生活事件或者有目的的努力（例如心理咨询）才可能有所改变。

三角关系

三角关系是鲍文家庭系统理论又一重要的概念。他认为，人与人最基本的关系是两人关系。家庭里的关系通常属于亲密关系，当两人的亲密关系出现问题时，通常会介入第三方来缓解因两人关系所带来的焦虑。

例如，在一个家庭里，如果夫妻关系出现紧张，妻子可能会把家庭中其中的一个孩子拉到自己的关系里来，以缓解自己与丈夫在关系上的焦虑。鲍文将这样的三角关系称为“三角化”，即两个人联合起来共同反对第三方。在家庭里，会经常出现这样的“三角化”。家庭里的问题通常是通过“三角化”的方式来呈现的。因此，在家庭治疗中，看一个家庭有没有三角化、如何去三角化，便成了心理治疗师干预家庭的一种非常关键的心理技术。

家庭的分化程度越低，三角关系对于维持情感的平衡就越为重要，因此分化差的家庭需要三角化来缓冲关系中的焦虑。而在分化好的家庭中，即使在压力很高的情况下，家庭成员仍可以维持情感上的界限与分离，系统的平衡不需要依赖三角关系。

核心家庭情感系统

婚姻当中的夫妻双方都有自己的分化水平。鲍文认为，人们通常选择和他们分化水平相似的人成为他们的配偶。婚姻双方分化水平越高，情感的融合就越低，关系就越可能被那些积极的成分所强化，他们的关系里会有更多的平等、民主、尊重、信任、诚实。而分化水平越低，配偶双方对彼此情感需求就越多，那么他们彼此对对方的依赖就会越深，他们会经常卷入指责、否定、非难、冲突、控制和猜疑之中。

因为夫妻通常是按照他们各自的分化水平去寻找水平相当的配偶的，我们由此可以推测，夫妻双方分化水平较低的婚姻容易出现问题。因为在分化较低的夫妻关系里，他们会过度依赖对方来满足自己的需要，而他们自己也会采取过度帮助或牺牲自我的形式去满足对方的需要。在这个过程里，我中有你，你中有我，彼此之间没有界限。因此，对自己和他人都会有过度要求，他们会把自己的事认为是对方的事，要对方为自己负责，然后去强求他人；也会把对方的事当成自己的事，主要去替对方承担责任，然后去干涉或控制对方。分化水平低的夫妻，容易在关系上产生焦虑，他们也容易把孩子拉进夫妻关系里，以期来缓解夫妻之间紧张的关系。

那么夫妻双方谁最容易去拉孩子进入三角关系呢？一般而言，是那个分化更低的一方或在家庭之外资源较少的一方，如社交活动少、朋友少、工作成就低、家庭之外娱乐少的。而在有多个孩子的家庭中，那个分化最低的孩子最容易被父母拉进三角关系。在分化水平相同的情况下，父亲更倾向于拉女儿，母亲更倾向于拉儿子。如果是独生子女，那么孩子通常没有选择的余地，只能成为父母三角化的唯一选择。

父母通常会通过溺爱孩子、控制孩子、向孩子诉苦、让孩子替自己向另外一方传达自己的需求、意见或抱怨，要求孩子在父母之间选队站，要求孩子在父母之间主持正义或当法官。

孩子一旦被父母拉进他们的三角关系，孩子就会出现行为或心理问题，他们就无法去发展自我，他们会用牺牲自我的方式来成全父母。

多代传递过程

鲍文认为，一个核心家庭的情感过程不是一个特定的家庭所独有的。任何一个家庭的情感过程都是从上一代或上几代传递过来的；同样，他们也会传递给下一代。一个家族的情感过程或分化水平，通常可以追溯到很多代。

根据多代传递的理论，如果家庭中的孩子出现问题，那么问题不应该只归因于孩子，同样父母也不应该单单成为受指责的人，一个家庭的问题通常是多代传递的结果。在这个传递的过程中，家族中的所有成员既是接受者又是传递者。

由于家庭中的问题有着多代传递的特征，为了对多代的家庭特征进行评估，鲍文引进了家谱图技术。家谱图作为一种实用性的工具有利于我们更好地理解家庭的特征。标准的家谱图有希望成为追踪家庭历史和关系的一种通用的语言。家谱图是便于了解家庭动力非常重要的工具。通过家谱图，我们可以了解不同代际的家庭在家族中是如何传递和影响的，可以看到一些家族动力在不同代际的家庭中是如何运作的。

从成年回溯到童年：认知行为疗法

接下来，我们再来看看好像与家庭动力没有多大关系的认知行为疗法流派是如何研究家庭动力的。

阿伦·贝克是认知行为疗法的创始人之一，他的理论和技术被广泛应用到心理咨询和心理治疗领域。

我们知道，认知疗法的信念是人的情绪和行为不是源于事件，而是源于人对事件的看法。创立认知疗法的有两个重要的人物：一个是创立理性情绪疗法的阿尔伯特·艾利斯（Albert Ellis），一个是创立认知行为疗法的阿伦·贝克。阿尔伯特·艾利斯强调理性信念的重要性，他的咨询重点主要放在寻找来访者非理性的信念和建立理性的信念上；而阿伦·贝克强调非理性信念的来源的重要性，因此他的重点是探索一个人的非理性信念是如何在其成长过程中获得的。

阿尔伯特·艾利斯的合理情绪疗法把认知看作“信念”，并把它分成理性信念与非理性信念。而阿伦·贝克的认知行为疗法把认知看作一个包含自动思维、中间信念和核心信念组成的信念系统。也就是说，阿伦·贝克把人的认知分成了自动思维、中间信念和核心信念三个层次。

阿伦·贝克发现，一个人的非理性信念通常可以追溯到一个人早年所形成的信念，这个早年的信念可以追溯到一个人的童年阶段。他认为，我们在早年会形成一些信念，这些信念会被我们带到未来的人生里，并对我们的情绪和行为持续发挥作用和影响。

核心信念是一个人关于自我、他人和世界的根本性的、概括性的看法或观念，如相信自己是可爱的、有价值的、有能力的，或认为他人是值得信任的、未来是美好的、人心是向善的、这个世界里有上帝、生命有轮回等。这些看法或信念之所以叫核心信念，是因为它是所有认知或观念的核心，其他的信念都是围绕它组织起来的。

核心信念通常分为两类：一类是正面的核心信念，如我是可爱的、我是有能力的、人心是向善的、未来是美好的；另外一类是负面的核心信念，如我是不可爱的、我是没有价值的、人心是向恶的。阿伦·贝克则非常看重负面的核心信念，并认为我们的不良情绪和行为通常会与此有关。他将人的负面的核心信念分为两大类：一类与无助和无能有关；另一类是与不可爱和无价值有关。

无能类的核心信念包括“我无能”“我无用”“我无力”“我软弱”“我易受伤害”“我贫穷”“我陷入了困境”“我不适当”“我不起作用”“我不能胜任”“我是失败者”“我不被尊重”“我是有缺陷的”“我不够好”，等等；不可爱类的核心信念包括“我不可爱”“我没有资格”“我不配”“我没有价值”“我被嫌弃”“我不受欢迎”“我是多余的”“我被忽视”“我真坏”“我有缺陷”“我不够好”“我必被拒绝”“我必被抛弃”“我必孤独”“我必痛苦”，等等。

这些信念通常都是在我们童年形成。当我们在五六岁左右，父母经常会给到我们一些标签，如“你真笨”“你胆小”“你没有用”“你没有出息”“你没有脑子”“你讨人嫌”“我不该生你”“你太单纯”等，这些标签随着我们长大，会渐渐变成“我笨”“我胆小”“我没有用”“我没出息”“我没脑子”“我讨人嫌”“你不该生我”“我太单纯”等自我标签，这些自我标签会形成自我概念，而这些自我概念会慢慢变成对自我的早年信念。这些早年所形成的对自我的信念就会在未来起作用。我们通常会对这些自我概念所形成的信念深信不疑，并按照这些自我概念去发展自己。因此，我们在长大之后，就会被这些自我概念所决定。如果一个人觉得“我没有资格”或“我没有价值”，当他成功的时候，当他快乐和幸福的时候，当他遇到好的机遇的时候，他会因为自己的这个“我不配”和“我没有资格”而将之破坏掉，直至他感觉到与他的“配”和“资格”相符合时才可以就此罢休。他的“配”和“资格”往往就是那些关于自我是“糟糕、痛苦、不幸、失败”的早年信念。

阿伦·贝克认为，这些负性的早年信念会潜伏在潜意识里不为我们所知，但会在我们遇到困境或艰难或有巨大压力性的事件时被诱发，并会引起我们负性的情绪和行为。如果我们那些早年的信念不被修正，那么我们就会被这些信念所支配和影响。因此，阿伦·贝克强调在做一个人的认知疗法时，探索他的早年经历，以及在这些早年经历里所形成早年信念是非常重要的。只有对这些早年信念进行干预，才能从根源上去改变一个人面对重大事件的负面情感反应和负性应对行为。

家庭系统的良知：家庭系统排列理论

回顾家庭系统动力的研究历史，我们不可能越过另外一个非常重要的人物——家庭系统排列（Family Constellations）创始人伯特·海灵格（Bert Hellinger）博士。尽管他所创立的家庭系统排列至今在学术界争议不断，他的系统排列技术也尚未被主流学术所接受，但其通过家庭系统排列技术在家庭动力上的研究、探索和发现仍然具有非常重要的价值。

海灵格所创立的家庭系统排列又称为家庭星座（Family Constellations），并被海灵格本人冠以海灵格科学（Hellinger Science）。很显然，海灵格深信自己所研究的领域和对家庭动力的发现是科学的。

海灵格研究通过家庭系统排列来呈现家庭系统动力，但关于海灵格自己的家庭动力，我们却所知甚少。为了增加对海灵格以及他的家庭系统排列的认知，我认为有必要详细地介绍一些关于海灵格本人的基本资料。

> 海灵格博士是德国人，出生于1925年12月16日。在家排行老二，上面有一个哥哥，下面有一个妹妹。对于他父母的情况我们能了解到的资料并不多。我们不知道出于什么原因使得他在5岁时就志愿成为一名神父。10岁时海灵格进入天主教会开的修道院学校接受洗礼，并被寄宿在那里学习。他这么早就被父母寄宿，也不知道是出于何因，但从儿童的心理成长来看，他过早地和父母分离，这对他和父母与家庭的联结是不利的。他17岁时被迫入伍成为一名德国军人，经历了第二次世界大战，在20岁时被美军俘虏后送到比利时的战俘营，一年后逃出战俘营回到德国，并加入天主教会研修哲学与神学。这段在军营里的生死经历，可能会改变海灵格对生命的一些信念。

海灵格于1952年被任命为神父，并被派到南非从事传教活动。20世纪60年代初，他在南非参加了一系列的团体动力学的课程，并对通过现象学的方法、基于尊重的方式最终使得对手和解的训练留下非常深刻的印象。1966年，他成为圣弗兰西斯学院的院长。

在南非居住了16年之后，海灵格回到了德国，并成了维尔茨堡一家神学院的院长。1969年，海灵格开始学习精神分析，并在维尔茨堡大学学习心理学课程。1970年，他在维也纳精神分析师工作小组接受精神分析师培训。在回到德国两年之后的1971年，他不顾所有人的反对，辞去了神职，娶了第一任妻子赫塔。1974年，海灵格去美国待了9个月，并在洛杉矶和丹佛参加原始疗法培训。同时，他也参加了完形疗法、心理剧和沟通分析的培训。1979年，他又参加了米尔顿·艾里克森的催眠培训。同时，海灵格学习了NLP和生物能量分析。1982年他开始从事心理治疗，并得到了心理界的认可。1990年他参加了心理学家大会，会议上有一位来自汉堡的精神科医生展示了她的家庭系统排列，这给海灵格非常大的震撼与启发。1992年，他在小型团体里开始使用家庭系统排列。1995年，他的代表作《谁在我家》(*Love's Hidden Symmetry*)出版。1996年，海灵格宣布，他发现了家庭中的爱与帮助的秩序，这种秩序像万有引力一样是不可撼动的。2003年，海灵格与他的第二任妻子索菲亚结婚。2005年他创立海灵格科学机构。

从上述的海灵格经历来看，海灵格的家庭系统排列始于20世纪90年代，距今不足30年历史。因此，对这个领域的研究，目前仍然可以说是处在探索阶段。海灵格首先是神学家，然后才是心理学家，虽然他后来脱离了天主教会，但他的理论体系里仍然充满着神学的思想。他把灵魂和前生来世用到他的家庭系统排列里，很显然违背了心理学的科学精神。他的家庭系统排列因为加进了神学和灵学的元素，也因此受到学术界的整体抵制，以至于他的家庭系统排列无法在主流学术领域里被研究、教学、弘扬和传播。他的家庭系统排列机构命名为“海灵格科学”，显然是想获得学术界和科学界的认同和接纳。

下面我们来看一看海灵格的家庭系统排列学说是如何看待家庭系统动力的。

海灵格认为，家庭系统就像一个星座，这个星座有自己的运转规则，这个运转规则是“家庭系统的良知”。家庭系统的良知有三个法则，分别是归属法则、平衡法则和秩序法则。如果家庭系统能够在这三个法则里运作，那么这个家庭里的爱就能很好地流动，家庭成员就能得到很好的发展；否则，家庭系统或成员就会出现这样和那样的问题。

归属法则

归属的需求要求家庭里的所有成员都属于家庭系统，不可以被排斥，也不可以被排除，不论这个人做了多么不好的事情，或者这个人是不是还活着，他都是家庭系统中的一员。如果这个人因为做了不光彩或令家族羞辱的事情，而因此受到家族的排斥或不再被承认是这个家族的成员，那么这个家族系统就会因为这种排斥或排除行为而受到非常大的影响。

家庭中的一些成员经常会排斥或排除那些曾经犯罪、自杀等让家族蒙羞的家族成员，当他们被整个家族或家族中的某些成员排除时，家族里后来的成员有的会以这个被排除或被排斥的家族成员相似的行为来替代这个家族成员，从而来平衡或补偿这个被排除的结果。如果家族中曾经有犯罪的人被排斥或被排除，其他的某个家族成员可能也会从事犯罪，而变得和那个被排斥或被排除的家族成员一样，以补充或替代他的被排除，以达到在家族里给他一个位置的作用。如果这个替代者也会被家族继续排除或排斥，那么家族里还会有其他人来继续替代他。直至家族系统不再继续排除犯罪的家族成员为止，这个家族才能不再出现用犯罪来替代另外的家族成员归位的现象。家族系统排列的目的，就是要把那个被家族排除在外的人归位。因此，家族系统排列通常会在排列里去寻找那个被家族所排斥或排除的人，再去看那个排除在外的人所牵连的替代者，然后让被排除的人回归家族系统，让被牵连的人也回归到自己应在的位置上。一旦这种双重归位完成，家庭系统排列也便宣告结束。

平衡法则

平衡法则的含义是付出与获得平衡。在系统的关系里，这是一个非常重要的法则。这个法则适用于家族系统的不同亚系统之间，也适用于系统里的两个成员之间。

例如，夫妻或伴侣关系系统就是一个彼此交换的平衡系统。如果这种交换能够彼此平衡，那么夫妻或伴侣关系就会走向成功。如果这种交换出现了不平衡，那么伴侣关系就会出现问题或危机。轻者会冲突不断，重则关系会断裂，出现关系解体。因此，平衡法则提倡夫妻双方要不断地交换，不提倡单方牺牲和奉献，因为这样关系就会变得不再平衡，那么双方的关系也就难以维持。

亲子关系则是一种传承的关系，如在亲子关系的父母方，其在自己的原生家庭里也是孩子，他们和其父母的关系也是亲子关系，那么上一代的亲子关系和下一代的亲子关系通常也是平衡的。也就是说，上一代的亲子关系通常会决定下一代的亲子关系，上一代的亲子关系里父母给予孩子多少，通常在下一代曾经是孩子而现在则是父母的也会给予孩子多少，这是系统的平衡所致。

但是，在同一代的亲子关系里，亲子关系则是单向的、不对等的或是不平衡的。也就是说，在单一的亲子关系里，亲子关系里的父母只给予孩子爱，却不能向孩子索取爱，即不能要求孩子也给予父母爱。在亲子关系里，如果我们也像在夫妻关系里去追求交换或平衡，父母向孩子索取爱，那么孩子的成长就会出现问题，孩子可能会牺牲他们的成长来满足父母的需求。亲子关系的平衡是跨越代际的平衡。因为处于亲子关系里的父母，当他们还是孩子的时候，他们的父母也是用同样的方式来给予自己爱的，他们的父母也是只给不要，也是单向的爱的关系。

在同胞的关系之间，平衡体现在他们在父母心中的地位应该是平等的，这种平等应当体现在性别重要性是平等的，排行的位置也是平等的。如果父母在对待自己的孩子上厚此薄彼，那么得到父母的爱比较多的孩子就会用其他的方式来平衡掉父母多给的部分，以补偿他的兄弟姐妹没有从父母那里得到他们应得的部分。他们可能通过问题行为、生病、限制自己的成功和幸福来进行补偿。

在兄弟姐妹之间，也同样遵循亲子关系的原则，年长的对年幼的爱也是单向的，年长的哥哥姐姐不可以向年幼的弟弟妹妹要爱。这样的法则会增添一些问题，中间的兄弟姐妹因为即有得又有给，会容易取得平衡。而老大会面临只有给而没有得，而老幺却只享受得，而没有给，在兄弟姐妹的两端会容易出现不平衡。平衡的方法通常是老大在父母或家族里获得一些特权，老幺在父母年迈时多给父母一些照顾来平衡老大的位置上过多地付出和老幺的位置上过多地得到这个部分。

秩序法则

秩序法则是指在家族系统里，在同一系统里的不同成员或同一成员所在的不同系统在重要性上有所不同。依据秩序法则，在同一个系统里，先来的成员比后来的成员重要；对位于不同系统的家族成员来说，新系统比老系统重要。

例如，在核心家庭里，夫妻关系比父母关系重要，夫妻关系和父母关系比亲子关系重要，哥哥姐姐比弟弟妹妹的重要。作为系统里的成员，要尊重这个重要性的秩序，年长的位置比年少的位置重要。作为家庭成员，不能越位，也就是说，孩子不能越到父母或父母作为夫妻的位置上，弟弟妹妹不能越到哥哥姐姐的位置上；否则，那个越位的和让位的人都会付出代价。

同一成员在不同的系统中，则情形正好相反，不是老系统要优先于新系统，而是新系统要优先于老系统。例如，当一个人成年建立了再生家庭后，那么对于他而言，原生家庭和再生家庭就是两个不同的系统，因为再生家庭比原生家庭要新，所以对他而言，再生家庭就要优先或重要于原生家庭。

当一个人离异后再婚时，那么后面的婚姻里的伴侣便重要或优先于前面婚姻里的伴侣。当一个人有外遇，或在外遇里有了孩子，那么他便等于拥有了一个新的家庭系统。从家庭系统排列原理讲，当一个人在外遇里有了孩子，他便再也回不到原来的婚姻中去了，他需要离开原来的婚姻，和外遇组成新的家庭，这样才符合系统的秩序。

家庭系统排列基本上是从上述三个法则来寻找家庭动力，并获得解决家庭问题的方案。

Family Dynamics / CHAPTER 02

02

我们赖以生存的家庭

我们在第 1 章回顾并梳理了心理学领域研究家庭动力的相关理论，最为著名的是专门研究人的精神和心理动力的精神分析理论。精神分析理论研究的是个体内在的精神世界系统（如人格结构系统、意识结构系统、性心理发展系统）是如何运作并影响其欲望满足及其人生状态的。而我们研究的家庭动力学同样离不开系统学和动力学的支撑。

我们所知的这个世界都是由系统所组成，大到宇宙系统、地球系统、社会系统，小到家庭系统、个人系统直至微粒系统莫不如此。世界在系统中，系统也在世界中。而家庭本身就是一个系统，因此研究家庭也离不开系统。家庭动力本身就是从系统着手，来研究家庭成员在家庭世代的系统中是如何受到家族系统影响的。

动力学归属于物理学的理论力学的范畴，它主要研究存在与存在之间、对象与对象之间的相互作用与影响。因此，动力就其实质来说是研究关系的，是研究一个对象或存在以及那些影响它的存在状态的因素和力量的。

从整个生命的目的和本能来看，几乎人类的所有活动和安排都是围绕着生存与繁衍这两项内容来进行的。而这两项内容也几乎成了人类所有活动最为重要的推动力。人类建立家庭，就是为了更好地繁衍后代，为了让种族更好地保存和繁衍下去；人类建立社会，就是为了给家庭提供更好的资源和保障，让人类的繁衍活动更好地进行下去。生存与繁衍本能是所有生命最基本的动力，生命的其他动力都是建立在这两个基本动力之上。

人类发明了家庭，就赋予了家庭以使命，使它成为繁衍新生命的摇篮。而一个新的生命，也要肩负繁衍新生命个体的任务。当他从被养育的家庭长大成年之后，他也要重新组建自己的家庭并创造新的生命。因此，不论他所成长的家庭还是他所组建的家庭，其目的就只有一个，那就是创造新的生命。我们每个人都是生命的承接者，也是生命的传递者。

为了更好地讨论家庭动力，我们先从社会学和心理学的角度对家庭进行定位。

家庭的传承与延续

家庭是经由婚姻、血缘或收养关系所组成的社会生活的基本单位，通常由父母和他们的孩子所组成。家庭是一个与祖辈系统相联系的终端系统，孩子通常是家庭系统的终端成员，父母在他们的父母那里也是孩子，而他们的父母也有父母，如此我们就可以一直寻到生命的起源。所以，家庭承载着远祖系统的血缘、历史、文化、灵魂和模式，既是生命代代相传的结果，又是把生命延续下去的原因。我们每个人都通过家庭系统和生命的源头相联结，通常位于家庭的一系列链条的一个节点上。不论往上看还是往下看，家庭通常都是一个不断放大的系统。在这个系统里，每个成员都会和其他成员相关联，我们不可能独善其身，也不可能单独存在。

心理学上的家庭通常包括三代家庭成员：

- 我们自己和我们的兄弟姐妹；
- 我们父母和父母的兄弟姐妹；
- 祖父母和外祖父母。

之所以如此划分，是基于他们对我们的人生有重要影响的考虑。因此，当我们想去考察我们的人生，想得到心理上的成长，我们就要去看看这些家庭成员，因为他们的生存状态对我们的人生状态有着因果上的影响和联系。

通常，我们把由父母和孩子组成的家庭叫核心家庭。对父母而言，这个核心家庭又叫再生家庭；对孩子而言，这个核心家庭叫原生家庭。家庭是个传承系统，由一代又一代的核心家庭传递而来。我们通常所说的家庭就是指由父母和他们的孩子所组成的核心家庭。但是为了考察家庭对一个人的影响，我们通常会从核心家庭延伸到心理学上的三代家庭成员。

在核心家庭中，会存在两个基本的要素——结构和关系，在结构和关系中又衍生出系统的功能。

在一个核心家庭里，父母和孩子可能会存在不同的情形。父母可能是第一次婚姻，也可能是多次婚姻；孩子可能和父亲的性别相同，也可能和母亲的性别相同。而孩子的情形也有多种样式，可能是亲生，也可能是收养、寄养或继子女。

在关系的层面，核心家庭里有夫妻关系、父母关系和同胞关系三种关系。在这些关系里，有亲密、疏离、紧张、对抗、断绝、控制、虐待等，这些关系的性质既是家庭动力的结果，又可能成为未来的家庭动力的原因。

家庭是个生命系统，有自己的生命周期。家庭生命周期包括从两个年轻人成立家庭开始，经过孩子出生、孩子上学、孩子离开父母、孩子结婚、父母有一个离世、父母均离世等过程。家庭生命周期也是一个延续传承的过程。当父母的家庭周期结束的时候，孩子又会开启他们新的家庭周期。

一个人从出生到死亡，无不在家庭之中。家庭在我们的一生之中，无时无刻不在影响着我们。因此，对家庭的探索或探讨，不论对我们的成长，还是对我们人生或生命的认识，都是不可或缺的一课。

家庭结构与关系

家庭结构主要包括家庭成员和他们之间的关系两个方面。

家庭成员决定家庭规模的大小，成员之间的关系决定着彼此之间的相互作用和影响。而影响家庭动力的核心因素是家庭关系。

依据家庭结构的不同，会把家庭分成以下几类。

- 夫妻家庭。夫妻家庭是由夫妻两人组成的家庭，包括夫妻自愿不育的丁克家庭、子女不在身边的空巢家庭以及尚未有孩子的夫妻家庭。

- 核心家庭。核心家庭是由父母和未婚子女组成的家庭。
- 主干家庭。主干家庭是由两代或者两代以上夫妻组成，每代最多不超过一对夫妻且中间无断代的家庭，如父母和已婚子女组成的家庭。
- 联合家庭。联合家庭指家庭中有任何一代含有两对或两对以上夫妻的家庭，如父母和两对以上已婚子女组成的家庭或兄弟姐妹结婚后不分家的家庭。
- 单亲家庭。单亲家庭指由离异、丧偶或未婚的单身父亲或母亲及其子女或领养子女组成的家庭。
- 重组家庭。重组家庭指夫妇双方至少有一人已经历过一次婚姻，并可有一个或多个前次婚姻的子女及夫妇重组的共同子女。

除此之外，其他形式的家庭还有收养家庭、隔代家庭、同居家庭、同性恋家庭、单身家庭等。

家庭的种类还可以按世系进行分类。世系是指家名、香火传递、财产继承的方式。以世系为标准，家庭可分为以下四大类。

- 父系家庭。父系家庭是指家系、姓氏、财产等均由父方传递下去的家庭。
- 母系家庭。母系家庭是指家系、姓氏、财产等均由母方传递下去的家庭。
- 父母等重家庭。父母双方同等重要，一个人可以继承双方的财产，并对双方尽相同的责任。
- 双系家庭。有父系与母系的区分，各有其重要性，并有礼俗规定一个人由母方继承某种类或性质的东西，并由父方继承不同种类或性质的东西。

其他的分类方法尚有按家庭中配偶的对数可分为多夫多妻制家庭、一夫多妻制家庭、一妻多夫制家庭和一夫一妻制家庭；按参与和决定家庭事务的权利可分为父权家庭、母权家庭、舅权家庭和平权家庭；按家庭传袭系统可分为母系家庭、父系家庭、平系家庭（男女两系平等计算或者任何一系都可以）和双系家庭（同时属于父族和母族）；按家庭成员居住地可分为从妻居家庭、从夫居家庭和单居制家庭。

从纵轴来看，家庭的结构被不同的代际所串联。而家庭的自然单元随着社会的发展越来越缩小。原先由多代同堂居住在一起，到后来发展成为以核心家庭为主要自然家庭单元。而家庭的发展趋势越来越显示出丁克家庭、单身家庭的数量在增加。同时，家庭结构的多元化也越来越明显，如同性恋家庭、同居家庭、单身家庭、丁克家庭、再婚家庭、单亲家庭等越来越普遍。

家庭与繁衍

家庭的功能通常被家庭的结构和它的定义所决定。从前面所给的家庭定义我们可以看到，家庭是经由婚姻、血缘或收养关系所组成的社会生活的基本单位。家庭的核心功能就是传宗接代，就是把物种繁衍下去。离开了这个部分，我们就无法去理解家庭，也无法看清楚家庭里所发生的事情。家庭是因繁衍而建立，也可能因繁衍问题而产生危机或解体。

如果家庭以繁衍和传宗接代为目的，那么家庭功能就会衍生出两个重要的目标——夫妻的功能目标和父母的功能目标。

夫妻的功能目标

夫妻的功能目标是指向夫妻双方能够具备繁衍的潜能，即越具有繁衍能力的个体，在配偶伙伴的选择上就越具有吸引力。对男性而言，强壮、勇猛、高大是女性的首要性选择；对女性而言，年轻、漂亮、温柔是男性的首要性选择。所以，男女两性的吸引力主要取决于其性吸引力和在繁衍方面的潜力。

对男性而言，能否给受孕的配偶提供优秀高质量的精子、提供安全和舒适的孕育环境，能否给养育后代提供足够的物质保障，是决定能否被异性青睐非常重要的因素。女性看重的是异性的物质保障，因为女性一生中只有大约400多个卵子有受孕的机会，而男性一次排出的精子却有上亿个。从这点上看，男人会追求后代的数量，而女性会追求后代的质量。男性追求后代数量的结果会导致他们追求多配偶性，这种追求可能会导致男性对一夫一妻制的不适应或对这种制度的变相突破。女性追求后代质量的结果则会导致对配偶的忠诚或对一夫一妻制度的认同或遵守。

因为夫妻的功能是指向繁衍，所以，在夫妻关系里，一旦出现威胁繁衍或繁衍功能消失的情境时，婚姻里的夫妻关系就可能会出现危机，如配偶一方出现不孕不育、生殖器官出现疾病、性功能出现障碍、女性到了更年期等问题时，婚姻就可能会陷入危机。当婚姻陷入危机时，可能出现的状况就是婚姻解体，或一方或双方将情感外移，在婚姻之外去发展新的感情或性关系，以补偿婚姻内繁衍功能的缺失。

婚姻的繁衍功能在人类这里被打上了文化的烙印。重男轻女的文化认为，只有男孩才是家族的传人，女孩不是。所以，当婚姻里只有女孩没有男孩时，婚姻就仍然没有完成后代传递或繁衍的功能。如果一个核心家庭里没有男孩，那么妻子或女孩就要承受来自家族或家族外的巨大压力。这种压力可能导致男人的婚外遇，或导致婚姻的破裂，或导致妻子或女孩被压迫或被歧视。

父母的功能目标

家庭的另一方面的功能是养育后代。如果说夫妻的主要功能是繁衍后代，那么父母最重要的功能就是养育后代。来自两个不同家庭的父母，通常拥有两种不同的文化。因此，他们需要面临如何在不同的养育方式下进行充分的合作，从而协调一致地完成教养孩子的任务。

家庭最为重要的养育功能是对孩子进行社会化培养，即把一个自然或天然的孩子，培育成为一个符合社会需要、能够遵守社会规则，并能适应社会环境的具有竞争力的孩子。

家庭的核心关系：夫妻、父母与同胞

家庭关系有垂直关系和平行关系。垂直关系如亲子关系、婆媳关系、祖孙关系、叔侄关系等，平行关系如夫妻关系、父母关系、同胞关系等。

我们最早的人际关系是与母亲的二人关系，后来由于父亲的加入，才变成了三人关系。然后逐渐扩大到与其他原生家庭成员的关系，如祖父母、外祖父母、兄弟姐妹等。

离我们最近的关系是兄弟姐妹和父母，然后是父母的兄弟姐妹，或是祖父母和外祖父母。在家庭系统里，谁离我们越近，其人生状态以及与我们的关系对我们的影响就越大。

基本关系

家庭中的基本关系有夫妻关系、父母关系、同胞关系、亲子关系和子亲关系五种，而父母关系和子亲关系通常是被忽视的关系。

父母关系虽然是和夫妻关系同属一个两人系统，但是其功能是不同的。夫妻系统的主要功能是繁衍后代，而父母系统的重要功能是养育后代。父母系统和夫妻系统可以合二为一，如结婚后有了孩子的家庭；也可以是单一的关系，如结婚后没有孩子，就只有夫妻关系，没有父母关系；也可以彼此分离，如夫妻离异后的家庭，离婚后夫妻关系结束，但是他们和孩子的亲子关系仍然保留。

亲子关系是父母和孩子的关系，是通过父母如何对待孩子来体现；而子亲关系是指孩子和父母的关系，是通过孩子如何对待父母来体现。父母如何对待孩子关乎孩子的一生成长，尤其是 18 岁之前的成长；孩子如何对待父母，也关乎孩子的成长，尤其影响到他 18 岁之后的成长。当一个人越过 18 岁之后，如果他想要获得成长力的话，他就要从子亲关系开始，去处理好自己和父母的关系，通过改善与父母的联结，他才能达到自己的成长目标。在本书里，我们所说的子亲关系，通常都是指我们在 18 岁之后，如何和父母建立起联结和爱的关系。

由此我们看到，子亲系统和亲子系统虽然是同一个系统，但其爱的流动方向会有所不同。亲子系统爱的流动方向是从父母到孩子，而子亲关系爱的流动方向是孩子到父母。这种区别以 18 岁为界限。在 18 岁之前，个体的成长主要受到父母的影响，父母与孩子的关系性质会影响或决定孩子的成长状态。而一个人越过 18 岁之后，子亲关系就成了影响我们成长的主要因素，即我们与自己父母的关系质量或品质会影响我们的成长状态。所以，对一个人的成长而言，18 岁之前，取决于父母和我们的关系品质；18 岁之后，则取决于我们与父母的关系品质。

关系影响

家庭成员之间的关系会以模式（如夫妻关系模式、亲子关系模式、婆媳关系模式等）的方式从一代传到另一代。例如，父母离婚，孩子离婚的可能性会增加；父母如何做夫妻，他们的孩子在将来就有可能如何做夫妻；父母如何对待孩子，在孩子做了父母之后，他们也会如何对待自己的孩子。这些关系模式就是家庭动力要研究的部分。

由此可见，家庭里的关系与关系之间有时是相互影响的，如我们早年在原生家庭里所经历的关系，往往会影响我们在再生家庭里的关系，如父母的夫妻关系，会影响到我们未来在新的家庭里的夫妻关系；父母和我们的亲子关系，会影响到我们和孩子的亲子关系，也会影响到我们对自己的关系。原生家庭里的关系，会成为我们后来重建家庭关系里的原型，也是我们后来人际关系模式的动力学原因。

关系性质

在两人的关系里有不同的性质，常见的关系性质有亲密、融合、敌对、疏远、控制、断绝、虐待、冲突、紧张等；也可能在同一种关系里，会有上述不同种类的重叠，如既亲密又冲突或紧张、既融合又控制等。

决定关系性质的因素有很多，如角色、权力、权利、义务、排行、文化等。

两个人的关系性质，通常又与这两个人与另外他人的关系有关。例如，孩子与母亲之间的紧密，与父子之间的疏离相联系；婆媳关系的紧张，往往又与丈夫与婆婆关系的紧密相联系；妻子与丈夫之间关系的紧张，与他们在原生家庭里与自己的爸爸（往往是太太）或自己的妈妈（往往是丈夫）的紧张关系相联系等。

当两个人的关系出现紧张或陷入困境时，通常会拉第三个人进入关系里，这个第三者会和原有关系里的两个人形成一个三角关系。在这个三角关系里，那个被拉的人通常会和拉人者组成联盟，共同对抗那个拉人者所要反对的人。这在心理学上叫三角化，即在关系中，两个人联合起来共同反对第三方，如母亲和孩子联合起来共同反对父亲。

关系竞争

不同的关系之间或在同一个关系里，通常会存在对关系中的资源的竞争。

当父母只有一个孩子，如独生子女时，父母往往会争夺孩子。尤其是当夫妻关系紧张或不和谐时，父母一方会和孩子结盟，共同反对另一方，孩子会被迫卷入到父母的冲突中来。当这种情形出现时，孩子就会面临忠诚冲突，因为孩子对父母的忠诚度是等同的。当其中的一方想拉孩子反对另一方时，孩子就面临在忠诚上背叛父母另一方；而当孩子拒绝与父母其中的一方结盟时，他就又面临背叛企图结盟的父母一方。所以，我们看到，当父母想和孩子结盟反对另一方时，不论孩子如何选择，他都会面临背叛的局面。因此，在亲子关系里，为了保护孩子对父母的忠诚，父母一方不要在孩子面前诋毁另一方，也不要和孩子结盟反对另一方。

影响关系因素

排行会影响到家庭关系。不同的排行位置会影响到他们与其他兄弟姐妹的关系，或竞争、或排斥、或对抗、或嫉妒、或合作。父母的排行也会影响他们对不同排行的孩子的关系，如当父母在原生家庭的排行与自己的孩子的排行重叠时，那么父母对这个排行重叠的孩子会更加偏爱，而对其他排行位置的孩子可能会有意或无意地忽略。夫妻在兄弟姐妹的排行也会影响到夫妻关系，如夫妻在兄弟姐妹的排行位置相同时（如老大和老大），两人可能会发展成为竞争关系；如果排行位置互补时（如老大和老幺），两人可能就是协助关系。

家庭或家族文化与家庭关系也息息相关。如果家庭或家族文化强调尊重、平等、自由，那么，家庭成员之间就会出现与该文化相匹配的氛围，夫妻、亲子、婆媳、兄弟姐妹之间就会强调界限、独立、责任、个性、独特性、自我等。如果家庭或家族文化强调等级、忠孝、服从、稳定、安全、和谐等，那么家庭成员之间就会强调融合、奉献、牺牲、义务、统一、团结和依赖。

家庭的生命周期：从诞生、发展到解体

家庭生命周期概念最初是美国人类学学者格利克于 1947 年首先提出来的，指的是一个家庭诞生、发展直至消亡的生命过程，它反映了家庭从形成到解体呈循环运动的变化规律。家庭随着家庭组织者的年龄增长，表现出明显的阶段性，并随着家庭组织者的寿命终止而消亡。

家庭生命周期包含了人口变动的主要内容，从结婚、生育、抚养未成年子女，直到衰老和死亡。相关研究强调家庭随时间而发生的各种变化，并解释家庭在不同时期的变迁，以说明家庭在不同发展阶段上的各种任务和需求。

格利克从家庭的形成、扩展、稳定、收缩、空巢到解体，把家庭生命周期分为以下六个阶段。

1. 形成期。从两个年轻人结婚开始，到第一个孩子的出生。
2. 扩展期。从第一个孩子的出生，到最后一个孩子的出生。
3. 稳定期。从最后一个孩子出生，到第一个孩子离开父母。
4. 收缩期。从第一个孩子离开父母，到最后一个孩子离开父母。
5. 空巢期。从最后一个孩子离开父母，到配偶一方死亡。
6. 解体期。从配偶一方死亡，到配偶另一方死亡。

家庭周期的每一阶段都有其自身的任务，这些任务能够恰当地完成，家庭就可以顺利地进入下一个阶段；否则，家庭就可能在某些阶段遇到困难，而使得某个或某些阶段的度过变得充满挫折或艰辛。通常的情形是，当一个阶段的任务未能很好地完成时，后面的阶段就会因此受到连累。家庭最容易出现状况

的时期，通常是处在家庭周期的转折时期。

家庭里的不同成员会处在不同的家庭周期里。例如，家庭中的孩子可能是处在他的原生家庭期，而父母则是处在再生家庭期；祖父母可能已经处在空巢期或解体期，而父母可能处在扩展期、稳定期或收缩期。

形成期

在形成期，夫妻双方首先要做的第一件事是要从自己的原生家庭里分化或分离，成为一个在经济和情感上双重独立的人。这种分离或分化越是彻底，夫妻双方的关系就越有可能和谐。夫妻从原生家庭独立，是夫妻关系和谐的基础，如果没有这个基础，夫妻关系的经营就会变得困难。夫妻关系首先是伙伴关系，如果夫妻双方没有从他们的原生家庭里分化出来，那么夫妻关系就很容易被转化为亲子关系：妻子可能会做丈夫的妈妈或女儿，丈夫可能会做妻子的爸爸或儿子。而夫妻关系一旦从伙伴关系转变成亲子关系，夫妻关系就会变得难以经营。

在这一时期，夫妻的二人世界的主要任务是学会如何建立亲密关系、如何合作与协商、如何经营两人关系、如何满足彼此的需求、如何同对方的家庭成员建立和谐的关系。

扩展期与稳定期

在扩展期，因为夫妻有了孩子，家庭由原来的二人世界变成了三人世界；家庭因为有了新成员，夫妻的角色除原来的丈夫和妻子外，又增添了父亲和母亲的新角色。如果说夫妻关系的主要任务在于经营亲密关系，那么家庭到了扩展期的主要任务就变成了父母如何养育孩子。

养育孩子是一项非常繁重和复杂的任务。通常这个任务由妻子担任。当妻子把自己过多的精力投入到对孩子的哺育上时，丈夫可能就会感受到被冷落，觉得妻子把过多的时间给了孩子，而自己却再也享受不到二人世界时来自妻子的温馨和亲密。此时，他可能会和孩子来争夺妻子的爱。这样的话，夫妻关系和亲子关系都会受到影响。为了避免这个竞争的局面，最好的办法之一就是让丈夫也参与到对孩子的抚育上来，夫妻二人就有更多的机会在一起，而且有了一个共同的养育目标，并为这个目标去努力。这样一来，妻子就不会过度负荷养育孩子的重任，妻子也有更多的时间来关心丈夫，丈夫也有更多的时间来陪伴妻子，夫妻关系和亲子关系都因此得到了增进。

因为夫妻两个来自两个不同文化背景的家庭，所以他们在养育孩子的方式上可能会相左，如果二人能够在彼此不统一的情形下进行沟通和协商，并达成一个一致的养育孩子的协议，这是最好的局面。最不利的局面是夫妻二人都认为自己的养育方式最有利于孩子，而且拒绝或否定对方的养育方法，并且在孩子面前表现出这些分歧。当孩子接收到来自父母彼此矛盾的养育方法时，他就会变得无所适从。如果孩子听了爸爸的，就等于否定了妈妈；如果听了妈妈的，就等于否定了爸爸。为了维护公平和忠诚，结果孩子谁都不听，最后的局面就是父母在孩子那里全面失去了应有的影响力，孩子可能从此变得无法管教了。

家庭扩展期的长短与家庭有几个孩子有关。如果家庭只有一个孩子，那么扩展期就和稳定期合在一起了。为了方便起见，我们把两个时期放在一起讨论。

随着孩子的长大，夫妻都要面对和孩子的分离问题，如断乳、分床分房睡觉、上幼儿园、上小学、住校、孩子谈恋爱、孩子经常和同学在一起聚会等。如果父母没有从他们的原生家庭里很好地分离或分化出来，可能就会在与孩子的分离上出现困难，具体的表现有：

- 哺乳期延长；
- 孩子无法和父母分床与分房，如孩子上小学了还跟父母同床睡觉；
- 孩子到了五六岁父母还给孩子喂饭；
- 孩子不愿上学，到了学校感到紧张害怕，害怕老师与同学，害怕考试，觉得学校规则太多，结果表现为学习困难、适应困难；
- 还有的孩子表现为没有好朋友、不愿出门或对网络游戏痴迷等。

孩子进入青春期是父母和孩子关系最为困难的时期。因为我国的家文化提倡听话和服从，而进入青春期的孩子的特点是要求独立、自由和做自己。对于动物而言，青春期是它们彻底离开双亲的时候，这是动物遗迹在青春期的反映。如果父母对孩子的养育是高控制的、专制的，那么就会激起孩子对父母的反抗，我们所说的叛逆期就会到来。在这个时候，就需要父母改变他们过去高高在上的做法，给予孩子一些空间和自由，来建立属于他们自己的王国，这样的话，他们的青春期才能平稳度过。在孩子青春期之前，父母对于孩子来说通常只有一种权威的父母角色。一旦到了青春期，父母就要多一个角色，那就是朋友的角色。要求父母不仅要做一个养育者，还要做一个平等、友好、温暖的伙伴。

父母在这个时期，要学会和孩子分离，因为养育孩子的目标就是让孩子能够和父母不断分离。要做到这些，父母首先要有分离能力，而这个能力的获得，是父母要能够从他们自己的原生家庭里分化出来，父母首先能够从他们自己的原生家庭里分离出来。如果父母不能很好地与他们的原生家庭进行分离，那么他们也就无法允许孩子与自己分离。孩子就会在分床睡觉、独立吃饭、独立学习、独自上学、生活中自我料理上出现困难。因为孩子的内在知道，父母需要他们的陪伴，父母无法忍受分离，所以他们就会配合父母的需要，用对父母的依赖来满足父母不分离的需要。

收缩期

在这个时期孩子需要完成从一个自然人到一个社会人的转变过程，这是一个包括语言、性别角色、道德、生活技能和人际技能的社会化完成过程。这一过程需要父母双方的配合才行。收缩期父母双方的关系越是融洽和友好，对孩子的健康成长就越是有利。

空巢期与解体期

随着孩子长大并进入成年期，孩子就会步入社会而离开父母，父母又回到最初的二人世界，这个时候家庭便进入空巢期。此时家庭里的父母角色便退出往日的舞台，原来作为高高在上的父母角色，现在就需要重新调整。父母需要接受孩子已经成年这个事实，接受孩子与自己在情感和物理空间上的分离，同时还要重新面对自己的夫妻关系。

在空巢期，父母可能要慢慢去掉自己是孩子的父母的社会角色，尽管父母仍然是已经成年的孩子的生物学上的父母，但孩子已经成人，并且也可能已经拥有了他们自己的家庭，他们也拥有了其父母的那些角色。因此，此时的父母可能要重新调整自己，与孩子发展平等、尊重、互助的伙伴关系，才能更加有利于自己和已经成年的孩子的人生发展。

孩子的长大意味着父母的变老。尤其是女性，可能要面对自己的更年期问题。不论男女，此时都要面对自己的衰老和死亡，接受生命只是一个单向旅程的事实。

成功度过每个时期

在家庭周期的不同阶段中，我们通常都会学到一些应对家庭困境的技能，如如何做夫妻、如何做父母、如何从原生家庭中分离、如何经营亲密关系、如何与孩子分离、如何弹性地建立规则，这些技能会帮助我们顺利度过家庭生命周期的不同阶段。

家庭成长过程中的一些事件会增加家庭生命周期中任务完成的难度。如家庭成员罹患疾病、非正常死亡、离异、再婚、发生意外事故等，都会增加家庭周期任务的完成难度。遇到这些特殊事件的家庭，相比那些没有遇到这些事件的家庭，它们需要增加额外的能量或力量才能够度过或完成家庭周期的某些阶段。

掌握每个阶段的技能和应对方式可以帮助我们成功地从一个阶段发展到下一个阶段。如果你没能掌握这些技能，虽然还可以继续下一个阶段的循环，但是你更有可能在后面的阶段里遇到困难或挫折。

家庭生命周期理论认为，成功地过渡不同阶段，可能有助于预防与情感或压力相关的躯体或心理疾病。无论你是父母还是孩子，是兄弟还是姐妹，我们都会通过血缘、爱和体验被家庭周期所联结。家庭周期里的这些经历与体验会影响到你是谁或你将成为谁。你对家庭周期越是了解，越有能力应对，你的人生就越有可能取得成功。

家庭系统的核心：原生家庭与再生家庭

从系统的角度来看，不同代际的核心家庭构成了家族，不同代际的核心家庭通过他们的孩子又衍生出新的核心家庭，而这些新的核心家庭的孩子也会通过繁衍产生新的核心家庭。所以，一个家族通常是多代系列核心家庭的集合。

对每个个体而言，在其正常的发展历程里大都会有两个家庭——原生家庭和再生家庭。我们所说的原生家庭是指一个人从出生到成人所在的家庭，而再生家庭是指我们成人之后所建立起来的家庭。通常，对我们成长具有决定性影响的是原生家庭，尤其是在我们青春期之前的原生家庭。而再生家庭通常是原生家庭的动力学结果。第 1 章所介绍过的精神动力心理学、沟通分析心理学、客体关系心理学、主体间性心理学、依恋心理学等流派都是关注早年经历对我们一生成长的重要性。

原生家庭是一个系统，再生家庭又是一个系统。相比原生家庭，再生家庭是新系统，那么，原生家庭就是老系统。在不同的系统里，新系统优先于老系统；在同一个系统里，老的亚系统优先于新的亚系统。

在一个核心家庭里面，有三个主要的亚系统——夫妻系统、父母系统和同胞系统。我们看到，在核心家庭里，夫妻系统最早存在，父母系统和同胞系统是后来的系统。按照在同一系统内老系统优先于新系统的法则，那么夫妻系统则要优先于父母系统和同胞系统。

夫妻系统

夫妻系统是家庭系统里最为重要和关键的亚系统，是家庭系统的基础系统。在这个系统里，夫妻相互学习如何协调差异、适应彼此的需要和发展互补的角色。一个有活力的夫妻系统能为双方提供亲密、支持、共同成长的经验和个人发展的机会。夫妻系统也为孩子如何与异性相处，如何经营亲密关系，如何与同辈打交道提供了间接的经验。如果这个系统不出现问题，那么整个家庭就是平衡稳定的，家庭其他成员（通常是孩子）就不可能出现太大的问题。如果夫妻系统出了状况，那么家庭其他成员出问题的概率就会大大增加。

夫妻系统对家庭系统的影响是广泛而深远的。夫妻系统内发生任何功能失调都必然会影响到整个家庭。当夫妻关系紧张或发生冲突，通常孩子都会被迫选择与一方形成联盟来反对另一方，其结果是导致孩子出现心理或行为上的问题。

父母系统

父母系统和夫妻系统通常由同一对配偶来承担，只不过其角色有所不同，所以父母系统有时是比较隐蔽的系统，因为我们会误以为夫妻系统和父母系统是同一个系统。从结构上看它们的确是同一个系统，但是从功能上看它们却是不同的系统。我们把这两个系统分开是有道理的。一些家庭之所以出现问题，就是因为当一对夫妻有了孩子之后，他们夫妻一方或双方只存在父母角色功能，而失去或忽略了夫妻角色功能，在这个双重功能系统里，往往只剩下父母系统，而没有了夫妻系统。所以，当一对夫妻有了孩子，强调或维持夫妻系统的存在或功能是非常重要的。

父母系统承担了养育、教导孩子、设立纪律界线与规则的主要责任。通过和父母的互相作用，孩子们学会应对权威，同时增强决策和自我指导的能力。

在这个系统里，父母必须共同形成和维持一个具有执行功能的联盟。父母有责任照顾和保护他们的孩子并使之社会化的转变。他们也有权做出他们认为最有利于整个家庭生存的决定（如择校、搬家）。

随着孩子的长大，父母应让孩子更多地参与到与他们有关的规则制定中来。父母系统的角色也应发生相应的改变，由父母的单向管理逐渐过渡到父母与孩子的双向管理，最后到孩子的自我管理和自我指导。

父母系统按照他们管理孩子的方式可分为专制式、溺爱式、忽略式和民主式四种类型。每一种方式的存在都不是偶然的，或多或少都与父母双方的家庭动力有关。

父母系统的功能总是与养育孩子联系在一起，但该系统的功能又会受到父母双方家庭动力的影响。最常见的功能不良是父母没有从他们的原生家庭里成长好，从而要借助孩子来完成自己的成长。如此一来，孩子就没有办法成为他们自己，孩子出于忠诚会帮助父母来完成其成长，因而孩子也没有机会拥有自己。

因为父母系统是隐形的，当夫妻系统失去功能时，父母系统就会从暗处走到明处，并主导家庭系统，由此导致出现家庭问题。因此，父母系统要继续致力于维持和加强他们的夫妻系统，这是每个家庭的幸福根基所在。

家庭：社会与文化的缩影

家庭系统具有以下特点。

家庭是个生命系统

生命系统的最大特点在于它的开放性、有序性、动态平衡和稳定性、自组织性和进化性。对于一个家庭系统而言，这个系统越开放，与外界进行信息交换就越强，家庭就越有生命力；相反，如果一个家庭变得越来越封闭，与外界的交流就会越来越少，那么这个家庭就可能不再具有活力和能量。

家庭的生命力还表现在后代的发展品质和活力上，后代的品质取决于父母关系的品质，父母关系的品质取决于夫妻关系的品质，夫妻关系的品质则取决于夫妻双方和他们父母关系的品质。

家庭是个社会系统

所有生命不会单个存在，生命通常以群落的方式存在，人也是如此。家庭是人最基本的团体群落。

家庭系统内还有亚系统，如夫妻系统、父母系统、同胞系统、亲子系统、姻亲系统、祖孙系统等。我们都生活在家庭的不同系统里。在系统与系统之间，最为重要的是界限和流动。在同一个系统内，最为重要的是关系。人是通过关系来完成人的社会性的。一个人出现问题，通常最先是在关系上出现了问题；与之对应，如果一个人出了问题，我们通常是在关系上进行解决。比如说，心理咨询就是在关系上进行工作，通过咨询师与来访者建立良好的关系，来修复或重建来访者在他生活里的人际关系。

家庭关系最为重要的是夫妻关系。在家庭关系里，夫妻关系相对亲子关系和同胞关系而言，是非血统的关系，所以其联结强度相对较弱。正因为弱，才用法律的形式强制固定下来，也正因为弱才需要夫妻双方用心经营。

夫妻关系是根基，是其他所有关系的前提与基础。在一个家庭里，如果夫妻关系是好的，其他的关系也不会差到哪里去。如果夫妻关系出现了问题，其他的关系想好也很困难。

一些家庭里的父母经常会被亲子关系困扰，总希望能够找到灵丹妙药来改善不良的亲子关系。殊不知，化解亲子关系的金钥匙就在父母自己手里。如果父母能够经营好夫妻关系，亲子关系就不会出太大问题，孩子的养育问题也能够迎刃而解。

家庭是个文化系统

人的文明性和社会性通常都与文化息息相关。文化与人的信念、价值观和行为习惯密不可分。而文化通常又是通过家庭烙印在我们的生命内核里。我们最早的信念和行为模式通常源于家庭文化，如男孩女孩应该是什么样子、对待父母应该是什么样子、吃饭应该是什么样子等，这些通常会构成家庭的亚文化。

我们还有大文化，大文化就是一个民族的文化，大文化透过家庭，然后形成家庭文化，家庭文化再渗透并传递给家庭成员，形成我们每一个个体所独有的文化。我们的行为除了受本能的影响，最重要的是还受文化的影响。我们的骨子里都流淌着自己民族的文化，我们在这个文化里浸润，里里外外都受着这个文化的影响。所以，我们的行为也都打上了文化的烙印。

家庭是个传承系统

家庭通过血缘和婚姻以代际的方式延绵相传，家庭相传的除了血脉之外，还有文化、家庭故事、家庭关系模式。家庭还会通过它们自身在同一代际的横断面所经历的社会重大事件传递给下一代。

乔布斯的父母生下乔布斯的年龄，和乔布斯生下他女儿的年龄是一样的，都是在 23 岁。我们从中所看到的传承是：乔布斯被他的父母送养，而乔布斯自己则用拒绝承认是自己的亲生女儿的方式抛弃了他的女儿。

家庭传承同样也表现在精神分析的创始人弗洛伊德的身上。在弗洛伊德的原生家庭中，弗洛伊德的第四个妹妹多尔菲终生未嫁，最后选择了陪伴妈妈；在弗洛伊德的再生家庭中，他的小女儿安娜也终生未嫁，最后选择了陪伴爸爸。弗洛伊德和他的爸爸都在自己 40 岁的时候失去了自己的爸爸；弗洛伊德与他的小姨子有婚外情，弗洛伊德的大儿子马丁与他的小姨子也有婚外情。这些都是家族动力传承的结果。

家庭是个动力系统

家庭不仅是一个有生命的系统，还是一个有动力的生命系统。在我们成长的过程中，尤其是在我们原生家庭里，我们的家庭动力就是那些我们的家庭成员对我们后来成长产生影响的那些因素和力量。这个影响主要是透过我们在原生家庭里和他们的关系来实现的。

家庭是个动态平衡系统

家庭系统的另一个特性就是追求平衡。就像中国文化要追求中庸一样。家庭的平衡是在动态中实现的，而且这个平衡往往是在潜意识里来完成的，或者是自组织的。维持家庭平衡最为重要的系统是夫妻系统，当这个系统出现危机里，家庭系统出于动态平衡的需要，其系统里的成员就会站出来做维护系统平衡的事情。如果夫妻不和、夫妻关系紧张、夫妻冲突、夫妻一方有外遇、夫妻彼此闹离婚，夫妻系统的完整性就会受到威胁，家庭系统的完整性就会遭到破坏。此时，孩子就会挺身而出来维护夫妻系统的平衡与完整。当孩子来维护夫妻系统的完整和平衡时，孩子就会用放弃自己的正常或健康成长的方式来进行，比如逃学、旷课、考差成绩、不想上学、辍学、过度上网等。从这个角度上来说，孩子身上出现的问题大多是因平衡家庭系统造成的。

家庭是个周期系统

家庭不仅是个生命系统、动态平衡系统、动力系统，还是个具有周期特点的系统。家庭周期理论告诉我们，家庭是按照一定的阶段顺序一步一步发展的，每个阶段都有它的任务。家庭周期理论为我们观察家庭提供了一个非常好的视角，为我们探索家庭、探索成长提供了一个非常有价值的工具。

家庭系统的心理特征

家庭系统具有以下心理特征。

代际性

家庭是至少包括三代成员在内的代际系统，是包括一个个体在内的向上的三代成员。

角色的不可选择性

家庭成员的角色通常是不可选择的。当你选择结婚时，你就成了丈夫或妻子；当你有了孩子时，你就成了父亲或母亲；当你被母亲生下来时，你就成了儿子或女儿。不论你想或不想，你都会成为这个角色。

关系的无法解除性

家庭里有血缘关系和非血缘关系两个关系。非血缘关系可以解除，如夫妻关系；而血缘关系不可以解除，即使你通过法律来解除社会学意义上的父子或母子关系，也无法解除生物学意义上的亲子关系。孩子无法选择谁是他（她）的父母；父母也无法选择谁是他（她）的孩子。在这两个方面，彼此都没有选择的余地。既然没有选择的余地，那么彼此对此就都没有责任。

角色的无法替代性

不论是父母、兄弟姐妹还是孩子，在这个世界上他们都是不可替代的。不像工厂，工人可以由不同的人来替换，而在家庭里，每个人相对另外一个人的角色都是唯一的。有时，在家庭里，可能会有这样企图替代的情形发生，如继父或继母想替代继子女的亲生父母，婆婆想替代媳妇的亲生妈妈，媳妇想替代婆婆的女儿，女婿想替代岳父母的儿子，丈夫想替代妻子的父亲或哥哥或情人，用活着的孩子来替代夭折的孩子等。这种替代通常会破坏家庭成员对那个被替代的成员的忠诚。他们通常会对那个替代者进行攻击或伤害，以保护那个被替代家庭成员的忠诚。

家庭中的缺位与补位

当家庭的结构或功能的完整性被某些力量破坏，如死亡、意外、离婚、分居、疾病、精神障碍、问题行为、监禁等，会导致家庭成员缺失或功能缺失。当家庭成员尤其是父母出现缺位时，系统出于平衡或稳定的需要，会有一个家庭成员来补位，这个人通常会是孩子。当家庭成员中的一个人去填补另外一个人的位置时，这个家庭成员就会出现问题。例如，当孩子来补爸爸作为丈夫或妈妈作为妻子的位置时，就意味着乱伦的发生，孩子通常会有罪恶感，他可能会通过自我伤害的惩罚方式来平衡这种罪恶感。

上一代人对下一代人的影响

上一代人通常对下一代人会起着塑造的作用，这种影响的力量通常又是悄无声息地发生的。比如家庭中发生的一些不光彩或耻辱性事件，如非正常死亡、离婚、吸毒、自杀、遭受监禁、在社会运动中受迫害等，这些发生在家庭横断面的事件会给当时的家庭带来影响，如果当时的家庭没有对这些事情进行恰当的处理，那么这些对家庭的影响都会通过纵向时间轴向后面来的成员传递下去。这些对家庭有压力性的事件有时可能会变成家庭秘密被保护起来，而这些被保护起来的事件的影响力就会得以维持，然后代代传递下去。

家庭系统动力对我们的影响

家庭系统动力学是在系统内看动力的运作，所以探索动力是从系统到个体，从过去到现在，从高层级到低层级。

我们已经知道，家庭系统动力是探索在一个人的成长过程中，他的原生家庭系统里的哪些因素会影响其成长和发展。这些因素里有时间的因素，也有空间的因素。在时间的因素里，有纵向和横向的；在空间的因素里，有家庭成员的生存状态的、有他们之间的关系的、有社会事件渗透到家庭里的影响的。

在时间的因素里，通常的动力规则是：在一个人的成长过程里，发生越早的动力，其影响力就越大。这种影响通常会有一个关键期，如 1 岁、3 岁、6 岁、12 岁等。

在空间的因素里，通常的动力规则是：谁离得近，谁对我们的影响就越大；我们和谁的关系越有能量，谁对我们的影响就越大。离我们比较近的是父母和兄弟姐妹，他们的人生状态和我们与他们之间的关系对我们的影响，比离我们远的叔叔、姑姑、舅舅和姨妈的影响相对要大。如果我们小时候的抚养人不是父母，那么这个抚养人对我们的影响就要大于其他人对我们的影响，这个抚养人可能是姥姥、姥爷、爷爷、奶奶、奶妈或保姆。

家庭动力学的种类依据上述在时间和空间里的影响因素，大致有以下几类。

1. 基因和受精卵动力。每个个体都源于父亲的精子、母亲的卵子的结合，我们的生命基因一半源于父亲的基因，一半源于母亲的基因。
2. 出生时的动力，包括出生方式、出生地点和出生时父母的状态。
3. 性别动力，如父母的性别期待、重男轻女等。
4. 排行动力，如性别排行组合、年龄排行组合。
5. 标签动力，如属相、乳名、学名、自我概念和绰号。
6. 非正常死亡的动力，如祖父母、外祖父母、父母或兄弟姐妹的非正常死亡。
7. 疾病动力，如父母和兄弟姐妹的疾病、残疾、药物成瘾等。
8. 父母婚姻的动力，如父母在婚姻里的关系性质、外遇、父母是否离异、是否单亲、是否再婚。
9. 亲子关系动力，如是否寄养、送养、收养、父母的教养方式、母婴关系、依恋模式、俄狄浦斯情结等。
10. 家庭暴力与虐待动力，如父母彼此有暴力行为或父母对孩子有暴力或虐待行为。
11. 家庭文化动力，如家庭文化、信念、信仰、规则、界限、伦理、生活方式等。
12. 社会政治、经济事件动力，如社会政治事件、经济危机、物价过高或税收过重。

这些家庭动力通常发生在一个人的原生家庭里，而非再生家庭。因为我们所说的是过去对现在的影响，这个过去通常是指一个人的幼年或早年，通常是指 6 岁之前、青春期之前，最多是 18 岁之前。一个人在 18 岁之前原生家庭里发生的事情对家庭系统动力来说才有意义。

Family Dynamics / CHAPTER 03

03

原生家庭对个人成长的影响

家庭是有生命周期的。家庭从两个年轻人结为夫妻开始，到两个配偶均离开这个世上而告结束。当这两个年轻人的孩子再次成立家庭时，该家庭又重新开始了一个新的周期。因此，第一个家庭周期会从孩子的再生家庭开始一个新的家庭周期。如果一个家庭里的夫妻没有孩子，那么这个周期就会停止循环。

在一个家庭周期里，会有几代人生活在一起。我们所说的家庭动力通常是指在一个人的原生家庭里，能够影响他未来人生成长的那些与家庭成员有关的因素。这些因素通常是发生在孩子早年，尤其是他 6 岁之前，包括在那个时期里原生家庭成员的状态、家庭成员之间的关系、家庭成员与其之间的关系、他本人在这个时期的生命经历等。

繁衍的动力与对父母的接纳

一个人成为一个成熟的个体之后愿不愿意结婚，和同性还是和异性结婚，结婚后是否愿意要孩子，或想要孩子结果是否能够要到孩子，通常会取决于很多的家庭动力，最常见的动力之一就是与父母的联结程度，即他们对自己的父母是拒绝、排斥或否认，还是接纳、认可或肯定。

当我们对自己的父母是接受的、认可的、肯定的，我们感觉到自己在父母那里得到了足够的爱与温暖，感受到了他们作为父母对我们的付出和奉献，感受到父母已经尽了最大努力或力量来爱我们时，我们就会承认他们是我们的父母，我们也会愿意承认自己是他们的孩子。我们会为今生能拥有这样的父母而感到幸运，也会为自己成为他们的孩子而自豪。我们会觉得如果有来生，我们还愿意让他们做我们的父母。当我们喜欢并认可自己的父母时，当我们长大成人到了该谈婚论嫁的年龄时，我们就会主动而积极地去和异性交往，建立恋爱关系，然后成婚生子。

如果是相反的情形，我们对父母的感觉就会不好。觉得他们在我们成长的过程中没有给予我们想要的爱，或者我们觉得他们不是称职的父母、合格的父母，甚至根本就没有资格做父母。他们不仅把自己的人生弄得很糟糕，如不求上进、酗酒、赌博、搞婚外情、欠债不还等，也用很极端的方式对待我们，如在身体和精神上虐待我们。我们不论是在理性上和情感上都无法接受他们。我们既拒绝他们是我们的父母，也拒绝自己是他们的孩子。我们为他们是我们的父母感到羞耻，也为自己是他们的孩子感到羞耻。当我们的内在和外在都拒绝父母时，我们就会发誓，如果有来生，下辈子绝不再做他们的孩子。如果我们对父母是抱怨的、指责的、愤怒的、仇恨的或敌意的，那么我们最常见的做法就是不让自己走进婚姻，我们可能阻止自己和异性接触、阻止自己恋爱，我们可能会选择单身。或者，即使我们走进了婚姻，也可能决定不要孩子。表面上看，不孕不育是夫妻身体上的原因，实际上可能还有家庭动力上的原因，这个原因就是对父母的不接纳和拒绝。我们从心身障碍中可以看出，心理问题会转变成身体问题，这个已经被科学所证明，如我们焦虑、有压力时，我们的胃可能会溃疡、血压和血糖可能会升高；而当我们拒绝父母或对其有敌意，我们的身体也会来配合表达这种拒绝和敌意。

不想要孩子是与人类的文化不相容的，所以我们的意识里不能接受潜意识的意愿，我们可能会用文化能够接受的方式来表达潜意识的需要。而通过身体的生殖机能不足来表达，就可能被我们的文化或道德所接受，如男性通过精子数量不够或活力不足，女性可能通过输卵管堵塞或子宫肌瘤来阻止怀上孩子。当然这些都是在潜意识里发生并运作的，我们可能全然不知。甚至，当我们知道自己的身体状态让我们得不到孩子时，我们的意识里会表现得非常焦虑和急切，并想方设法增加怀上孩子的可能。

因此，当我们意识或潜意识里拒绝父母时，这份拒绝可能会通过拒绝给父母传宗接代来表达自己对父母的不满、愤怒和拒绝。

我们无法改变的事实：出生与身份

如果我们热爱自己的父母，那么我们接下来要完成的事情，就是替他们传宗接代了。于是我们恋爱，我们成婚，我们和自己的配偶有性行为，随之而来的可能是新生命被创造，生命的孕育过程被启动。

精子和卵子在母体的输卵管里相遇和结合，它是母体的卵子选择了父体最优秀精子的结果。

从心理学的角度来看，受精卵对我们每个人来说意义都是非同寻常的。受精卵告诉我们，我们每个人都是来自两个部分——父亲和母亲。不论我们喜不喜欢、接不接受自己的父母，我们都无法改变我们来自父母的事实。

从基因学上看，我们一半来自父亲，一半来自母亲。所以，当一个人拒绝父亲或母亲的时候，他也就拒绝了自己的一半，如果同时拒绝了父亲和母亲，那么，他也就拒绝了自己生命的全部。从家庭动力的原理来讲，如果一个人拒绝自己，那就会伤害自己。因此，当一个人拒绝父母，就会拒绝自己，从而就会做出伤害自己的事情。这种自我伤害经常会带来人生的种种困境或难题。

这从另一个层面也会带给我们解决自我伤害和自我拒绝的方法。从上述内容我们可以知道，如果要解决自我伤害，就去解决自我拒绝；而要解决自我拒绝，就去解决拒绝父母。因此，接受父母或与父母和解是解决自我拒绝和自我伤害的钥匙、核心与关键。

从受精卵直到出生，我们都是在母亲的子宫里度过的，我们在母亲的子宫里待了大约 280 天才得以出生。这个事实可以说明，我们每个人和母亲的联结要远远大于和父亲的联结，我们和母亲或母亲和我们的分离要远远比我们和父亲或父亲和我们的分离困难得多。

我们的出生意味着离开了母亲的子宫。在母亲的子宫里，我们无须呼吸、无须进食，一切都仰靠母亲胎盘的供养。我们在母亲的子宫里过着依赖而寄生的生活。当我们出生时，我们要告别母亲的子宫，从离开子宫的那一刻起，我们就要依靠自己活在这个世上了。我们需要自己呼吸、需要自己去寻找乳头、需要自己吸吮母亲的乳汁来获得养分，为自己提供最基本的生命保障，以让自己能够活下来。所以，离开母亲的子宫，就意味着我们要靠自己，要独立，只有这样我们才可以活下来。

从子宫里被分娩出，我们要切断和母亲身体上的联结，切断脐带和母亲的联结，这个事实意味着新生命的诞生是需要分离的，成长有时是以创伤为前提的。一个卵子要变成受精卵，那么一个精子穿破卵子外膜的过程就是必须有的，这对卵子来说也是一个创伤。我们从母亲的子宫里被分娩的那一刻也是充满创伤的：母亲要忍受子宫收缩和痉挛带来的剧痛，要忍受胎儿娩出后，胎盘与子宫剥离带来的疼痛与出血。胎儿也要依靠自己的力量，从母亲狭窄的产道里努力出来，在这个过程中，也要承受被产道挤压的痛苦。当他离开母体之后，还要忍受脐带被剪断的痛楚，与此同时，他还要面对来到一个和子宫不一样的陌生世界所带来的恐慌。这些在某种程度上都可以说是一种创伤。所以，从我们每个人的出生可以看到，生命在成长和发展的道路上，分离和创伤是必不可少的，甚至是必要的。

以上是我们单纯地看从一个受精卵到从母体中娩出的过程对我们心理过程的影响，我们没有从父母本身的动力来看在我们出生时他们的状态会给我们带来什么样的影响，以及我们在出生时在自己身上的其他事件给我们的心理所带来的影响。如果把这些因素加进去，那么给我们出生所带来的动力会更加复杂。

堕胎：一个经常被忽略的创伤

堕胎是孕妇选择人工流产的方式而终止妊娠。造成孕妇堕胎的原因有很多种：

- 出于计划生育原因，不可能要多个孩子；
- 违反生育法规意外怀孕；
- 未婚先孕；
- 已婚但没有做好要孩子的准备。

堕胎是父母不要孩子，不论父母的主观愿望如何，其行为结果都是孩子没有完成生命的全程，而是被终止在最初的阶段。不论终止的原因是什么、决定是谁做出、谁主动做出这个决定、谁被动接受这个决定，对创造生命的两个异性来说，都可能会对这个生命背负内疚、自责和罪恶感。有时这种行为在某些宗教、法律上也不被允许。所以，只要堕胎的事件发生，势必会对创造生命的男人和女人造成影响，尤其是对女性带来的影响更加深重。

由于胎儿是两个人共同创造的生命，因此胎儿也意味着两个人的情感结晶，是两个人相爱的象征。如果胎儿的生命被终止，也可能意味着他们彼此的爱也被终止，两个人的感情可能因此变得疏离，或无法再回到从前的恩爱与亲密关系，甚至会因此分手。

一旦父母因堕胎而产生了罪恶感，那么这种罪恶感会带来父母对自己的惩罚。他们可能会选择让自己陷入悲伤和抑郁来表达这种惩罚；或者用限制自己的人生发展来表达，如让自己不能太成功、不能太快乐、不能太顺利；或者用生病、自我伤害、自我虐待的方式来表达这种惩罚。

当他们再次怀上孩子，之前的堕胎行为也会影响到他们对待新怀上这个孩子的抚育方式。因为他们觉得他们有愧于那个被打掉的孩子，他们如果对新来的孩子太好了，就会觉得是对那个孩子不公，于是他们可能会对这个新来的孩子制造一些麻烦，可能会让他们辛苦一点、不顺利一点或者痛苦一点，这样他们可能才会觉得对那个被打掉的孩子来说是公平的，父母内心里才会获得一种平衡。还有一种可能是，他们为了用新来的孩子来弥补他们对被打掉孩子的愧疚，他们会加倍对新来的孩子好，以期在新来的孩子身上去寻找被打掉的孩子的影子。对新来的孩子来说，他就会变成一个替代品，从而很难活出自己。

重男轻女：对父母与孩子的影响

我国的传统文化更重视男孩，这种文化强调只有男孩才是家族的传人，女孩是要嫁出去的人，是替她将来的婆家传宗接代的，是别人家的人，所以女孩通常被排除在家族的传人之外。不仅如此，男孩还被当作养老送终的工具，这个作用是女孩无法承担的。所以，男孩被家族视为非常重要的传人。

在这种文化的影响下，一对夫妇对他们的第一个孩子的性别期待很自然会是男孩。在这种性别期待中降生的女孩可能就会有不符合父母性别期待的风险。一旦孩子的性别不符合父母的期待，那么这个孩子一生下来就会面临性别被父母拒绝的风险。通常的情形是，孩子不仅性别会被父母或家族拒绝，甚至整个人也会面临被拒绝。

一个人的性别通常有生理性别、心理性别和社会性别三种。生理性别是由我们的生物学特征（生物学基因），如生殖器、第二性征和外貌所决定的；而心理性别是由自己对自己的生理性别的认同度所决定的；而社会性别是由他人对一个人的生理性别认同度所决定的。在某种程度上，心理性别和社会性别可以改变，而生理性别通常无法改变。父母的性别期待既包括对我们生理性别的期待，也包括对我们社会性别的期待。

当一个孩子感知到自己的性别并不是父母的期待时，他就可能让自己尽最大可能来改变自己以满足父母对自己的性别需求。例如，父母的性别期待是男孩，结果生的是女孩，那么这个女孩就会努力改变自己可以改变的社会性别部分，如她把自己的衣着和发型打扮得像个男孩，也可以把自己的性格变得像男孩，或者把自己变得像男孩一样聪明、能干或优秀。

把自己的性别朝父母的性别期待发展，只是对不是父母性别期待的孩子的影响之一。另一个影响则是，由父母对孩子性别的拒绝导致孩子对自己的性别或是对整个人也是拒绝的。对自己整个人的拒绝或不接纳、不接受，包括不接纳自己的外貌、身高、体重、性格、能力、智力等。当一个人不接纳自己时，他接下来要做的可能就是伤害或虐待自己。所以，父母对孩子的性别期待不仅会影响孩子的性别发展，还会影响孩子的性格特征，同时也会造成孩子的自我伤害。

在我国计划生育政策实行时期，性别期待对夫妇来说就更加强烈。因为对他们来说，只能有一个孩子的机会，如果他们企盼要一个男孩，而他们所生的却是个女孩，则这个女孩就极有可能要承受性别歧视的后果。

即使在非计划生育政策年代，性别期待仍然会发生。如果第一胎是个男孩，那么夫妇大都会希望第二胎是个女孩；如果第一胎是个女孩，那么第二胎就希望生个男孩。有这种性别期待的家庭，如果生了两个男孩或两个女孩，那么男孩中的第二个男孩、女孩中的第二个女孩就会面临性别被拒绝的风险，在这样的组合中的孩子把自己的性别朝异性方向发展的风险就会增大。

据不完全统计，在一个家庭中，最容易受到性别期待影响的是独生子女家庭中的女孩、都是女孩家庭中的第一个和最后一个女孩、都是男孩家庭中的第二个男孩或最后一个男孩。

剖腹产与焦虑

从出生的方式看，人类的出生方式大致有经道产和剖腹产两种。从优生优育的角度看，经道产优于剖腹产，因为经道产是自然生产的方式，而剖腹产则是人工的生产方式。

从心理学角度看，经道产和剖腹产对孩子而言会有不同的动力。经道产的过程是生产的自然过程，在这个过程里，只有母亲和胎儿共同配合才能完成。当生产被启动时，子宫收缩，母亲会体验到剧烈的腹痛，她需要忍受这种剧痛，允许子宫完成这种痉挛和收缩，分娩的过程才能完成。当胎儿经过狭窄的产道时，胎儿也需要忍受产道的挤压才能够被顺利地娩出。胎儿只有在忍受了产道的压力和疼痛之后，才能来到世上。剖腹产的孩子则完全没有自然生产的过程。他们通过手术被医生直接从母亲的子宫里拿出来，完全没有经过产道的挤压，他们可能在未来的人生旅途里，缺少对压力和痛苦的承受能力。他们在被拿出来的那一刻可能会惊慌不已，因此，他们在未来的发展中可能也会有同样的惊慌出现，在心理上可能表现为容易焦虑。

哺乳与信任、安全及自我价值感

孩子来到这个世界上要做的第一件事情就是要依靠自己自主呼吸。这件事情如果完不成，那么孩子的新生命就无法启动。所以，孩子一生下来被企盼的就是能够大声哭泣，因为哭泣意味着呼吸的出现。

孩子来到这个世上要做的第二件事就是寻找母乳，他们从现在开始要靠自己的努力才能获得营养，这样他才能活下来。如何哺乳，用母乳还是用牛乳、用乳房还是用奶瓶，在产妇那里可能只是一个不同的选择，但是对刚出生的婴儿而言，则有重要的不同。

从心理学的视角，孩子的世界观最重要的部分，如信任感、安全感及自我价值感则是在第一年形成的。而且，孩子一出生最重要的关系是与妈妈乳房的关系。对于一个刚出生的孩子来说，他的视野里还没有母亲，只有喂养他的乳房，那么他与乳房的关系质量则决定着他对外在世界的信任感、安全感以及对自己的自我价值感。因此，哺乳对孩子的成长来说，是第一个关口。

时至今日，我们已经达成了共识，母乳喂养要好于人工喂养，因为从营养学的角度看，母乳比牛乳更能满足孩子的营养需求，营养物质更全面，更能促进孩子的身体成长。而现在从心理学的角度看，母乳喂养也好于人工喂养。

母乳喂养时，婴儿直接和妈妈的乳房接触，柔软的乳房会给到婴儿皮肤上的舒服感和心理上的安全感。当妈妈用母乳喂养时，婴儿会紧贴在妈妈的胸前，他能够感受到母亲的体温和心跳，这一切都会让他找回他在子宫内那种熟悉的感觉。这种熟悉的感觉也能够给他带来安全感和稳定感。而人工喂养时，硬邦邦的奶瓶、不太柔软的奶嘴和忽冷忽热的奶水都无法提供妈妈的乳房给予婴儿的那种温馨和舒适感。

即使母亲用母乳喂养，也不能保证婴儿从她那里获得充分的信任感、安全感和自我价值感。心理学研究认为，婴儿会把妈妈的乳房分为“好乳房”和“坏乳房”两种。只有“好乳房”才能给婴儿带来信任感、安全感和自我价值感；而“坏乳房”则正好相反，给到婴儿带来的则是不信任感、不安全感和无价值感。

那么什么是“好乳房”呢？

在婴儿的心目中，那种能够满足自己的喂养需求的乳房就是“好乳房”。也就是说，当婴儿饥饿了，“乳房”能够来，当“乳房”为婴儿提供服务时，足够温暖、慈爱、轻柔，当婴儿吃得心满意足时，“乳房”又能主动地离开。“乳房”就像一个定时的闹钟，只要婴儿感觉到快饥饿时，她就会及时地出现在婴儿的面前。孩子在这样的“乳房”面前会感觉到，这个世界是可以预测的，是安全可靠的，是值得自己信任的。当自己需要的时候，“乳房”就能及时出现，而且带着爱的姿态出现；当婴儿哺乳的需要被满足时，“乳房”又能温柔地走开。婴儿从“好乳房”那里感受到自己是可爱的、重要的、有价值的，在这样的感受里，孩子的价值感就会到来。

而“坏乳房”则是另外一番情形。当婴儿饥饿难忍的时候，“乳房”也不来，而当自己不太饥饿的时候，“乳房”则来了。“乳房”来得既无规则，也不定时，让婴儿没法预测。他可能会觉得这个世界既不安全也不可靠，更不可让他信任。因为孩子最早对环境和自己的感受来自母亲如何对待自己。如果母亲是温暖的、慈祥的和疼爱的，那么孩子就会觉得环境是可控的、安全的和可信任的，对自己的感觉则是可爱的和有价值的；如果母亲是厌恶的、烦躁的、拒绝的、粗暴的或者是敌意的，那么孩子对环境的感受就是不安全的、不可靠的和不受信任的；他对自己的感受就是不可爱的和没有价值的。

所以，母亲的哺乳对于孩子来说不是一件小事情。母亲给予孩子的哺乳质量，会决定孩子对这个世界的信任感与安全感，决定其自我价值感。

被遗弃和寄养与自我拒绝和自我伤害

有一种出生可能是不被父母所期待的，因为母亲意外怀了孕，或是怀孕之后，虽然采取了措施，仍然没有能够终止妊娠，最后孩子在父母极不情愿的氛围中出生。这样的孩子一生下来就面临着父母的拒绝。他们可能会感到来自双亲的拒绝，然后他们的人生就会受到这种拒绝的影响。这种被父母的拒绝会导致自我拒绝，而自我拒绝会带来自我伤害。他们有可能会把自己的人生弄得困苦不堪。

更有甚者，他们在出生后父母无法把他们留在身边，可能被遗弃或是被送养，这就会导致这类孩子没法和自己的亲生父母生活在一起，他们可能会被正式或非正式地收养，他们将在收养的家庭里成长，他们中的某些人可能永远也无法知道自己的亲生父母是谁。

这类动力会导致孩子存在严重的被遗弃感，他们通常无法和自己的父母建立起一种联结。这种被遗弃感可能会伴随他们终生。这种遗弃感会影响到他们的存在感和自我价值感，会导致他们自我拒绝和自我伤害。他们通常没有权利感和资格感，甚至会觉得自己不配享受生命。他们可能会用迫使自己变得优秀的方式来证明自己的存在感和价值感。因为缺乏和父母的情感联结，他们经常感到自我生命的无力和无助。他们会用自我拒绝和自我伤害的方式来表达父母对自己抛弃的愤怒和自己因被抛弃所产生的对父母的拒绝。

儿童失忆现象：忘却的童年与3岁看大

发展心理学研究过一个有趣的现象——儿童失忆。这个现象说明，一个人能记得最早的人生经历里的事情的年龄平均是3岁。也就是说，不论如何努力，我们无法回忆起3岁之前的事情。

孩子的记忆从出生就有了，在6个月左右就可以牙牙学语，1岁时就可以说出被大人所理解的词，3岁开始就可以掌握语言的使用。孩子可以记住很多单词，甚至可以背诵很多首诗词，显然孩子在3岁之前的记忆是完整的。但是为什么我们却记不起3岁之前的事情呢？我们记不住事情，并不是我们在那个时候没有记忆，而是我们那个时候的经历无法回忆起来，是我们的回忆出了问题。既然我们回忆不起来3岁之前的事情，那么对我们3岁之前所发生的事情就无法处理，尤其是那些对我们来说具有创伤性的事件。如果我们触及不到，我们也就无法进行处理，如果无法得到处理，那么我们就可能会受到它的影响。

我们无法记住 3 岁之前的事情，可能的原因之一就是 3 岁之前我们的语言还没有完全成熟。我们的回忆则是建立在语言成熟基础之上。没有语言的帮助，我们的回忆就无法发挥作用。

孩子的语言期基本上是从 3 岁开始的。孩子在这个时候不仅学会了说话，还掌握了一些文字和概念。世界从此就有所不同。这个世界从我们掌握概念和符号的那一刻起，就不再是仅有图像、画面、感受和情绪的混沌世界，而是一个有概念、有名称和有意义的世界。我们会给这个世界里的存在物命名，给我们的感觉、情绪命名，给我们的思维和动作命名。世界在我们这里，通过语言的作用，被转换成了各式各样的名称，然后我们所看到的就不再是这个世界本身，而是我们给到它们的概念或名称。

概念的动力在于，自从人类有了符号，用符号来给世界存在物命名之后，在人类这里世界便被概念化和符号化了，人类再也回不到与自然融为一体的状态了。我们看世界，我们感受世界，只是看到和感受到概念或符号而已。因为有了符号和概念在中间隔着，我们再也不能直接接触到自然本身了。

我们看到的是概念，思考的也是概念，我们用概念来建构这个世界，于是我们用人类的主观性来建构自然的客观性。后现代的建构主义就是基于人类的这种认知特性。我们无法触及世界的客观性，我们只能透过人类的主观性来呈现世界存在的客观性。我们对世界的呈现取决于我们主观对世界客观性的处理，所以在某种程度上，我们对这个世界的呈现是由主观建构和组织起来的。这种建构和组织的品质如何，则取决于我们主观的结构性。我们所说的客观的、真理的、科学的，则是人类主观对某一特定客观存在所呈现的一致性检验。然而，人类主观对越是复杂的存在，其建构性就越强，就越是无法取得一致性检验。当一个主观结果是很多复杂的推理、判断和论证的结果时，其主观性的个性就会越强，共性就会越少。因此，我们的主观无法直接触及客观世界，我们所有关于客观世界的认知部分都是主观世界，包括我们所有的知识、学问、科学、学科、真理等。我们看到的只是概念和符号，我们能够接触到的只是主观世界。

人类有了语言之后，便有了意识。我们无法确切地知道是有了“我”之后才有了意识，还是有了意识之后才有了“我”。不论是怎样的安排，人有了“意识”和“我”之后，便把世界分成了主体和客体、主观和客观。具有“我”的、有意识的个体被称为“主体”，“我”之外的都是客体。存在于“我”的世界里的所有存在被称为主观，存在于“我”之外的所有存在都是“客观”。有了意识，便有了“我”“你”和“他”，有了“主体”与“客体”，有了“主观”与“客观”。

有了意识，便有了对知觉的知觉，便有了把主体变成客体的能力。意识的本质特性就是人把知觉主体变成了知觉客体。人与动物的区别是动物能感知到外在世界，但它却不能感知到感知本身。而人则不同，他不仅能感知外在世界，他还能感知感知本身。动物可以看到外在世界，它看到的是自然的图像，而不是概念符号；它在看，但它不知道自己在看，它也不能去看自己的看。而人在看，他看到的则不是自然本身，他所看到的是概念或符号，而且人不仅在看，也知道自己在看，也能够去看自己的看。所以，意识的功能就是意识主体能够把自身变成客体，也就是能够意识到意识、知道知道、看见看见。

人是群居的动物，是社会性动物。这种群居性和社会性导致了规则的出现。在没有语言之前，规则靠动物的本能来维持群体的基本秩序。自从有了语言之后，人类的社会规则就以文字的方式通过宗教、法律、道德或制度固定下来，而这些规则最基本的部分就是“对”与“错”。

要说清“对”与“错”是不太容易的。人类有了语言之后，便把世界概念化、符号化了。同时，语言也把规则概念化和符号化了。

规则中的“对”与“错”原先只是针对行为的，但自从人类有了语言之后，便把“对”与“错”的对象扩大化了，从行为扩大到观念、态度和动机等主观世界的层面。

为了维护群体的秩序，为了个体在群体里能够得到更大的生存保障，于是，规则要求每个成员都要按照“对”的规则来行事，而那些可能有损群体成员利益的行为就会被标定为“坏”而被禁止。为了防止人们变“坏”，人类发明了文化、道德、法律、制度和宗教等来对“坏”进行约束和防范。如果有些人仍然在“坏”的世界里，那么他就会面临来自不同渠道的惩罚。他可能会面临父母的责备与打骂、邻居的冷眼、教友的排斥、公众的敌视或法律的制裁。于是“坏”便成了人类的一个问题，成了一个人要面对的问题。因为“坏”不被人类接受，在社会里要被根除，在一个人那里也要被控制，所以，如何面对“坏”和处理“坏”便成了摆在社会和个人面前的问题。

那么，“坏”是什么呢？通常，在群体里，“坏”是个体的那些能够给他人带来伤害的一些行为，如偷窃、诽谤、暴力等。那么，“坏”的行为背后是什么呢？是个体的欲望和需求。

我们每个个体都是一个生命体，都有需求，而有需求就要得到满足。在动物那里，因为没有对错，所以，他们满足需求的行为就不存在问题，它们在本能的指引之下去满足所有的需求。而人类不可以，人类个体不是所有的需求都可以被满足，因为人类有规则，有“对”“错”之分，我们的需求的满足只能在“对”的世界里，如果在“错”的世界里去满足，那么就会得到惩罚。可是，有些欲望无法在“对”的世界里找到出路，“错”的世界又不能给出路，那么这些欲望就只能通过“病”或“症状”来找出路。

“对”的世界，在精神分析看来，属于“超我”的部分。在有些人那里，“超我”特别强大，“超我”强大的人会扩大“错”的范围，缩小“对”的范围，这样的话，他的欲望或需要就只能有很小的出路，所以，他的欲望需要借用大量的“症状”或“病”来找出路。人类有了“对”“错”之后，便希望个体能够活在“对”的世界里，但是，要想活在“对”的世界里，他就需要知道如何面对“错”的世界。我们人类对“错”的世界通常采用打压、否定、排挤、攻击或消灭的方式，致使我们不仅害怕“错”的行为本身，也害怕“错”的念头、想法和动机，于是，我们也继而会害怕那些不被接受的“错”的需求。可能会因对“错”的害怕，也害怕一些需求，那些需求被认为是“错”的，不可以去满足的。否则我们就会变成一个“错”的人。而错的人则是不被接受的，是要受到惩罚的。于是，我们说会把那些被认为是“错”的需求给打压下去，不给它们出路。但是，我们的需求总是要寻找满足的出路的。如果不给出路，那些需求就会通过“症状”或“病”来找出路。

还有一类人，他们的“本我”太强大，“超我”太弱小，使得他们在满足自己需求的时候，根本不需要考虑什么“对”与“错”，自己怎么想就怎么来，自己如何满意就怎么来。他们只考虑需求的满足，不考虑如何满足，也不考虑自己满足需求的行为的后果。当然这类人群最后会付出很大的代价。他们要么在自己的人生、事业、婚姻、关系、仕途上非常挫败，要么就是把自己送进监狱。

我们都希望自己活在“对”的世界里，也希望自己喜爱的人也能够活在“对”的世界里。但是活在对的世界里是需要能力的。一个人有多大能力活在“对”的世界，主要取决于他如何对待“错”的世界。我们对“错”的世界越仁慈、越接纳、越关怀、越有爱，那么我们的需求和欲望就越能够通过“对”的世界得到满足。

标签的动力影响：人生脚本与 7 岁看老

我们一生下来就会被一些标签所界定，在这些标签里，有属相、乳名、学名、绰号、自我概念等。

生肖的动力

每个中国人一生下来，根据他的出生年月，就会得到一个对应的生肖。十二生肖又叫属相，是与十二地支相配的十二种动物，包括鼠、牛、虎、兔、龙、蛇、马、羊、猴、鸡、狗、猪。每个人一辈子只和一种生肖相联系和匹配，而且终生不得更改。因为是一出生就被匹配，所以，我们就会将其视为理所当然的事情，我们不会怀疑其是否合理或正确与否，因为所有人都一样，自然我们也会全然接受。我们和十二种动物之一的动物相联系，我们自然也就和这个动物有所绑定。那么，和这个动物特征相关联的部分也会与我们的特征相关联，我们在不知不觉中也会把自己的一部分弄得和这个生肖的一部分相似或相同。我们可能会被这个生肖所催眠，会把自己变成这个生肖的一部分。

乳名的动力

如果说我们的生肖会成为动力，那么乳名无疑也会成为一种动力。和生肖不同的是，乳名是可以选择的，而生肖则是被出生的时间所决定的。乳名和学名也不同，乳名是一生下来我们就会用的名字，而学名是在我们上学时要用的名字。乳名是原生家庭中的父母和家人用的，从我们一出生就用，可能在我们还没有出生时，我们的乳名就被父母起好了。我们的乳名通常都包含了父母对我们的期待或愿望。这些期待和愿望会通过乳名象征性地放在我们身上，我们又会潜意识地承接过来，然后努力地实现父母所传递给我们的期待。我们从小就这样被叫着乳名，我们俨然就是乳名，乳名就是我们自己。我们和乳名俨然已经浑然一体，难分彼此。所以，乳名给我们带来的动力影响可见一斑。

我们中国人起乳名有时为了让孩子能够具有抗挫折、抗伤害的能力（这样，孩子就更容易活下来），于是父母给孩子起名字时，喜欢会起一些比较“贱”的名字，如石头、二狗等，这样的名字可能会给孩子带来个性上的影响，也会带来尊严上的影响。

自我概念的动力

自我概念最早是“我”发展而来。而“我”是随着意识的出现而产生的。“我”的出现大概是在我们 1 岁半到 2 岁的时候。我们和动物的区别之一就是站在镜子面前，动物在镜子里看到的是另外一个动物，而我们知道镜子里的那个人是我们自己。

我们最早的自我概念是出生后与母亲的互动过程中，尤其是在与母亲的乳房的互动过程中所形成的。像前面我们看到的那样，当我们遇到的母亲的乳房是“好乳房”时，我们的自我概念就是“好自己”；如果我们遇到的母亲的乳房是“坏乳房”，那么，我们的自我概念就是“坏自己”。由此我们看到，我们的自我概念是被母亲的哺乳质量所影响或决定的。

我们的自我概念还被父母的性别期待所影响。如果我们的性别是父母所期待的，那么我们就是一个令父母满意的孩子，我们的自我概念就是一个“有价值的孩子”。如果我们的性别不是父母所期待的，我们就会觉得我们是一个无法令父母满意的孩子，那么，我们对父母而言就是一个没有价值的孩子。在我们的自我概念里，“男人”和“女人”是我们最基本的属性和概念，我们是不是一个有价值的人、可爱的人，很大程度上取决于我们是否认同自己的性别。当我们的性别部分在一生下来就被父母所拒绝时，那么，这对我们的自我概念会产生非常严重的影响，这不仅会导致我们对自我性别的否定，也会导致对自我的否定。

随着我们慢慢地长大到 3 到 5 岁，我们会从和母亲的二人关系，过渡到和母亲与父亲的三人关系。在三人关系里，我们是否能够顺利地完成俄狄浦斯期，对我们的自我概念影响很大。如果我们不能顺利完成这个心理发展期，那么我们就会形成俄狄浦斯情结，就会面临来自同性父母的威胁，我们会觉得自己不够好，对自己同性父母不够忠诚，也会因此否定自我。

当我们到了 6 岁左右，我们的父母经常会给我们一些标签，这些标签大多通过诸如“你是胆小的孩子”“你是乖孩子”“你是听话的孩子”“你是没有出息的孩子”等来展现，因为那个时候的我们还很弱小，我们对父母往往是崇拜的、仰慕的，我们不会怀疑父母给我们的这些标签。当我们慢慢长大，这些自我概念就会进入到我们的潜意识里并不为我们所知，我们可能就会按照这些自我概念来发展自己。这可能就是我们文化里的俗语所说的“7 岁看老”的原因所在。

Family Dynamics / CHAPTER 04

04

排行与动力

同胞序位对人一生的影响

我们知道，大多数家庭是由一位父亲、一位母亲和数量不等的孩子组成的。我们所说的排行是指有多个孩子的家庭由于孩子的年龄和性别不同所产生的一种排列顺序。当然，也有的家庭中没有孩子或是只有一个孩子。没有孩子的家庭动力将在第 9 章进行讨论。独生子女是排行中的一个特例，他既是老大，又是老幺。

对排行的研究有两种方式：一种方式是研究老大、老幺和中间的孩子具有什么特点；另一种方式是研究年龄和性别两种因素的组合所产生的不同影响。

从家庭动力学的角度看，出生顺序、性别与年龄排行在家庭里是一种非常重要的动力，这种动力的影响有时仅次于父母对一个人的动力影响。

排行老大、居中与老幺对性格影响

对出生顺序研究比较早的是个体心理学家阿尔弗雷德·阿德勒。他曾根据出生顺序提出了老大、老二、中间、老幺和独生子女这五种心理位置。他根据自己的研究，对每种心理位置总结出了其相应的心理特点。后来也有不同的心理学家对出生排行进行相应的研究。其中以沃尔特·托曼（Walter Toman）的研究比较系统和专业，本章关于排行的观点和资料大多来自他的研究。但遗憾的是，他们的这些研究并没有受到心理研究者们的足够重视。有些人甚至把它当作像用星座和血型去分析性格特征那样，仅仅视为一种娱乐或消遣。

从数量上看，家庭可以分为独生子女、两个孩子和两个以上的孩子的家庭。从年龄排序上看，家庭中孩子的情形可以分为：独生子女家庭，那么他既是老大又是老幺；有两个孩子的家庭，那么只有老大和老幺；有三个以上孩子的家庭，那么就有老大、中间和老幺之分。如果把年龄和性别两个因素加在一起，那么情形就会复杂得多。如果是独生子女，那么就会有男孩独生子女和女孩独生子女；如果有两个孩子，那么就会有男孩女孩、女孩男孩、男孩男孩、女孩女孩之分。如果是三个以上的孩子，那么情形的复杂度就会更高。

我们先看看比较简单的以年龄为单一因素的排行动力的特点。

排行老大的特点

我们知道，当一对新婚夫妇准备要创造他们自己的孩子时，对他们双方来说，这都是他们人生里的新经验。他们会做一系列的精心准备和安排，包括身体上的、心理上的和社会方面的准备。他们会调整饮食，注意休息，保持愉悦的心态，并向亲友宣布他们将要孕育孩子。他们可能会节制劳作、增加身体锻炼、注意休息、停止吸烟和饮酒；他们也可能会挑选怀孕和生产的日期，为孩子起一个有能量的名字；或者当母亲怀孕之后，为孩子准备衣物等。

对于他们将要孕育和生产的孩子来说，这个孩子不仅是他们生命延续的象征，也是借用孩子去完成他们人生里没有实现或完成的愿望或梦想的机会。所以，对待将要创造的这个新生命，他们既认真又努力，不敢有丝毫懈怠。

当新的生命来到这个世界的时候，他们的身份就被孩子的出生给改变了。夫妻二人由原来的单一身份，又增加了一个新的身份——父母的身份。这个由夫妻到父母的转变，也意味着再生家庭的关系从原来的二人关系，变成了现在的三人关系。由于父母的身份和角色是他们原来没有的，他们就需要通过在孩子身上的实践来一点点积累和学习，以适应这个身份和角色。从怀孕时的保健到生产时的剧痛，从给孩子哺乳到给孩子换尿布，从教孩子说话到教孩子走路，一切都是全新的经历。他们会很认真对待和处理养育过程的每一个环节。

在弟弟或妹妹没有到来之前，老大通常都是父母最关注的对象，除了父母的关注外，还可能有来自祖父母或外祖父母的关注。这些关注对于孩子的养育是非常重要的，它们不仅会给孩子带来重要感和价值感，也会带来安全感和归属感。

由于父母对老大抱有过多的期待，这种期待会渗透到哺育的所有环节。由于老大是父母的第一个孩子，因此他们会对其异常疼爱。孩子此时会成为父母的中心，父母的一切都围着孩子转，他们的关注点大部分往往会放在孩子身上。他们会尽自己所有的力量来最大化地满足孩子的需求。父母在养育孩子的过程中一丝不苟，尽心尽力，全力以赴，他们希望在孩子那里能够得到相应的回报。而老大会感受到父母对自己的期待，他也会从父母对他的尽心和认真的养育中也会收到来自父母的期待和用心。所以，老大的表现通常也是认真、负责、踏实和实际的。他们通常不爱想入非非，他们喜欢脚踏实地，喜欢效率，有时间紧迫感和使命感。

在老大的世界里，父母通常是他唯一的榜样，所以，他极有可能会变成“小大人”，他可能极力模仿父母，想成为父母的“代理人”。所以，和其他的妹妹和弟弟比起来，他可能较为保守。

老大是父母的第一个孩子，是父母愿望、期待和梦想的第一个承载者。所以，为了完成父母所赋予的这些使命，老大就不得不让自己变得优秀。因为自己越是进取和优秀，父母的心愿、期待和梦想就越是能得以实现。

当老大有了弟弟妹妹的时候，老大独一无二的感觉就会消失，他可能会失去那种被独宠的位置。经常的情形是，当父母又为老大增添了一个弟弟或妹妹时，他可能会感到很深的危机感，因为弟弟妹妹的出生，他独占父母的局面将会结束，他不得不和后来的弟弟妹妹分享父母的关爱。同时，由于弟弟妹妹的弱小，父母又不得不把自己的精力和时间过多地投放在他们身上，这样，作为老大的哥哥或姐姐就会感受到一种巨大的反差：在弟弟或妹妹没有来到之前，他们是父母的中心；而当弟弟或妹妹到来之后，他们就感受到不被父母关心或注意了。他们可能会觉得自己被父母抛弃了，自己的关爱被新来的弟弟妹妹给夺走了。

他们也可能通过对父母的认同来完成这个转变。当他还没有弟弟妹妹时，老大会觉得父母给自己的所有呵护和关爱都是理所当然的，他们很舒服地享受着父母的爱与关注，他们会觉得自己很重要，因为父母不仅围绕着他，而且可以满足自己绝大多数的需求。而当他的弟弟或妹妹出生时，父母的注意力很自然地就被转移到他们身上。刚开始的时候，老大可能不太习惯这种转变，他会用退行的方式在父母面前撒娇或表现出更多幼稚的行为或制造种种事端，企图引起父母的注意。然而由于父母的注意力已经完全被新生儿所吸引，父母无法再像往常那样对他投以极大的关注，反而会用相反的态度对待老大。因为父母觉得，随着新的孩子出生，老大就变成大孩子了，尽管此时他可能只有 2 岁，但在父母眼里，弟弟妹妹的出生就把他推到一个应该懂事、听话、乖巧、体贴父母的位置。所以，当父母看到的是一个与之期待反差如此巨大的老大的表现，父母就会给他更多的呵斥、责备和否定。而老大看到父母对自己的态度，就更加认定自己不被待见，不再被父母所关注，而这一切都是源于弟弟或妹妹出生的结果。所以，他对父母不满的同时，对新出生的弟弟或妹妹也充满了嫉恨。他可能会继续制造事端，继续对弟弟或妹妹嫉恨，可是当他看到无论他如何表达不满或生气的时候，都没能从父母那里获得他想要的从前的关心和呵护时，老大可能会意识到，既然做这些没有用，不如改变一些策略，对自己新来的弟弟或妹妹好一些，可能父母也会对自己好一些。于是，老大慢慢地开始接受新来的弟弟或妹妹，尝试着和父母一道去爱自己的弟弟和妹妹，有时也会承担起照顾他们的责任。他希望通过这样的努力，能够换回昔日里父母给予自己的那些关爱和呵护。在这个过程中，老大慢慢学会了忍受、让步、妥协和策略，学会了对弟弟妹妹倾注爱，提供帮助；从对弟弟妹妹的嫉恨，升华到了对他们的照顾和爱；从对父母的不满，升华到了理解和认同。

在这里，我们再一次看到老大通常都是非常渴望被关注、具有独占思想并且嫉妒心比较强的人。

因为老大的独特位置，即他是父母遇到的第一个受哺育者，是父母梦想和愿望的第一承接者，是弟弟妹妹的带领者，是父母的“代理人”，是弟弟妹妹的“领头羊”，所以，他的位置就决定了他的特性。在这个位置上，他需要具备优秀的领导才能、组织才能，还要具备坚忍不拔、认真负责、脚踏实地、诚实忠诚等品质。有些老大所表现出的领袖才能也基于这样的位置。

老大的特质通常要取决于父母的特质。当父母对老大比较严厉或苛刻，而老大又接受父母的这种严厉和专横变得逆来顺受时，老大就有可能会变得唯命是从、忠诚老实，他们经常会做一些讨父母欢心的事或避开父母惩罚的事；他们通常比较值得依赖，做事尽心尽力、循规蹈矩、保守、听话。而他后面的弟弟妹妹可能会取代他的老大地位。如果老大对父母的严厉或专横不是逆来顺受，而是积极反抗，那么老大就会变成意志力坚强、敢做敢当、独断专横的人。

老大通常会被父母塑造成弟弟妹妹的榜样，所以，父母通常对老大的要求格外严格。他们被要求要遵守纪律、懂得谦让、积极进取、尊老爱幼、吃苦耐劳、敢挑重担。老大通常受到的惩罚也较多，被要求承担过多的责任，不仅要为弟弟妹妹做好榜样，还要照顾好弟弟妹妹。所以，老大通常要比弟弟妹妹承担较多的责任和义务，其身上所表现出的责任感和使命感，通常源于这种榜样的作用和对责任的过度承担。

老大通常是父母愿望最重要的承担者，他们通常要把父母的部分传承下去，这种传承也包含了父母的职业。子承父业有时会成为老大的一种不言自明的义务。

老大既然是父母的代理人，有时当父母不在的时候，会自动承担起照管弟弟妹妹的责任；或者即使父母在，老大也会被父母委派去照顾弟弟妹妹，这样，他自然就会承担起本属于父母的职责。当老大处在这个位置上的时候，他受到父母的约束自然就会较多，所承担的责任和干的活也较其他的弟弟妹妹多得多。他们可能不太喜欢自己所处的“保姆”的角色，有时会比较痛恨这种角色，因为这种角色会使他们失去童年的天真和自由的天性，而过早地背负成人的角色和责任。

影响排行动力的因素有很多，如年龄差距、性别、多胞胎、死亡、送养和收养等都会有影响。

在这些因素中，性别因素通常是最重要的因素。人类的文化总体上有偏爱男性的倾向，所以男孩在排行中的地位较女孩明显。在一些文化理念中，普遍认为男孩才是家族的传人，女孩被排除在家族传宗接代的行列之外。因此，在这类文化里，家庭里的排行就变成了男孩的排行，而女孩在排行里可以忽略不计。例如，如果一个男孩前面有很多女孩的话，那么这个男孩就被视为家中的老大。因此，性别排行在家庭中的影响不可小觑。在重男轻女的文化里，性别排行的影响要比年龄排行大得多。所以，在分析排行对一个人的影响时，不可忽视性别排行的因素。我们既要看年龄排行，又要看性别排行。在性别排行里，我们既要看混合性别排行，又要看同性别排行。也就是说，我们要从两个方面来分析性别排行，一种是把两种性别按年龄顺序排列来看，另外一种是把同种性别按照年龄顺序排列来看。

多胞胎也会影响排行。多胞胎是按照出生顺序来确定老大的。谁先出生，谁就是老大。因为多胞胎相继出生的时间间隔比较短，所以，他们彼此的差别并不大。这就容易导致他们对老大位置的争夺。所以，那个后面出生的弟弟妹妹尤其是同性别的弟弟妹妹，更容易来争夺老大的位置。

死亡或夭折会使得后面的弟弟妹妹升到老大的位置上，而老大也会因残疾或长期患病导致能力不足，其老大的位置也会被后面的弟弟妹妹尤其是弟弟所取代。收养通常不会改变老大的位置，而只会改变原来处在中间或老幺的位置。

再婚也会导致孩子在新的家庭中的排行重组。这种改变通常会带来不同婚姻里孩子的竞争。

综上所述，最年长的孩子有可能会成为家庭中过分负责和克己尽责的孩子。由于他们在年幼的同胞中处于权威地位并且有着为他们承担责任的经历，他们便有了成为出色领袖的潜质。最年长的孩子经常有着严肃的秉性，他们可能会相信自己背负着某种使命。

最年长的孩子会得到自己父母的认同，并且会成为他们的最爱，他们即使在带领他人步入新世界的时候也会倾向于较为保守。此外，尽管他们可能会严于律己，但并不是说他们就能很好地应对来自他人的批评。

长女常常和长子一样有着相同的责任感、尽责意识和照料他人、领导他人的能力。但是，长女一般并不会享有长子的特权，也不会被给予与长子相同的出人头地的期许或机会。因此，她们便可能一面要担负起最年长孩子所具有的责任，一面却无法享有特权，也不会因为长女的位置而提升自己的自尊。

排行居中的特点

居中者是指排行介于老大与老幺之间的孩子。他们因出生太晚而无法享受老大所享有的特殊照顾，因出生太早而享受不到老幺所拥有的宠爱与自由。他们的这一出生次序直接地影响到他们的性格特点。

居中者常常是一个折中主义者和调和主义者。他们有强烈的独立意识，善于和老大与老幺结交，通常在老大与老幺之间起到一个桥梁和平衡的作用。这个位置会让他能够理解他人、观察他人，具有对他人的需要较为敏感的能力。他可能是个社交高手，将来会成为社交明星。

居中者的性格可能和老大与老幺都不同。他既不需要像老大那样承担过多的责任，也不习惯像老幺那样逍遥自由。他不太容易像老大和老幺那样能够找到自己的存在感。他可能会更加着重对关系的经营，在关系中、在社交中、在与他人的联结中去寻找自己的存在感。他们对社会存在有强烈的兴趣，可能会热衷于参加各种社团组织或加入自己感兴趣的俱乐部，在这些团体和俱乐部里去接触一些有共同兴趣爱好与追求的成员，在关系中寻求自己的存在感、意义感和价值感。

由于在中间的位置通常不会受到父母的关注或重视，他们通常不会背负父母过多的期待，他们在心灵上是自由的，他们更有机会去追求自己的理想，有更多的机会去实现自我，所以他们通常能够找到自己理想的伴侣和职业。

处于中间的孩子可能会有很多爱好和兴趣，可能会有很多朋友，因为这些可以使他们能够更好地找到自我存在和价值。

处于中间的孩子特别看重公平和公正。因为他们在父母那里体验到的是极端地不公平和不公正。他既不能像老大一样被父母重视，也不能像老幺那样被父亲娇惯和宠爱。他经常处于一种被父母忽略的位置。这个位置的孩子特别渴望自己的父母能够公正公平地对待所有的孩子，这样自己就有可能或有机会享受到老大和老幺从父母那里获得的待遇。

中间的孩子往往精神独立，内心坚强。他们不太容易向他人求助，遇到问题，他们尽量自己解决和克服。

处于中间的孩子觉得在原生家庭里没有得到足够重视，当他们有了自己的家庭时会特别重视和珍惜家庭关系、家庭里的温暖与亲情。他们对伴侣忠诚和负责。再加上他们善于经营关系，所以他们的婚姻相对比较持久和稳固。

中间的孩子在商业上通常会比较成功，因为他们不会像老大那样急功近利、保守封闭；也不会像老幺那样任性或不负责任。他们通常能够深思熟虑地做出决定，他们理性、稳健、自由，他们又是经营关系的能手，所以他们在理财和经商方面比较容易取得成功。他们无法在父母那里获得像老大和老幺那样的优势位置，那么他们就要在社会上、经济上、地位上获得优势的位置，并以此来补偿在父母那里的劣势。

中间的孩子多为交际和沟通高手，精神独立，忠诚可靠，有广泛的兴趣爱好，喜欢交友，乐于参加各种社团，婚姻稳定，善于调解和协调纠纷，做事比较理性和稳健。

家庭中排行中间的孩子被夹在了兄弟姐妹当中，既没有长子长女成为家庭典范的地位，也没有幺子幺女做宠儿的权利。因此，排行中间的孩子就可能有被家庭忽略的风险，特别是当家中所有的孩子都是同一个性别的时候。另一方面，排行中间的孩子可能会发展成为最出色的谈判者，脾气也最温和，比他们更求上进的哥哥姐姐们来得成熟些，比最小的弟弟妹妹们少了几分放纵和任性。他们甚至可能会在这种不被重视的角色中自得其乐。

无论是排行中间还是排行最末，晚出生的孩子都更可能成为反叛者。追随父母脚步的位置已经被最年长的孩子占据了，而他们为了生存就需要找到另外一个位置。因而，他们倾向于变得不那么认同父母，不那么尽责，并且有更强的社交能力。在一些文化中，排行靠后的孩子在传统上都要为自己另谋出路。

排行老幺的特点

老幺是父母最后一个孩子。到了老幺这里，父母对教育孩子已经失去兴趣和新鲜感。他们对孩子的成长已经不再那么焦虑和担心，反而有了足够的耐心和等待。他们更多地遵循让孩子在自然的状态下成长。父母会用较少的干预、最小的力气来陪伴孩子的成长。所以，老幺在父母的这种气氛下成长，相对比较轻松和自由。

在父母心中，老幺永远是最弱、最需要保护的孩子。所以，老幺往往得到的宠爱最多。家庭的重担和责任大多被哥哥姐姐承担了，所以作为老幺，他相对不需要承担家庭里的责任，所以他在家庭里无法体验到责任感，他通常无忧无虑地玩耍。他的父母和哥哥姐姐通常因为他是老幺的缘故，而主动承担一切。尤其是父母经常因为他是老幺的缘故，而让哥哥姐姐迁就他。这样就养成了老幺经常以自我为中心、过度追求自己权利的倾向。这种倾向会使他在经营关系时唯我独尊，经常会要求他人无条件地满足自己的需求。这样会使他在经营关系时，带来人际交往上的困难。尤其在婚姻里，这会导致对方对其自我中心的排斥，从而带来婚姻上的危机。

因为不需要承担家庭中的责任，所以老幺往往缺乏使命感和责任感，他往往也缺乏远大的目标。他最为关注的就是自己的需要的满足和如何让自己快乐开心，因为过度地追求个人需要和快乐，所以他通常怕吃苦，做事缺乏毅力和恒心。

老幺一般都很聪明，因为他从小受到哥哥姐姐的调教和训练，在玩的过程中得到了学习。比起同龄人，他更多地拥有大孩子的思维，因为有和比自己大的哥哥和姐姐接触的机会，他的智力会被开发得比较早。由于父母对老幺一般没有承担家庭重任的期待，老幺的生活环境压力小，比较宽松，因而性格通常比较灵活、快乐。由于经常受到保护，他会表现出淘气或乖巧的特点。

老幺没有老大的墨守成规，也没有排行中间的存在感危机，所以他显得比较自由和开放。他因为较少受到来自于父母的压抑，所以他天性里的灵气、活泼和创造力就会自然地绽放出来。

既然家庭里的责任都被哥哥姐姐承担了，那么老幺就通过活跃气氛来帮助哥哥姐姐承担责任。他似乎成了家庭里的开心果，通过给家庭带来欢乐和喜悦来体现自己作为老幺的价值。

因为老幺不论在个头、力气和能力上往往都不如哥哥或姐姐，所以他会经常感受到自己的弱小和无助，尤其是当想加入哥哥姐姐的活动而遭到拒绝时。他也因此会产生被哥哥姐姐抛弃、轻蔑和贬低的感觉，这可能会导致他的自我否定。

老幺会认为自己的位置很特殊，这使得他变得任性和自我放纵，他享受着在哥哥姐姐们看来很难拥有的无忧无虑和自由。

最年幼的孩子可以不守常规，并且以自己的独有的风格行事，他可能会极富创造力，并且往往会带来一些发明与革新。

当老幺的哥哥姐姐最后都一一离开父母之后，那么最后就剩下老幺独享父母的关爱，这个时候他将被推到了独生子女的位置上。但同时，他也会有被哥哥姐姐抛弃的感觉。

老大通常通过优秀和成就来找自己的存在感，中间的孩子通过经营关系来找自己的存在感，而老幺可能要在非传统领域里来找存在感，所以他可能是一个传统的反叛者。他可能会选择在和哥哥姐姐不一样的领域里大显身手，如体育运动、影视娱乐、喜剧、销售、保险、互联网等行业。

老幺的特点大多是聪明、活泼、自由、叛逆、乐观、自我中心、有创造力等。

独生子女、兄弟俩、姐妹俩、兄妹俩与姐弟俩的排行影响

以上是与年龄相关的单一因素不同排行的特点，现在我们来看看不同的年

龄和性别的排列组合都会带来哪些动力。

独生子女

造成独生子女的情况可能有两种：一种是源于计划生育政策，被迫成为独生子女；另一种是在非控制生育的情况下产生的独生子女。前者的动力与后者的动力是不同的。前者的情况是当一个孩子出生之后，其他的孩子就没有了出生机会。一个孩子的出生就剥夺了其他孩子来到这个世界上的机会和可能，这无疑会让来到这个世界上的孩子产生罪恶感；而非控制生育情况下的独生子女则不会有这种感觉。

独生子女既像老大也像老幺。他们可能会有长子长女的严肃认真和责任感，也会和幺子幺女一样笃信自己十分特殊并且有特殊的权利，而表现出任性撒娇和富有创造性。因为没有同胞手足，独生子女倾向于更多地将视线转向成年人，去寻求他们的爱和肯定，他们便会期待成年人给予他们所有注意力。对于独生子女来说，他们面临的最大挑战是如何和自己的同龄人相处。他们通常会在他们的一生中和自己的父母保持亲密的关系，但却很难和父母之外的同辈（如朋友和配偶）建立起亲密关系。

因为没有其他兄弟姐妹的陪伴，所以他们会显得特别孤单和寂寞。他们无法在同伴中成长，他们唯一能够参照的同伴就是父母作为夫妻和父母时的伙伴关系。

因为父母没有其他孩子，所以父母通常会把注意力和关爱都集中在独生子女身上。父母通常会以孩子为中心，从而会导致孩子以自己为中心。有的孩子会因为父母的过分娇惯而失去生活的自我料理能力，没有责任心、没有同情心、没有爱心、没有生活目标，从而找不到人生价值和意义。

由于独生子女要独自承担来自父母过高的期待和愿望，所以他们在孩童时就被父母像大人一样对待，让他们过早地学习超过他们年龄的各种能力，如体操、音乐、绘画、舞蹈等。他们的父母希望他们从小就是一个完美的、全能的超人。对于这些孩子来说，他们很难有机会充分享受自己的童年。他们可能过早地被他们的父母带入成人世界，过早地承担属于成人的责任。他们的内心有时会对人生和世界会充满消极和悲观，他们会觉得生活太辛苦、人生太艰难，从而对未来和自己失去信心。

独生子女有时会陷入两个极端，这取决于他们的父母对待他们的方式。如果父母对独生子女没有过高的期待，并且受到宠爱娇惯，那么独生子女就是自我中心、唯我独尊、脆弱和责任心不强的。而如果独生子女的父母对其有高期望、纪律严明和高要求，那么这类独生子女通常就是完美主义、高责任心、高进取心的、高成就和高成功动机的。

独生子女往往会在交往上遇到困难。因为他们在自己的双亲那里习惯了被照顾、被满足、被关心、被呵护，而这些从来就没有遇到竞争对手。当他们离开家庭走进学校或社会时，他们也会期待学校里的同学和老师也能像家里的父母一样处处以自己为中心，无条件地满足自己的需求，处处迁就自己。当他们在学校中看到或体验到的和家中不一样时，他们就会怀疑这个世界不好，感觉到这个世界是充满敌意的、不友好的，他们也无法和他人进行合理竞争，也不懂得如何和他人进行协商与合作。而且学校里会有各种规则和要求，这和他们在家庭里没有规则和要求或可以无视规则和要求不同，他们会觉得在学校里动辄得咎，一点自由也没有。他们无论是在关系上还是在规则上都无法适应学校的生活，他们会觉得学校不好玩，条条框框太多，自己没有自由、不舒服，没有家里好，因此此类孩子通常会不喜欢学校，也不太用心学习，他们可能会因适应困难而被迫休学或辍学。

独生子女的社会兴趣通常不是太多，他们更多的是期待别人的照顾，而自己却可以不去帮助或关心他人。他们可能会一味地要求别人来满足自己，强调自己的权利，而从不去考虑对他人、家庭和社会的义务。他们不愿意与他人分享与合作，也不愿意与他人进行公平和良性竞争。他们总希望自己成为众人注意的焦点，一有失落，就说这个世界不公平。

独生子女的家庭所导致的情感争夺常源于父母的夫妻关系不和。当父母的夫妻关系不和时，通常是母亲和孩子结盟来反对父亲。父亲通常被排斥在外，孩子和母亲团结在一起。这种争夺通常是母亲胜出。因为母亲和父亲的感情不和，母亲的感情需要无法在父亲那里去满足，此时母亲的需要多是夫妻之间的需要，而当孩子去满足母亲在父亲那里没有得到满足的夫妻感情需要时，孩子就会被推向丈夫的位置。这个位置往往会导致一种心理和情感上的乱伦。孩子在这个位置上就会不断地用自我伤害来惩罚自己，孩子的心理健康就会因此受到损害。

上面是对独生子女的统一描述，并没有考虑到他们的性别因素。如果把性别因素考虑进去，那么，独生子女就会分为独生子和独生女，下面分开说说独生子和独生女的排行特点。

独生子具有更像长子的排行特征。他常常以长辈或权威的思维方式自居，并且也想成为他们的骄傲，让他们快乐，被他们所爱，获得他们的支持和帮助。他常常觉得自己的事情要重要于他人的事情，他以能否实现自己的需要和发挥自己的天赋为目的来决定自己的工作或生活状态。

由于他从父母那里获得更多的关注和参与事务的机会，他通常会比有兄弟姊妹的孩子更成熟、更懂事，更会表现自己的天赋。如果他喜欢父母、监护人和老师且发现自己拥有一些必备的技能，那么他就有可能在那个领域里做得非常出色。

在心仪的女性方面，他更喜欢像妈妈一样的人，喜欢那种欣赏他且愿意以自己的人生和兴趣来追随他的事业的女人。

他喜欢有弟弟的长女，因为这个在排行中大姐姐的位置使她更具有像妈妈一样的母爱。如果他遇上一个独生女，两个人无法满足彼此潜意识里对于被照顾和被关心的期待，他们之间可能会出现较多的冲突，而且在关系里彼此竞争。

独生女与有兄弟姊妹的女性相比，更依赖年长的人对她的照顾和关注。无论是在学校、工作还是日常生活中，她都希望她的上司、同事以及朋友都像父母那样对待她。她比她的同事更忠于自己的上司，更努力地去达到上司对她的期望和计划，她像希望能在父母那里成为一个“乖乖女”一样，也能成为上司的优秀员工。她能专注投入地做事，但她的同事尤其是女同事，往往会发现她以自我为中心并且很任性。

一些独生女会认为自己的父母都必须无条件倾其所有地帮助或支持她，即使在她们已经成人或是步入职场以后，也希望父母能继续这么做。她觉得父母应该为她铺好人生的路，即使她嫁人了，他们也应该继续照顾她甚至保护她。如果她觉得被丈夫或丈夫的家庭冷落或虐待的话，她会比其他当妻子的女性更容易跑回到父母那里去。她觉得她的原生家庭将是她永远的避风港和保护伞。

独生女总希望在她的人生里能够有一个靠山可以依赖。她希望在其人生道路上能够有人指引，她觉得只有这样才能有更多成功的机会。

在与男性交往的时候，她起初很难掩饰自己娇生惯养的性格，她通常不会为了另一半而放弃自己的需求。由于在父母那里被宠爱或娇惯，她可能会非常贪图享受，并且挥霍无度，她喜欢找一个像父亲一样的丈夫。与其他女生的母亲相比，她的母亲会为女儿做得更多。假如她的婚姻遇到了麻烦，她可能会投入父母的怀抱，而不是很快再去找一个情人。

她的最佳配偶会是有妹妹的老大，因为有妹妹的老大对待妹妹会有更多的包容，哥哥在妹妹面前更像一个父亲，并且能够心甘情愿地为妹妹服务。

兄弟俩

在重男轻女的传统文化里，对第一胎的性别期待往往是男孩。所以，当男孩男孩组合其中的老大出生时，他是符合父母的期待的，因为他是父母所期待的，所以他不会面临性别歧视或被拒绝的问题，他会被父母当成宝贝来对待。父母会把他们的关爱、呵护、热情和温暖都给这个孩子。但同时这个孩子也会背负来自父母甚至整个家族的期待。他俨然就是家庭或家族的使者，他肩负着家族或家庭的使命来到世上，他是家庭或家族的传承者和父母或家族愿望的实现者。在弟弟还没有出生前，他的地位和独生子女的位置是一样的。

当一对夫妇有了一个男孩之后，通常可能想再要第二胎。所以，第二个男孩就有可能会面临性别被歧视的风险。如果是在计划生育的政策下，这种风险就会更大。

弟弟的出生对哥哥会造成一种矛盾的心态。因为弟弟的出生，哥哥就会分担一些来自家族或父母的期待，会减轻一些因家族使命或期待所带来的压力。但是另外一方面，因为弟弟的到来，自己独享的来自父母或家族的关爱、注意就会有所减少，弟弟成了父母之爱的分享者或竞争者，这是他所担心或不想看到的。对于弟弟的到来，他的内心是有所顾虑和焦虑的。当然，弟弟也有可能成为他的伙伴或玩伴，这会减少他的孤独感，有个伙伴陪伴总比一个人孤独要好。所以，在这个角度上，他对弟弟的到来又是期待和欢迎的。

哥哥把弟弟当成合作玩伴还是当成竞争对手，通常取决于父母对两个孩子是否区别对待或是偏爱。如果父母平等对待两个孩子，那么两个孩子就是合作的玩伴；而如果父母区别对待两个孩子，那么兄弟两人就会成为竞争对手。

弟弟通常在哥哥出生后的两年后出生，所以，哥哥在前两年基本上享受着独生子女的待遇。当弟弟出生时，他的独生子女的位置就会被打破。不论他们的父母做得多好，弟弟的出生对哥哥来说都是头等重要的事情。当父母给他的爱足够多时，他可能会期待未来的弟弟或妹妹到来，他的内心对父母之爱的安全感会让他相信，这个新到来的妹妹或弟弟会成为他的一个玩伴。但是，如果他在父母那里得到的爱不够的话，那么他对于这个新到来的弟弟或妹妹就会心怀恐惧，他会担心父母把本来就不多的爱给了新来的弟弟或妹妹。

对于第二胎的孩子，父母同样有性别期待。比如当老大是男孩，那么父母可能会期待第二胎是女孩。当第二胎是妹妹时，那么这个孩子就符合父母的性别期待，被父母所期待的孩子更有可能成为老大的对手。而如果出生的孩子不符合父母的性别期待，如第二胎是个男孩，是老大的弟弟，那么这个弟弟对哥哥的威胁就会小些。然而，也不尽然，因为弟弟毕竟和哥哥性别相同，这就意味着，如果他足够强大，强大到能够超越哥哥，那么，哥哥的位置就有可能不保，哥哥老大的位置就有可能被弟弟所取代。因此，从这个角度来看，弟弟对哥哥自始至终都是个威胁。在宫廷的皇位争夺中，我们更能够看到这种威胁。因此，当老大是哥哥，后面又有一个弟弟时，通常哥哥本能地会把弟弟视为对自己地位的威胁，从而对弟弟怀有戒备、嫉妒或敌意。当然，哥哥对弟弟的这份态度或情感同样取决于父母给哥哥的爱是否足够，当弟弟出生后，父母对哥哥是否仍然能够给予足够的关注和疼爱，以及是否仍然让哥哥感觉到父母给自己的爱和给弟弟的爱是均等的、没有差别的。然而，实际情形却复杂得多。

通常，两个孩子之间的年龄间隔在 2 岁左右。孩子的年龄间隔越小，手足之间的竞争就会越激烈。

当弟弟出生之后，父母很自然地将大部分时间和精力都用于对弟弟的照顾上。对于一个 2 岁左右的孩子来说，他本能的感觉就是父母不再重视他了、他被忽略了或是被抛弃了，此时如果父母没有照顾到他这种感觉的话，他就会觉得自己的爱被新来的弟弟夺走。于是，他对弟弟的情感可能就是嫉妒和憎恨，对父母也会产生不满和埋怨。弟弟就成了一个竞争者，父母就成了抛弃者，而老大就会认为自己是父母和弟弟的受害者。

当弟弟出生之后，父母希望哥哥对这个新来的弟弟是喜欢的、有爱心的、谦让的，愿意和父母一起去照顾他。当然哥哥处于老大的位置，他也希望弟弟对他是服从的、承认他老大的地位。他对弟弟能否尽到一个哥哥的责任，一方面取决于父母对待两个孩子是否公平公正，另一方面取决于弟弟能否承认和尊重哥哥的领导地位、能否服从哥哥的领导。如果上述两条都能实现，那么哥哥就有可能成为一个爱护弟弟的、对弟弟负起责任的兄长。

即使如此，兄弟之间的竞争仍然难以避免。这种竞争主要表现在对父母的关爱和注意的争夺上，尤其是对母亲的争夺上。因为在两个男孩的家庭里，性别比例是1∶3，母亲是这个核心家庭里唯一的女性，所以，母亲会有可能成为三个男人所争夺的对象。

如果两兄弟相差四五岁，他们之间的竞争会相对温和，他们的个性会发展得更相互独立。如果兄弟俩只相差一两岁，他们的冲突就尤为激烈。

哥哥因为是男孩中的老大，而且他的性别又是父母的期待，所以哥哥与弟弟的竞争主要表现在男性魅力上的竞争，他可能更高大、更强壮、更豪气、更坚强、更勇敢、更有智慧、更有主见、更有开拓精神。而这些都会给弟弟带来压力，因为他经常会觉得不论自己如何努力，哥哥表现出来的这些男人特质都是自己很难超越的。

父母通常会让哥哥成为弟弟的榜样和偶像，所以父母对弟弟不会有更高的要求。在利益面前，父母有时会要求哥哥要表现出像长兄的样子，对弟弟谦让，不和弟弟争夺。因此哥哥会觉得，只要有父母在场，在弟弟面前，他经常没有办法保护住属于自己的权利。时间一长，哥哥就会对弟弟心生不满。会把弟弟看作自己权利的妨碍者。只要当父母不在时，哥哥可能就会打压弟弟，以补偿他过去失去的权利。因此，父母在对待孩子的教育上，不宜提倡老大让老幺，而是提倡公平公正。父母要站在中立的位置，站在公理一边。哥哥可以爱弟弟、保护弟弟，但是弟弟也要尊重哥哥。父母不仅要保护弟弟的权利，也要保护哥哥的权利。如果在兄弟姐妹中经常要求哥哥姐姐让弟弟妹妹，那么，哥哥姐姐长大之后，通常就不能恰当地维护自己的权利，不知道行使自己的权力，会过度地自我牺牲；而弟弟妹妹会经常要求他人以自己的需要为中心，会发展为过度的自我中心，会挑战规则，不愿意尊重规则，很难融入团队，很难与他人合作。

兄弟中的长子由于其老大的位置会决定他常常表现为爱带领他人，为他人承担责任，尤其是对男性。他会尽自己最大的努力去照顾他人，有时甚至会对他们发号施令。他渴望将来能够成为领导者。他希望能够成为自己所在团体中的精英，他相信自己是一个不可取代的领导者，一有需要，他会马上成为一个拯救者。他容易与有权有势有地位的人产生共鸣，他能理解他们的处境并拥护他们。他在乎自己是不是一个可信赖的男人，所以有时他会表现得像圣人一样。他经常有想推翻自己不满的有权有势的人的冲动。而在他人的利益中，他会比其他人更渴望获得独裁的权力。所以他通常是严厉的，有时甚至是残酷无情的。他时时要求自己以身作则，经常自我检讨，但他讨厌别人批评他。

为了更加彰显他作为男性的特征，他对财富有浓厚的占有欲，他喜欢创造物质和精神财富。他崇尚秩序与可控性，不喜欢欠别人的。他不会安于过去的成功，并且会提前计划好自己下一步该做什么，他往往会比其他人更有前瞻性。挫折不但不会打倒他，反而会使他进步或调整自己努力的方式。

因为在他的手足里没有和同辈异性打交道的经验，而只有和母亲这个长辈异性有相处的经验。而母亲是长辈、是权威，所以他和异性通常会保持一定的距离，他在和同辈异性打交道的时候可能会显得比较被动，在和异性接触时可能是敏感害羞的，对与异性建立过度亲密的关系可能会有紧张感。他可能很难承认自己对一个女性感兴趣，他更希望女性喜欢他比他喜欢对方多一点。他希望他所爱的女性能像母亲那样无条件地、默默地宠他。他的配偶最好是有哥哥的老幺，这样才能更好补偿他在排行中没有妹妹的不足。他最不理想的搭配是有妹妹的长女，因为在排行中他们都是相同性别中的老大，他俩都想占据主导地位，都想竞争领导地位。有多个兄弟姊妹且排行中间位置并至少有一个哥哥的女性最适合当他的配偶。在寻找配偶上，年龄排行互补、性别排行异质比较好。

因为在所有的孩子中，长子的想法是最接近父亲的，所以作为哥哥的老大也会比作为老二的弟弟更能成为父亲的替代者。当他成为父亲后，他通常是一个事事关心且很负责任的父亲，但他可能会表现得过于严厉，太有控制欲，有时甚至会是一个专制的独裁者。

哥哥能否成为父亲的替代者通常也取决于他能否顺利度过俄狄浦斯期。如果他能够度过俄狄浦斯期，他就能够完成对父亲的认同；否则，他就无法成为父亲的替代者。如果老大陷在俄狄浦斯情结里，那么老二就可能会接替老大的位置，从而变成父亲的替代者。

在朋友中，他与在兄弟中排行老幺或中间位置的男性相处时会感觉最自在。他很容易与同是长子或独生的人产生共鸣，但他们在日常生活中没法与他好好相处。一旦群体里有两个都是老大，往往就会变成“一山不能容二虎”的状态。

他最难承受的就是失去母亲或是像母亲一样待他的朋友，他最强烈的罪疚感会来源于弟弟或好朋友的死亡。

男孩男孩排行中的弟弟是个比较不利的角色。因为上面有了一个哥哥，他会觉得自己是多余的、不受父母期待的。父母那里很多的第一次都被哥哥抢先占有了。到了弟弟这里，父母已经对孩子不再有新鲜感，尤其是弟弟只是重复了哥哥的养育过程而已。一种更有可能的情形是有了哥哥之后，父母很想再要一个妹妹。如果是这样，作为老二的弟弟可能一生下来就会面临性别被拒绝的风险。而当一个孩子的性别被父母拒绝时，他也可能会面临整个人被拒绝。他可能就无法在男性世界里找到和哥哥一样的存在感。他需要另辟蹊径，去发展一些和哥哥不一样的特征，以满足父母对自己的性别期待。比如在性格上，他可能会表现得内向、文静、敏感、细腻、体贴，在体质上会表现比较柔弱。

但是，并不是说作为老二的弟弟在哥哥这里就完全没有了机会。尤其是当哥哥的表现不能让父母满意，或者哥哥让父母很失望的时候，弟弟就有了表现自己的机会。他有可能会成为哥哥的替代者，成为哥哥强有力的竞争对手。他可能会挑战哥哥的权威、不服从哥哥的命令和指使、不配合哥哥的安排。他可能在过去哥哥的优势领域里发起挑战，如可能比哥哥表现得更服从父母、尊重父母，成绩优异，意志坚强，胸怀大志。这个时候，兄弟的角色可能出现反转。哥哥表现得更加像老幺，而弟弟表现得更加像老大。

两兄弟的家庭里缺乏和同辈异性打交道的经验，他们只有和同性伙伴交往的经验，却没有跟异性交往的经验。哥哥学会了担当同性伙伴领导和担负责任；弟弟学会了效仿和听从哥哥及一般的男孩，同样也学会了跟他们竞争和对抗。而他们在未来和异性同伴打交道上，兄弟俩同样会遇到一些困难。如他们可能会害羞、被动、紧张、敏感等。

兄妹俩

兄妹俩的排行可能是在所有排行里比较理想的。因为这个顺序应和了父母（如果父母的年龄是父大母小的话）的关系。夫妻关系在某种程度上很像兄妹关系，也是一种伙伴关系。兄妹关系的另外一个美满之处还在于这种排行顺序符合父母的性别期待。在一些重男轻女的文化里父母都期待第一胎是男孩，而第二胎是女孩又正好满足了父母有了男孩之后对孩子的性别期待。

当哥哥看到爸爸和妈妈的关系，他也很渴望自己能有一个作为妹妹的女孩当自己的伙伴，这种关系也就变得和父母（如果父母是男大女小的话）一样了。当妹妹来到的时候，他会显得特别高兴。他会觉得自己爱妹妹就像父亲爱母亲一样，是非常自然的事。哥哥不仅要准备好照顾和帮助妹妹，而且也要当好妹妹的领导者和保护者。

哥哥如果比妹妹大四五岁的话，就更容易接受妹妹。兄妹俩的排行也有利于性别认同。老大通常会向父亲认同，而后面的孩子通常容易向母亲认同。哥哥老大向父亲认同，妹妹老幺向母亲认同，这与他们的性别相一致。所以，兄妹俩的哥哥往往更具有男人气质，妹妹更具有女人气质。有妹妹的哥哥往往勇敢、仗义、宽容大度、果断、公正、强壮，他经常去照顾和保护妹妹；有哥哥的妹妹往往会出落得特别有女性味——温柔、细腻、体贴，她学会去敬仰哥哥，不仅接受他的保护和照顾，也接受他的领导。

父母通常对兄妹俩中妹妹所担任的角色感到满意，她是家中的小宝贝。父亲和蔼、乐于助人、宽容，母亲亦不反对女儿受到的特殊待遇。所有的家庭成员似乎都认识到可以通过多种方式联结与异性的关系：哥哥和妹妹能扮演父亲和母亲；哥哥在面对母亲时也能扮演父亲，妹妹在面对父亲时也能扮演母亲。

他们彼此既能做到向同性父母认同，又能在异性父母那里得到认可和补充。这些和异性伙伴的交往经验会让他们将来成功地在家庭之外和异性交往。我们可以说，无论是哥哥还是妹妹，兄妹中的每一个人都习惯了跟异性伙伴一起生活。哥哥也会对妹妹之外的其他女孩担任领导角色和承担起责任。而妹妹也可能会让其他男孩引领她、宠爱她。在家庭之外，兄妹中的每个人都跟异性同伴保持着比跟同性同伴交往更大的兴趣。

兄妹俩的排行复制了父母的关系，所以是较理想的排行，在这种排行里，最重要的是两人能够顺利地完成性别认同，他们的性别角色会发展得很好。他们在早年就获得了和异性伙伴打交道的经验。所以，他们在家庭之外和异性伙伴的关系往往比较和谐，他们的恋爱和婚姻通常也会比较顺利和成功。

兄妹排行里的哥哥往往比较有女人缘，他欣赏和青睐异性，异性也很喜欢他。他最看重的事情就是和异性的关系，这可能会成为他生命中的核心。不论是学业、工作、事业，还是婚姻、家庭、财富、地位、名望等，这一切对他来说通常只是手段与方法，和异性的关系才是这一切后面的目的。

他通常是一个中规中矩的男人，一切似乎都被他把握得刚刚好。他既不强势，也不弱势；他既不控制独裁，也不顺从懦弱；他既不做先锋，也不甘人后。他很善于平衡人生里的诸多事务，他似乎每件事情都能做得恰到好处。男人的魅力往往会被他演绎得既彻底又极致。

兄妹排行中的妹妹同样也魅力十足。她既享受到来自父母的疼爱，又能享受到来自哥哥的宠护。她把女性的特质和本色发挥到了极致。她友好、温柔、有同情心、细腻、敏锐、举止得体、沉静、聪明、有灵性、善良、迷人。她懂得让步和配合，尊重和妥协。她能理解他人，并能够去恰当满足他人的需求。

她很看重关系，也很看重爱情。她愿意为她所爱的且值得去爱的男人做任何事情。在她的眼里，她所爱的人才是她真正的财富。所以，家庭、爱人和亲情可能是她最看重的事情，为了这些事情，她可以放弃所有。她也是可以为爱牺牲一切的人，因为在早年她就受益于父母的给予、受益于哥哥的奉献，所以当她遇到所爱的人时，她也乐于奉献自己的一切。基于上述这些部分，她常常会成为男性所普遍钟爱的女性。

她的最佳配偶是有妹妹的长子，而且在所有类型的女生中，她是最有可能为自己找到合适伴侣的人。作为一个女人，她知道自己想要什么，但又能适应其他所有不同的情况。

然而，在我们对上面的描述中，我们似乎看到了一幅关于排行最美丽的画面和家庭关系最理想的模型。但是，我们要记住的是，不论一个家庭有多少孩子，也不论他们的年龄和性别排行是什么，只要父母能够彼此相爱，给予孩子的爱都是足够和均等的，他们就能够健康地成长和发展。如果父母的关系不好，或关系紧张、经常发生冲突，或对孩子的爱有偏向，或重男轻女，那么即使是兄妹这样的排行中的哥哥或妹妹也难以有好的发展。因此，父母的夫妻感情质量好不好、对待孩子的爱是否均等，是孩子能否得到健康发展和成长的关键与前提。

姐弟俩

姐弟俩的排行和兄妹俩的排行在顺序上是相反的。如果说兄妹的排行呼应了父母的关系，那么姐弟的排行却是父母关系的反版。

姐弟的排行把姐姐推到一个保护者、照顾者和带领者的位置，而把弟弟领到一个被保护、被照顾和被带领的位置。而他们所处的这两个位置不论对于姐姐还是对于弟弟来说，都不利于他们的性别角色认同。

姐弟的排行把姐姐推到了照顾者的位置上，这个位置暗含着母亲的功能，就像母亲对姐弟俩和父亲所做的那样。她作为老大，可能被父母要求要照顾和守护弟弟，对弟弟的日常生活和安全负责。姐姐会意识到，弟弟是家中首要且仅有的男孩，他需要得到更多的重视。她可能会觉得，弟弟在父母心目中的位置比自己重要。她感受到，如果要确保父母喜爱自己，她就得照顾好弟弟。

在弟弟那里，她经常扮演着母亲和责任者的角色，她意识到自己在家庭中不太受重视的地位，这种不被重视的感受可能会伴随她直到成年。

在和男性的关系里，她通常把自己放在一个帮助者、照顾者、关心者、服务者和拯救者的位置上，她会把男性的需要放在首位，从而忽略自己的需要。她通常会用奉献有时甚至是牺牲的方式来成全男性，以帮助男性去实现他们的目标。她仿佛只有通过对男性的帮助、照顾和成全才能体验到自我的存在感和价值感。

所以，她和男性的关系通常会经营得很好，而男性也很享受她的这种照顾、帮助和奉献。

姐姐这种位置在重男轻女的文化里，尤其是有重男轻女思想的父母那里可能会承受更多的压力。

正如我们前面所提到的，重男轻女的家庭对第一胎的性别期待是男孩。所以，姐弟俩的排行中的姐姐可能遭遇到一生下来性别就被父母否定的风险。至少在弟弟来到这个世上之前，她的性别就一直不被父母欢迎或不被接受。那么，在弟弟降生之前，她就要一直承受来自父母重男轻女的压力，承受父母对自己性别拒绝的压力。

当弟弟出生之后，姐姐的性别被拒绝的压力可能会因此缓解，但是因为父母重男轻女的观念仍然在继续。所以，当弟弟出生之后，父母可能会把大部分注意力转移到弟弟身上。那么，姐姐享有的来自父母本来就不多的关心和喜爱，就会在此时因为父母将其转移到弟弟身上的缘故变得更少。姐姐对弟弟的到来是矛盾的。因为弟弟的到来使自己失去了更多来自父母的爱，这是自己不希望看到和发生的，因此，她的内心对弟弟的到来是不欢迎的、拒绝的和忧虑的。而弟弟的到来又解决了父母要男孩的心愿，帮助她弥补了父母的缺憾，弟弟成全了父母的心愿，作为姐姐就会有一种解脱或释然的感觉。弟弟的到来使得这个家庭更加完美，家庭里不仅有女孩，还有男孩，自己在这种情形下的地位可能会比原来有所提高。基于这些，作为姐姐是要感谢弟弟的。另一方面，她看到父母都非常喜欢和疼爱弟弟，如果她因为出于父母对弟弟的偏爱去嫉妒、憎恨、排斥弟弟，她就会在这个家庭里陷入非常孤立的地位和处境，这种处境会使她的父母更加排斥和拒绝她，那么，她在这个家庭里可能就会无法找到安全感和归属感。因此，姐姐对弟弟的情感是矛盾冲突的。

姐姐最后会采取升华的方式来解决与弟弟关系的冲突和矛盾。她会用服务并照顾好弟弟、关怀好弟弟的方式来获得父母对自己的认可和喜欢，因为她知道，只有和父母的喜欢一致，她在这个家庭才能获得承认和显得更重要。

正是由于姐姐在原生家庭里练就了照顾男性的一身好本领，这为她日后与异性相处打下了非常好的基础。她很善于处理与男性的关系，她知道他们需要什么，她能够提供男人们所渴望的照顾和体贴。她很善解人意，她能主动向男性提供无须回报的帮助。她懂得尊重男性的权威和地位。她能给男性提供发挥作用的空间。她会以男性为中心来提供全力的帮助。她会因为自身具有的诸多本领而受到男性的青睐。

作为姐弟排行中的弟弟，他一生下来就被宠爱所包围。因为他前面有一个姐姐，对于他这个与父母的性别期待相吻合的孩子，父母会视其为珍宝。弟弟从一生下来的那一刻就被当成宝贝。这个孩子往往会成为整个家庭乃至家族的中心或轴心，家庭中所有成员可能都会围绕着他的需要来转动。他俨然成了家族中的核心，他能够明显地感受到自己的重要性和来自整个家庭或家族对他的喜爱。起初，他可能会很享受这种待遇和重视。

他在家庭中享受很多特权，享受到姐姐享受不到的待遇。他在家里几乎没有竞争者。他的姐姐会被期待甚至被要求来保护他，并为他服务。对于父母来说，他比他的姐姐更重要。一定程度上，他的潜意识里也在利用这种优势为自己获得好处。当他看到整个家庭或家族成员都在围绕着他的需要而转的时候，他可能会产生一种感觉：他人的存在就是为了满足自己的需要，而自己的存在就是给他人提供一种服务的机会；别人的价值在于能否给自己提供服务和满足，自己的价值则在于为别人提供能够服务或满足自己的机会。他不仅很享受来自姐姐、父母或家族其他成员的照顾、服务和帮助，而且会把这些视为理所当然、是他们应尽的本分。而当他无法从他们那里获得这些的时候，他会觉得这些人不够好，这个世界不够好，从而埋怨、憎恨他人和这个世界。

由于他在原生家庭里没有竞争者，经常处于众星捧月的位置，他通常会无忧无虑地追求自己的志趣。他常常比姐姐也比有哥哥的弟弟得到更宽容和慷慨的对待。他的潜意识里也在利用这种优势为自己获得好处。如果他得不到想要的，他就想方设法地诱导姐姐或其他女孩像母亲一样对他。这个特点正好可以满足那些想通过帮助男性才能找到自我存在感和价值、想通过获得控制男性才能找到安全感、想在男人那里做母亲的女性的需要。所以，他常常会获得有上述需要的女性的青睐，这可能是他一生的优势所在。不论他走到哪里，也不论是在职场、团体或其他社交场合，他都会赢得一些女性的好感和帮助。

他与女性通常能相处得很愉快，他处事得体，有时能讨好女性并给她们惊喜。他通常需要一个善良、温柔、像母亲一样和蔼且能无视他的缺点，能随时准备为他提供很到位的帮助和支持，并且不会因她的付出而索求太多回报的女性为伴。

姐弟关系相比兄妹关系，在关系经营上会遇到一些困难，在重男轻女的家庭里就更是如此。在这种关系中，如果姐姐不去过度地和弟弟竞争父母的爱，而弟弟能够给予姐姐更多的尊重和理解，那么姐弟关系就会更加和谐和美满。

姐妹俩

姐妹俩的排行和兄弟俩的排行有些类似，都是相同性别的组合。其性别比例都是 3∶1。但是有所不同的是，姐妹俩排行里的竞争和嫉妒可能远远要高于兄弟俩的排行组合。还有一个不同就是兄弟俩组合中的老大通常符合父母的性别期待，但是姐妹俩中的老大和老二可能都不符合父母的性别期待。如果说兄弟俩排行中可能会出现一个不符合父母性别期待的人，那么姐妹俩排行中两个人的性别可能都要面临不被父母接受的可能。

老大姐姐要想处理好与妹妹的关系，她就要学会克服对妹妹的嫉妒，并要承担起照顾和保护妹妹的责任。她在妹妹那里往往要扮演父母的角色，大多数时间要扮演母亲的角色，像母亲照顾她和妹妹那样来照顾妹妹。她在这个过程中可能会成为妹妹的偶像，也可能会对妹妹发号施令，并且希望妹妹能对她言听计从，而这些正是父母想看到的。由于姐姐也会认同父亲，她可能有时会对妹妹严厉。姐姐会用观察到的父亲对待母亲或对待自己的方式来对待妹妹。但有时她也带着吃惊、嫉妒、悲伤的感情注意到，父亲对妹妹会比对母亲和她更温和、包容和宠爱。她怀疑父亲偏心，她相信父亲爱妹妹甚于爱母亲和她。姐姐虽然是老大，但她的感觉常常并不那么好，她会觉得，和父亲的关系，她竞争不过妹妹；和母亲的关系，她竞争不过父亲。她经常会觉得有些孤单。

姐姐通常会通过其他途径来对这种感觉不良的处境进行补偿。这个途径就是通过对待妹妹的方式来进行。因为她是老大，所以就要对妹妹行使老大的职权。她可能会从父亲那里获得授权，对妹妹行使照顾和发号施令的权力。她希望妹妹能够臣服于她，服从她的指令、听她的指挥并且能够忠诚于她。

物质财富和精神财富都不会引起她的兴趣，能够为她所动的就是对他人拥有的权力和责任。她希望能在关系里拥有掌控感。

为了获得这份掌控感，她需要不断提升和打造自己，她通常目标明确、意志坚定、忍耐而坚强、从不松懈、一丝不苟，不断突破和创新。她不仅这样要求自己，也会用同样的标准去要求他人。所以，和她在一起的人，通常对她常怀敬畏，对她的害怕超过对她的喜欢。基于这个特点，一些男性都不敢接近她，更不敢与她开玩笑。

成立家庭之后，在她的关系里，孩子比丈夫更为重要，有时她似乎仅仅是为了给予孩子父爱利用自己的丈夫而已。在她这里，孩子通常是夫妻关系紧张的缓冲剂。自从她有了孩子之后，她便开始把对丈夫的控制转向她的孩子。一方面，她在生活上会过度地溺爱孩子，过度地保护或照顾孩子；在另一方面，她在学业和才能上又会高标准地要求孩子。她喜欢孩子对她的依赖并对她言听计从。当她的孩子出现独立倾向或向她表达分离的渴望时，她通常会千方百计地进行打击、阻挠或压制。当孩子最终决定和她分离时，她可能表现得比其他母亲更加难过和伤心。对于她来说，和孩子的分离是最让她痛苦的事情。

两姐妹中的妹妹比姐姐的成长氛围更自由，但也会依赖姐姐。她承认姐姐的权威，她想赶上姐姐，她不会对姐姐的帮助感到不安。但是，随着时间推移，她试着去维护自己，把事情做得跟姐姐一样好，甚至更好。有时她也会反抗姐姐，她从和姐姐的关系里学会了跟他人抗衡。但是，在很多时候，她仍然会依赖别人的意见和主意。她自己的主张和想法是对姐姐和其他家庭成员的主张和想法的回应。在她说出自己的需要之前，她通常要先弄清姐姐想要什么。

妹妹比姐姐更有可能成为父母尤其是爸爸的掌上明珠。父母会期待姐姐听话、认同父母、为了妹妹而舍弃自己的心愿，而对较小的妹妹却显得无比包容。他们似乎无意识地认为较小的孩子能被允许做她想做的事。因此，他们可能甚至鼓励小女儿变得任性、野心勃勃和倔强。

妹妹可能喜欢变化和刺激。她活泼、冲动甚至难以捉摸且渴望挑战。她比其他女生更需要在与女孩、女性甚至男性的竞争和挑战中找到自己的存在感。她的想法多变，容易改变计划。她最敏感的就是有人试图控制她，当这种控制出现的时候，她可能会做出最强烈的反应和最顽固的对抗。为了这种反控制或对抗，有时她可能会用尽自己生命中的一切力量来捍卫自己的想法、主张或计划，即使耗尽自己的毕生精力，也在所不惜。

在工作或职场中，她需要来自上司或同事的认可、肯定和赞美，她也爱突出和表现自己。如果她觉得她的工作和努力被领导看见、欣赏和认可，那么她就会用尽全力发挥她的才能，把工作完成得既出色又完美。

她渴望并且被他人承认自己是优秀的。成功会让她更有活力。她最怕挫败或在别人眼里是个失败者。她也害怕被他人否定，害怕他人质疑她的能力。有时为了向他人证明自己是有能力的和出色的，或为了赢得自己亲近的人的赞赏，她可以不惜一切代价，有时甚至可以拿自己的生命去冒险。

她和男性的关系是矛盾的，她既想引起男人的注意和喜欢，有时又喜欢和男性竞争。一些优秀的男人或她喜欢的男性，通常会因为她的这种竞争而远离她。

在两姐妹的排行里，她们通常只有通过间接的方式学习男女关系（即通过观察父母）来学习如何处理与异性的关系。在与异性的交往上，作为老大的姐姐因为过于控制的缘故，常常使男人难以与她接近，或很难发展出亲密关系。而作为老幺的妹妹，虽然在与男性打交道时会有一定优势，但另一方面，她的野心和争强好胜会抵消她的优势。她想要的似乎太多了。她想让很多男孩喜欢她，同时又忍不住与他们竞争，结果会使得她和男人的关系经常充满着不和谐。

在上述讨论中，我们完全撇开了重男轻女的因素。如果把这个因素考虑进去，那么姐妹俩的关系又会充满新的变数。

如果姐妹俩的排行发生在一个重男轻女的家庭里，那么作为姐姐的老大一生下来就会面临性别被拒绝的境地。当父母对老大是女孩失望之后，他们就会把期望放在第二胎是男孩上。可以想到，父母的注意力可能一直都不在大女儿那里。当第二胎又是女孩的时候，父母可能会再度失望。尤其是在我国的计划生育时代，因为限制生育，小女儿就可能是父母生育的终结者。当父母生男孩的希望再度落空，作为家族传人男性身份的父亲，可能会对两个孩子都很失望，父亲不会在两个女儿身上投入过多的时间和精力。父亲可能会把自己的精力用到自己的小家庭上去，他可能过度工作，也可能在外面寻找情人。在传统观念里，生男生女的原因在母亲。所以，当一个家庭没有女孩时，家族或丈夫就会归因到妻子身上，认为她没有本事生男孩、是个没有用的女人。那么这个时候，母亲会因为自己生了女孩被她的丈夫或丈夫的家族所歧视或排斥，也可能会因此和她的丈夫和公公婆婆关系紧张。但是，生男生女既不是母亲的错，也不是孩子的错。可是，在传统观念里，女儿不是家族的传人，男孩才是。因此，那些没有男孩的家庭会遭受到来自外族人的歧视，这种歧视尤其会给没有男孩的父亲带来压力。那么，这个父亲不仅会背负没有男孩给自己传承后代的压力，还会对家族产生罪恶感。前一种压力会带来无能感，后一种压力会带来耻辱感，这样的双重压力会导致父亲对妻子、孩子、自己以及这个世界的失望。两个孩子和母亲都会感受到这个男人的失望。作为丈夫的妻子、同时又是孩子的母亲，此时可能就会用大女儿来补偿没有儿子的遗憾以及自己丈夫因此所导致的失望。而身为老大的大女儿会感受到父母对生男孩的期待，会感受到整个家族因没有男孩而承受的压力，也会感受到父亲因此而产生的失望，以及母亲因此所承受的委屈和不公。

于是，母亲会把注意力放在要求两个女儿尤其是大女儿的优秀上，既然他们没有机会要男孩，但他们仍然有机会让女孩更优秀，以补偿他们没有男孩的缺憾和不足。母亲可能会用很严格的标准要求女儿，要求她具备各种能力，如在绘画、舞蹈、音乐、诗歌等方面有才华。到了学龄期，父母可能要求孩子学业优秀，这体现在让孩子上最好的学校、要拿到最高的成绩排名。母亲对两个女儿的要求通常都会非常严格，标准也会很高，母亲想通过两个女儿的优秀来补偿或摆脱丈夫的家族或外族因她没有生出男孩的压力。

而作为姐妹排行中的老大，她会认为没有能够满足父亲生男孩的愿望就是自己的过错，从而可能对自己产生自责、对自己身为女孩的身份产生不满和拒绝。但她已经无力改变自己作为女性的生物学和身体结构部分的特征。她只能改变自己能够改变的部分，尽最大力量来满足父母没有得到男孩的遗憾。她几乎会使尽浑身解数来实现这个目标，把自己能够改变的部分朝着男孩的特点去改变，如留男孩的发型、着男孩的服装、具有男孩子的气质和性格、像男孩一样聪明和优秀、在属于男孩的领域里和男孩竞争。

她对男孩是矛盾的。她的整个家族、家庭，还有父亲、母亲、自己和妹妹，都是男孩的受害者，所以，她完全有理由仇视和憎恨男孩。而男孩又是整个家族、父亲可能还有母亲所渴望的，因此，她又不得不借用自己给他们一个男孩的形象，这可能会影响到她与男人的关系。因为她觉得，自己、妹妹和妈妈都会因为爸爸这个男人而备受压力，而这些压力都源自那个重男轻女观念中的“男孩”。所以，她对男孩是爱恨交加的。当她进入恋爱或进入婚姻时，她可能对那个成为她恋人或丈夫的“男孩”具有攻击性，如果那个男孩想在她这里拥有特权，想控制、战胜她的话，这种攻击性就会更加强烈。如果这个男孩对她尊重、认可和欣赏，那么，她和男人的关系就能变得和谐且亲密，并且还可以维持得长久。

而作为老二的妹妹，可能就没有作为老大的姐姐那么大的压力。由于姐姐承担了没有男孩的大部分压力，那么她就不需要再去承担这种压力。所以，她可以放心地去做女孩，但她仍然不能逃离或需要背负她的家庭里没有男孩的压力。她可能也会和姐姐一道去承受这种压力，并像姐姐一样，也把自己男孩化，把自己变得优秀出色，以弥补父亲没有男孩的不足。

多兄弟姐妹的排行

上面只列出了有两个孩子的情况。有些家庭会有多个孩子，这样就出现了多子女的排行，其情形比一个孩子和两个孩子的排行复杂得多。

在多个孩子的排行中，可能的情形有都是男孩、都是女孩、多个男孩只有一个女孩、多个女孩只有一个男孩、多个男孩和多个女孩等。

如果长子既有一个妹妹又有一个弟弟，建议参考有妹妹的长子以及有弟弟的长子的角色特征。如果一个排行中间且有一个哥哥和一个弟弟的女孩，可以参考有哥哥的老幺以及有弟弟的老大的角色特征。如果她也有一个妹妹，就参考有妹妹的老大的排行特征。如果一个个体排行中间，也就是说，他既有一个姐姐和一个妹妹，还有一个哥哥和一个弟弟，那么他就会与前面列出的兄弟俩、兄妹俩、姐弟俩和姐妹俩四种排行类型都相关。

同胞的缺失与补位的心理影响力

兄弟姐妹的排行可能会因为成员死亡、失踪、疾病或残疾、发生家庭变故（离婚、重组家庭）等原因而有所改变。如果排行出现变动，那么兄弟姊妹就不得不重置他们在排行里的角色和关系。排行位置的变动可能是缘于成员缺失，如死亡、失踪；也可能是缘于其在排行位置上功能缺失，如患有严重疾病、身体残疾。功能上的缺失通常是指在那个位置上的成员已经失去了相应作用。如果某个成员在其排行位置上失去功能，那么这个位置就等于缺位了。有了缺位，就会有补位。如果是老大缺位，那么其位置将由后面的老二来补位；如果是老幺，那么其位置将由前面的倒数老二来补位；如果在中间缺位，那么他的位置将由最靠近他后面的排行成员来补位。

当排行发生变化时，个体的年龄越大，新角色对其造成的影响就会越小。对于自己的新角色，个体可能会去满足被外在要求的部分，或至少努力尝试做到，但他的态度和社会行为仍然会像自己以前担任的旧角色一样。

从动力的角度看，在兄弟姐妹的排行里，如果其中一个成员（不是老幺）离开或失去相应的功能，那么后面的成员就要补位前面的成员，他就有可能承担变成前面成员替代品的风险，而这对前面的成员的影响相对较小。而如果是老幺，那么离他最近的排行或离他最近的同性别的排行会来补他的位置。

同胞关系：陪伴我们最长的关系

如果你有兄弟姐妹的话，那么同胞关系是在我们的人生里陪伴最长的关系。在我们的生命周期里，手足之情的重要性仅次于亲子关系，有时甚至比亲子关系更重要。在我们生命的后半段，当我们的父母离去的时候，手足之情便可能成为我们的情感依恋里最为重要的关系。

和我们兄弟姐妹的同胞关系是我们最早的朋辈关系，这种关系会成为我们人生中和其他朋辈（如同学、同事、朋友、恋人或情侣、配偶等）关系的模板或原型。兄弟姐妹在排行里所受到的影响会持续影响我们一生。

在我们的生命里，配偶可以更换，父母会早于我们死去，孩子长大后也会离开，但唯独我们的兄弟姐妹可以始终成为我们的人生陪伴。父母的辞世通常会比我们早一代人的时间，而我们的孩子会比我们多活一代人的时间，我们的配偶只是我们成人之后才遇到的伙伴，而我们的兄弟姐妹却共享着我们的早年经历，这些共享的生命经历会成为我们一生的情感财富。

年龄动力

在同胞关系里，年龄通常是一种影响因素。一方面年龄越接近，他们彼此共享的人生经历就会越多；但是另一方面，因为他们势均力敌，所以彼此之间的竞争也会很激烈，尤其是当他们觉得父母的爱在他们这里分配不均的时候就更会如此。他们不仅会竞争父母的爱，还会竞争父母的注意力。同胞竞争的强度和他们的年龄也有关系。一般而言，年龄越接近，竞争就越激烈。

性别动力

在同胞关系里，性别的影响就比较复杂一些。姐妹关系通常会比其他同胞关系更为亲密。女孩在家庭中通常担任一个照料者的角色，不论是男孩还是女孩，他们对姐姐或妹妹通常会有更积极的感觉，他们会觉得，姐姐或妹妹是他们同胞中感到最亲近的人。一个男性的姐妹越多，他就可能越快乐，对家庭、工作或金钱方面的担心也会越少。一个女性的姐妹越多，她便越看重社会关系并愿意帮助他人。姐妹关系似乎提供了一种在情感上的安全感。

在大多数文化中，相对男孩而言，家庭对女孩在智力和成就方面的期待会少一些，在这方面给她们的支持和发展空间也会相应少一些。一些研究表明，那些在商业领域里成功的女性通常没有哥哥或弟弟。

作为长女的姐姐在兄弟姐妹排行中所承受的压力和义务通常会更多一些。她们似乎无论怎么做、怎么努力，都会觉得自己做得不够、努力得不够。相对于其他兄弟姐妹，她们要承担更多照料弟弟或妹妹的责任，也要承担起家庭中的其他事务。然而，她们和父母及其他兄弟姐妹所分享的亲密关系也会更多。

和姐妹关系的支持和关爱相比，兄弟之间的关系似乎就不那么温和与亲密了。他们的关系更多是以敌对、竞争、矛盾和嫉妒为特征的。

残疾动力

同胞残疾经常会成为家庭中非常重要的动力。尤其是男孩残疾会比女孩残疾带来更多的家庭动力。尤其是在重男轻女的文化中，男孩残疾可能会成为家庭乃至家族的耻辱。如果家庭中有女孩的话，那么，对残疾男孩的照料可能就会成为女孩责无旁贷的责任。

同胞残疾会使残疾者丧失相应的功能，父母可能会对残疾的孩子投入过多的精力和关注，而那些健康的孩子可能会卷入到照料残疾同胞的事务中来。所以，残疾同胞对其他兄弟姐妹的影响除了同胞的残疾本身之外，还有父母对待残疾同胞的过度照顾。

一个同胞残疾了，其个体功能就会受到严重影响，那么父母可能就会把对该残疾同胞的期待和梦想转移到其他同胞那里，那么他（她）的排行位置可能会被其他正常的同胞所取代，父母通常会选取残疾者后面的同胞来取代残疾者的位置。如果他后面有多个同胞，而这个多个同胞只有同性别同胞，那么父母会选择最靠近残疾同胞排行的那个孩子来顶替；如果多个同胞里有混合性别，那么父母就会选择离残疾同胞排行最近的那个同性别同胞来替代；如果残疾同胞是两个孩子中的老幺，那么老大就责无旁贷地被选择为替代者。

同胞残疾在排行中的影响通常是后面的排行大于前面的排行，对邻近的影响又大于较远的排行。排行后面的人通常要成为前面排行残疾同胞的替代者，而排行前面的人通常会成为一个照料者。

如果家庭中有残疾同胞，女孩相对男孩会承担起更多照顾和料理的责任，尤其老大是女孩就会更加如此。一个有残疾同胞的家庭中，子女数量越少，其照料残疾子女的负担就越重。

父母排行动力

父母的排行也会对他们孩子的排行带来影响。父母更倾向于偏爱与自己排行相同的子女，如果父母与子女的排行不同且又是多子女的话，他们就会与自己排行相同的孩子进行结盟。父母可能会强烈认同与自己排行相同的孩子，并且也企图把自己早年在原生家庭排行里所发生的故事转移到孩子的排行中去。

同样，父母可能会把早年对哥哥姐姐、弟弟妹妹的情感与关系转移到自己孩子对哥哥姐姐和弟弟妹妹的情感与关系中去。因此，父母作为自己孩子的养育者，想一视同仁地对待所有孩子是很困难的，除非他们成长得足够好，已经完全处理好了早年自己在同胞排行中所经历的一切。

排行互补动力

一个人到了恋爱和谈婚论嫁的时候，排行的影响仍然会起作用。我们走出家庭，来到学校或社会，会遇到同胞之外的朋辈伙伴，他们可能是同学、同事、朋友、恋人或配偶。我们和朋友的关系是否融洽，通常取决于我们和朋辈的关系组合。我们通常会带着在原生家庭排行的身份走向家庭之外，如果你的排行身份和另外一个朋辈伙伴的排行身份是互补的，如老大遇老幺、老幺遇老大，那么他们组合在一起正好吻合了双方在原生家庭中的排行身份，这种组合关系与双方在原生家庭的排行关系一致，那么这种关系就更有可能和谐与融洽。如果彼此的排行身份是相同的，如老大遇老大、老幺遇老幺，他们的排行身份就和原生家庭的排行身份重合了，这样的关系组合容易出现紧张、冲突和竞争。

所以，排行互补的关系相对排行重叠的关系会更加融洽与和谐。对于婚姻来说，排行的互补不仅要考虑年龄的排行，更要考虑性别的排行。若要两个人的婚姻和谐，不仅要考虑年龄上的排行互补（如老大找老幺，老幺找老大），也要考虑性别上的排行互补（如作为丈夫，其排行里最好有个妹妹；作为妻子，其排行里最好有个哥哥）。如果作为丈夫，其排行里没有姐姐或妹妹，作为妻子，其排行里没有哥哥或弟弟，那么当他（她）进入婚姻之后，就没有在原生家庭里的与异性同辈相处的经验可借鉴，这样会增加他（她）在婚姻里与配偶相处的难度。所以，不论是男孩还是女孩，如果在原生家庭里有异性的兄弟姐妹的话，那么，这会增加他（她）进入婚姻后的夫妻关系的和谐度。因此那些只有同性别排行的哥哥或弟弟、姐姐或妹妹的人来说，他们在婚姻关系里可能会遇到磨合的麻烦，尤其是夫妻两人又在年龄排行的位置上重叠时，就更加如此，如老大（哥哥）找老大（姐姐）、老幺（弟弟）找老幺（妹妹）。

05

在丧失中成长

如果说死亡是生命中最大的丧失，那么，在我们的整个生命历程里，丧失几乎成了生命的常态。在我们成长的每一个脚步里，几乎都伴随着丧失。我们失去了一部分，继而又得到了另一部分。我们不断更新，我们不断成长；我们在更新中成长，我们在成长中更新。

人生里的第一次：印痕与我们回应世界的模式

我们在母亲的子宫里靠着她的供养过着一种寄生的生活。到了我们出生的时候，我们就不得不离开母亲的子宫，不得不被剪断脐带，不得不面对失去。因为我们的出生，我们来到一个新的世界，在这个世界里，有些事情需要我们靠自己来完成，我们不能还像在子宫里那样全然依赖着母亲。我们至少需要自己呼吸，需要自己吸吮乳汁才能够维持自己的生命。

孩子出生是对母亲子宫的丧失，而孩子出生来到世界的那一刻就成为他来到人世间的第一次经历。孩子出生时所面对的世界对他来说是崭新的，婴儿出生时与世界的互动、与环境的接触，在他的生命经历里都是第一次，而第一次会决定他对世界的反应环路。我们生命里所有的第一次经历都会在我们的机体内形成反应痕迹，而这个反应痕迹会形成一个反应环路，这个反应环路被反复地激活或刺激，形成反应模式。所以，我们不论在什么时候都要认真对待所有第一次。因为第一次会决定以后我们对同类事件的反应模式。就像康拉德·洛伦兹（Konrad Lorenz）所做的小鹅跟随实验那样。小鹅的跟随行为往往取决于它们从鹅卵里出壳第一眼看见的移动对象是什么。如果它看到的是鹅妈妈，它就会跟随鹅妈妈；如果它看到的是洛伦兹，它就会跟随洛伦兹；如果它看到的是移动着的木棍，它就会跟随木棍。而且，这种跟随行为在其出生 72 小时之后，就再也无法改变。我们从这个实验中看到了第一次体验和经历的重要性。我们也可以由此推论，我们人生里的第一次有可能也像小鹅的跟随实验那样，一旦形成就无法再更改，而这些无法再更改的反应就会变成一种模式，从而影响我们的一生。从这个角度来讲，我们对于一个个体在人生里的第一次经历都要认真对待。

孩子出生是他来到这个世界上的第一次经历，这种经历对他至关重要。他来到世上第一次和这个世界接触，包括他第一眼看到的、第一次听到的、第一次呼吸到的、第一次感受到的、第一次接收到的、第一次体验到的，都可能会成为未来对这个世界反应的模式。所以，孩子的出生方式、出生环境、出生后和谁接触、出生后安置在什么地方、出生时用什么方式对待他，都需要我们用心安排和设计。从心理学的角度来讲，对孩子的分娩安排最好是经道产，生产时最好父亲也能够守护在旁边，孩子出生后把孩子留在母亲的身边，最好以母乳喂养孩子，因为这些第一次对孩子的未来发展可能有非常重要的影响。

断乳：分离与亲密关系

我们知道，孩子不可能永远依赖母亲的哺乳。孩子到了大约 1 岁左右就需要停止哺乳，否则孩子的营养就可能跟不上孩子的成长。断乳对孩子来说也是种丧失。所以，我们需要小心对待。因为孩子的辅食需要一点一点地添加，断乳最好逐步进行，从逐渐减少哺乳的次数和数量，到最后彻底不吃。一些母亲为了让孩子厌恶哺乳，在乳头上涂上一些苦味的中药，这种做法可能会让孩子厌恶乳房和哺乳，但同时也可能导致孩子对妈妈的厌恶。这种厌恶可能会变成一种创伤，会影响孩子将来与他人建立良好的亲密关系。

拒绝幼儿园：孩子的分离焦虑

孩子的第三种丧失可能就是离开家庭和父母，到幼儿园里接受学前教育。孩子去幼儿园就是对家庭的丧失。他们可能表现为不愿意去幼儿园，到了幼儿园之后，他们不愿意待在园区里，不愿意和小朋友在一起，不愿意参与课堂的活动。他们可能会不停地哭泣、不停地喊叫，要见妈妈、要回家。在这个时候，我们可能需要小心处理孩子与原生家庭或是与父母尤其是母亲的分离焦虑。

有这类分离焦虑的孩子可能存在着不安全感，他们无法接受陌生所带来的恐惧。另一方面，孩子的分离焦虑可能源于母亲的分离焦虑。分离焦虑有时表面上看是孩子不愿意和母亲分离，实际上可能是母亲需要孩子在她的身边，她需要孩子的陪伴，需要孩子的感情。当母亲有了对孩子的这些需求时，她常常会有分离焦虑，当孩子感受到母亲的这些需求或感受到母亲的分离焦虑时，孩子就会通过害怕学校、不愿意待在学校、不愿意和同学在一起、不愿意参与学校的活动等分离焦虑的形式来满足母亲对孩子的依恋需要，并用自己的分离焦虑来处理母亲的分离焦虑。

我们可以看到，孩子的分离焦虑是对妈妈分离焦虑的呼应。因此，要处理孩子上幼儿园或上学的分离焦虑，可能父母首先要处理自己与孩子的分离焦虑。

心理断乳：分床与分房

分床睡觉指的是孩子失去了和父母睡在一起的机会。和父母分床分房睡觉是孩子走向独立的一个开始或象征。他们不能再共享父母的私人空间，而要拥有自己的私人空间。他们需要习惯只有一个人空间的生活，这种分离是走向分化的开始。可是，孩子的这种分离需要父母的协助才能完成。

有时候，孩子的分床或分房睡觉甚至到了孩子的青春期都无法完成。这样的家庭通常是父母其中一方和孩子睡在一张床上，而另外一方则单独睡在其他房间。孩子的分床或分房睡觉问题处理得越早越好。最好的解决办法就是孩子一生下来就分床睡，3 岁之后就要分房睡。

寄养或收养：与父母断裂的动力影响

孩子的第五种丧失可能是更换抚养人，或者一生下来就被交给父母之外的抚养人去抚养，这其中可能包含寄养和送养。还有一种特殊的情况就是不断地给孩子更换抚养人，这也会造成孩子的不断丧失，而且每一次更换都会破坏孩子的忠诚和归属感，他不知道自己归属谁、要忠诚于谁。而且，孩子还会有很深的不安全感，这种不安全感产生的主要原因来自分离的不确定性。这种分离的不确定性会导致孩子不敢在任何一段关系里去发展和投入深入和亲密的感情。

下面着重讲一讲寄养和送养的家庭动力。

寄养

寄养指的是把自己的子女放在委托人那里养育，孩子就意味着暂时失去父母的抚养，但仍然属于父母本人。

寄养意味着父母对孩子的抛弃，这种抛弃在幼小的孩子那里会带来深远的影响。被寄养的孩子可能会觉得自己不够可爱、自己不够好，否则父母不可能将自己送给他人抚养。他们到了抚养人那里之后，会期盼父母能够早日接他们回到父母身边。他们一生最大的渴望是被父母或他人认可或接受，希望别人能够收留自己。所以，他们会积极去做一些别人认可的事，要么去讨好或迎合他人，要么去主动帮助他人，这样就能赢得别人对他们的接纳、认可、好感和喜欢，这样别人就可以留下他们，他们就可以避免被他人所抛弃。他们通常为了避免被抛弃的分离痛苦，一般不会把一段关系经营得太亲密、太深厚。有时为了避免被他人抛弃的被动局面，他们可能会主动抛弃他人。

对于被寄养的孩子来说，他有三个困扰需要处理：一是心理上的父母和生物学上的父母很难统一；二是被父母的抛弃感；三是对自己的无价值感。

如果被寄养的孩子没有很好地处理第一个困扰，当他们回到父母身边时，通常不愿意待在父母身边，经常有很强烈的、想回到抚养人那里的冲动，他们可能通过不服从父母、对抗父母的方式来表达这种需求，同时也表达了对被寄养人的忠诚。此时父母要能理解孩子对因寄养而产生的对心理上的父母的忠诚和依赖，允许孩子表达他们对寄养人的亲密和思念，允许在孩子心里寄养人的位置超过父母，也允许并接纳孩子给予父母的所有情感，给孩子一个情感和心理上的过渡时间。有时，当被寄养的孩子回到父母身边后，父母无法忍受孩子对寄养人的情感超过对父母的情感，往往会和寄养人竞争孩子的情感。他们可能会在孩子面前攻击寄养人，从而导致孩子为了捍卫自己对寄养人的忠诚而与父母对抗。父母也可能会通过对孩子的打压，在孩子面前宣誓自己才是孩子的真正父母，让孩子感受到他们的权威，从而让孩子屈服并忠诚于父母。这种通过打压的方式来宣誓父母的权威同样会激起孩子内心的逆反，他们可能会通过处处与其作对的方式来捍卫寄养人在自己心中的位置。

如果没有处理好第二个困扰，那么孩子就有可能害怕和他人建立亲密关系，或害怕维持长久的关系。因为害怕在关系中被抛弃，所以他们可能在处理关系上遇到困难，此时父母需要处理孩子的被抛弃感。父母要对孩子就其被寄养的事道歉，并向孩子说明当时他被寄养的原因，然后向孩子表达父母对他的爱和关心，以及孩子在父母心中的重要位置，让孩子看到他在父母心中的重要性，这样会减轻孩子心中的被抛弃感。

如果没有处理好第三个困扰，他们可能会过度考虑他人的需求，放弃自己的需求，并采取主动和过度帮助他人的方式来获得他们的认可，其目的是希望他人在关系里不要抛弃自己。对于父母而言，他们应看到寄养给孩子带来的不良影响，因此在与孩子的关系中给予孩子更多的接纳和包容，让他感受到自己的存在感和价值感，从而在关系里获得安全感。

送养与收养

送养则是永久更换抚养人，孩子不再属于父母而是属于抚养人。因此，送养则意味着永久地失去亲生父母的抚养。与送养对应的就是收养。收养是指将他人子女通过法律的形式变成自己“法律上的子女”，即将他人的孩子归属为自己的子女。

收养涉及送养者、收养者和孩子三方面。

收养者所收养的孩子可能会通过合法渠道，也可能通过不合法的渠道。而被收养的孩子可能来自不同的渠道，如来自合法的慈善机构或另外一个家庭。来自慈善机构的孩子多半是被父母抛弃或遗弃的，也可能是父母双亡或父母有严重疾病或缺陷导致孩子缺失抚养人的，这些孩子有可能是私生子、有缺陷的孩子、第一胎不想要的女孩或一个家庭里有太多的孩子尤其是女孩，也可能是因家庭意外所导致的孤儿。

在养子女那里，不论收养如何发生，对孩子来说都是一种严重的抛弃——被自己的亲生父母所抛弃。他们会因此憎恨自己的亲生父母。这种憎恨会让他失去对这个世界的信任和爱，也会对这个世界失去安全感。这些都会影响到他的自我价值感和归属感。他不敢和他人建立过于长久而亲密的关系，因为那样一旦分离会带来剧痛。他也无法信任他人，因为最让他信任的父母都将他抛弃了。他也无法相信爱，因为他没有机会从自己亲生父母那里得到爱，从他们那里得到的是冷酷、无情。他和他人通常会保持距离，为了避免被抛弃，他可能不会主动卷入一段关系里，或可能在关系里用过度满足对方需要的方式来获得对方的好感，最终的目标是不要被对方抛弃。他可能经常会有一种很深的无助感和恐惧感，这种感觉通常源于失去父母的爱和依靠所造成的力量感的缺失，也会源于被父母抛弃可能会面临死亡的威胁。

上述所有这些，均会给养子女和养父母之间的关系带来影响。如果他们和自己亲生父母之间的这些负性情感得不到有效处理，他们也很难处理好与自己养父母之间的关系。不仅如此，他们可能还会出现不良行为，如逃学、抽烟、酗酒、吸毒等，他们用自我伤害的方式来表达自己被亲生父母所抛弃的愤怒。

一些养父母可能正是出于这些担心，才选择不告诉养子女被收养的事实，以免他们会憎恨自己的亲生父母，从而造成成长上的不利影响。于是，一些收养家庭经常会把收养变成一个家庭秘密，不让被收养的孩子接触到这个秘密。养父母以养子女的亲生父母而自居，而养子女通常也会把养父母当成他们的亲生父母来对待。养父母以为这样可以一直相安无事。可是，现实却并非如此。一些养父母可能还认为，如果告诉了养子女真相，养子女有可能去找他们的亲生父母，如果他们的亲生父母还在世，并且找到他们的话，那么养子女可能会选择离开养父母并选择到自己的亲生父母那里去。这点可能也正是养父母所害怕的，他们担心自己辛辛苦苦养大的孩子，如今长大之后却要选择回到自己的亲生父母那里去，从而失去可能拥有孩子的可能。

当然，有很多的原因导致养父母不把收养的真相告诉养子女。有些养子女可能一辈子都不知道自己被收养的事实。因此，有些养父母认为还是不告诉养子女的好，免得生出是非。

但不论是从养父母的角度还是从养子的角度来看，综合利弊，选择告诉养子女收养的真相要比不告诉好一些。

那么，选择什么时间告诉养子女收养的真相会好一些呢?

既然养父母选择告诉其真相，那么根据上面的分析，时间当然是越早越好。只要孩子具有语言上和父母沟通与交流的能力，就可以把真相告诉他。告诉得越早，孩子就越能接受这个事实，养父母和养子女之间的消耗就会越少，养子女和养父母的关系就越容易经营。

转学与搬家：对孩子人际关系投入的影响

父母可能为了寻求更好的工作和生活环境，或者可能为生活所迫，也有可能想为孩子争取一个更理想的学习环境，而不得不选择迁居或更换孩子的学校。这种更换对大人而言，只不过是从一个地方到了另外一个地方、从一个场所到了另外一个场所。但对孩子而言，换了一个地方、换了一座城市、换了一所学校，就等于那个地方在他的心中消失了或者是死去了，随着这个地方消失和逝去的还有他无数的好伙伴、好老师，以及他熟悉的商店、街道、小路、河流、山川，可能还有那个地方所特有的风味小吃甚至爷爷奶奶等。

变更之后，孩子可能会难以适应新的居住地和新的学校，因为一切对他来说都是全新的。他不由自主地把当下新的家、学校、城市、邻居、街道、同学、老师跟已经离他远去的那些进行比对。他更多时候会沉浸在对离开的地方和人的怀念与回忆里。因为那里有他迄今为止可能最美好的回忆，那些快乐时光可能会把他从当下的一切夺走，使他无法适应新的变化。他可能会拒绝或排斥新的变化，也可能心情变得沮丧，甚至可能会拒绝去学校或即使在学校也不会参与公共活动。

对于那些经常被更换居住地和学校的孩子而言，在他们的内心里也会留下不安全感。他们将来长大之后会不断地更换朋友或恋人，或者参加工作之后会不断地换工作，因为过去的经历让他们觉得对于自己所拥有的，只有不断更换才是正常的。他可能时刻准备着分离或离开。有时，他会用主动结束的方式来中断关系和职业，这样他就会减少自己离开的风险。同样，在一段关系里，他也不敢投入太多的情感、精力和心血。这主要基于对分离的考虑，如果一段关系发展得不是太深、不是太紧密，那么分离的时候痛苦就会减轻。所以，从这个角度来看，父母在孩子小时候尽量不要频繁更换居住地或学校，尤其是不能换来换去，除非孩子在其居住的地方或学校已经影响到了他的健康成长。

青春期与逆反心理

人的一生是不可逆的单向旅程，从生到死会被分为很多阶段，我们每进入一个阶段，前面走过的阶段就不可能再经历了。那么，这些不可能经历的阶段，相对于当下正在经历的阶段都是一种丧失。

对这些已经丧失的部分，如果我们没有完成好那些阶段的话，那么我们可能就会停留在那些阶段，而无法适应当下阶段对我们的要求，也无法完成当下阶段的任务。因此，当下阶段可能又会成为一个未完成的阶段，从而作为一个未完成的存在被抛置在那里。对于这样一个未完成的存在，当我们进入下一个阶段后，就会反过来对未完成的阶段进行哀悼，而充分的哀悼就是完成那些没有完成的阶段。

另一种情形是，我们在过去的阶段都已经完成得很好，但由于父母的缘故，让我们无法进入当下的阶段，父母仍然要求或努力想让我们停留在过去的阶段里，不让那些应该逝去的阶段逝去。父母似乎无法面对当下失去孩子的阶段，而极力想保留那些阶段，于是出现了下列情形：父母努力想保住孩子的过去阶段，而孩子要努力进入当下的发展阶段，于是孩子和父母的关系变成了一种竞争、对抗关系。

例如，父母不愿意或不能承受孩子进入青春期前对那些阶段的丧失，所以想努力保持那些阶段，父母似乎比孩子更需要那些阶段。

我们知道，所谓动物的青春期就是发情期，而动物的发情期就预示着这个动物已经有了繁殖能力，它们可能会寻找交配伙伴，它们可能会受孕繁殖后代，它们的身份因此变得和自己的双亲一样。当它们有了繁殖能力、有了自己的后代，也就是它们彻底离开父母的时候。它们要离开自己的双亲，过着不再依赖父母的独立生活。

而人类的养育期特别漫长，我们通常到了 18 岁才算是进入成年，才可以像动物到了青春期那样去寻求自己独立的生活。所以，人类的成长脚步以及和双亲分离的脚步总是滞后于其他动物。这种漫长的养育期会增加人类个体与双亲相处的难度。在个体与双亲之间，控制与自由、依赖与独立常常会成为双方关系紧张的主题。

人类的青春期通常是女孩 11 岁左右、男孩 12 岁左右。虽然人类的养育期较为漫长，但人类到了青春期之后，动物的那种要求和父母分离以及独立的痕迹还在那里。他们仍然有强烈地要和父母分离的倾向，要求拥有自己的思想，表达自己的主张，按照自己的意志行事。

如果孩子想进入青春期，而父母想阻止孩子进入青春期，那么我们就会看到，父母无法面对孩子青春期之前阶段的丧失，父母处理不了自己的那部分，而对于孩子来说，他们的处境就会变得非常困难。他们一方面想保留住对父母的忠诚，去无条件地满足父母的需要，另一方面又想维护或保住自己的正常发展。于是他们的策略就是用过去阶段孩子式的方法和父母进行无条件的对抗，以最大化地争取或实现自己的独立、自主和自由。他可能会用放弃正常成长和自我牺牲的方式来两全自己和父母的需求。

他们用无条件的对抗与放弃成长和牺牲自我发展的方法，把自己保留在青春期之前的孩子阶段，这样就满足了父母不愿丧失或失去孩子青春期之前的阶段而让其停留在那些阶段的需要；而孩子无条件地与父母对抗就可能得到自己在青春期想要得到的自由、自主和独立。

而在另一方面，如果父母没有帮助孩子完成他的青春期前的每个阶段，使他未能充分享受作为一个孩子无忧无虑、天真烂漫的生活，而被用成人的标准来要求他，要求孩子不能输在起跑线上，父母用尽一切心思来开发孩子的智力，把孩子的能力发挥到极致，让孩子身怀十八般武艺，琴棋书画样样精通，俨然要练就一个全能冠军。孩子的童年就在苦练各种本领中度过了。孩子没有时间玩耍，没有时间玩游戏，没有时间亲近自然、亲近动物，没有时间享受与父母的天伦之乐。当孩子带着这种辛劳和疲惫进入青春期的时候，孩子猛然发现，自己的孩童时代所剩无几，再不抓紧时间把过往失去的童年补回来，未来就更加没有机会了。所以，他们通常会退回到青春期以前的各个阶段，并且在那些阶段中不愿意出来，通常会表现出对父母过度依赖、社交恐惧、任性、撒娇、逃课、撒泼等比较幼稚的行为。

孩子人生的重大变故：父母离异或再婚

当一对夫妻和婚姻出现危机，并且感情确实已经破裂，当两个人的关系发展到势不两立、不共戴天的时候，结束婚姻对于夫妻双方无疑是一个比较好的选择。但是，对于孩子来说，不论什么性质的离婚都是一场灾难，因为他所依赖的家庭解体了。他可能从此不再同时拥有双亲，不能再在他们的保护之下享受爱的温暖。所以，当父母的婚姻解体的时候，对孩子来说是非常重大的丧失。孩子可能会失去安全感、幸福感和快乐感，并出现以下状态。

- 他可能会出现自卑感，觉得自己的家庭不如他人的家庭完整，或者觉得自己的家庭是个不正常的家庭，会害怕别人知道自己的家庭状况被他人耻笑。

- 他可能自觉低人一等，不敢在同学面前展现自己，可能会因此远离人群，不敢参与集体活动。
- 他上课可能会无法集中注意力，父母离异的阴影时时刻刻在他的脑海里回转，学习成绩可能急转直下。
- 他可能变得沉默寡言、郁郁寡欢。
- 他的身体可能出现状况，会变得体弱多病。
- 他也可能变得焦虑害怕、抑郁强迫，直到学业无法再坚持下去。
- 他在家时会闭门不出，不想见人，不与父母交流和沟通。
- 他的睡眠和吃饭也不定时，甚至也不再坚持保持个人卫生。
- 他不再对未来有目标，对上学或学习没有任何兴趣。
- 父母不论用什么方法都无法燃起他的生活热情。

然而，上述这些孩子的表现并不会在所有的离婚家庭里发生。如果父母能够在夫妻之间处理好离婚问题，不让孩子介入其中，不让孩子为父母的婚姻承担责任，不让孩子为父母离不离婚做决定。而且，当父母离婚之后，也能够彼此保持友好与合作的关系，不切断孩子与父母双方的来往，让父母的角色在孩子那里仍然能和过去保持一致，让孩子在由父母和孩子组成的家庭中仍然保持不变。如果父母能够这样处理离婚问题，那么孩子就能够有效应对和处理父母离婚给他带来的丧失。

失亲之痛：追随与陪伴

死亡是所有生命个体共有的结局，但死亡对人类来说却是一个畏惧和回避的问题。人类的许多努力可能都源于对死亡的拒绝。而自从人类有了意识之后，对死亡的惧怕和焦虑就变成了永恒的主题。没有人能够免于一死，但我们却无时无刻都在和死亡做抗争。死亡无疑成了人类焦虑的核心内容，成了人类精神和心灵世界面临的最大敌人，也成了一个人成长过程中最大的障碍。所以，死亡自然也成了家庭中最重要的动力之一。

死亡有自然死亡和非自然死亡两种。所谓自然死亡就是指一个人不发生意外而自然而然地老死。也就说，他能够活到平均寿命。从这个角度来说，非自然死亡就是指那些没能活到平均寿命的人在平均寿命未到之前的死亡。现代人的平均寿命大约在 80 岁左右。按照 75 岁来计算，那么大概 25 岁算一代人，那么我们在 25 岁时在自己的家庭中才能遇到第一个亲人死亡。而我们在 25 岁时已经成人，亲人的死亡对我们的成长和人生已经没有多大影响。

一个家庭的生命周期通常会伴随着新成员的到来和老成员的死亡离去而有所变化。家庭成员的死亡会打破原有的家庭平衡，那么这个家庭系统可能就需要重新建立平衡。这种新平衡的建立需要重新调整关系、重新分配家庭角色、重新建立家庭的凝聚力。家庭成员的离去可能会影响到系统里的每个成员。这种影响就是死亡的动力。

几乎在家庭生命周期的每个阶段里都可能遇到家庭成员的死亡。相对于自然死亡，非自然的死亡给家庭带来的动力会更强。死亡在家庭的动力强弱，通常取决于：

- 死亡发生的时间；
- 是否有多重死亡；
- 死亡是否被充分哀悼；
- 死亡的性质；
- 死者在家庭中的地位和功能。

家庭中的死亡对家庭中的某个成员的影响程度还取决于死者去世时，这个家庭成员的年龄大小以及和死者距离的远近。家庭成员遇到家庭其他成员死亡时的年龄越小，和死者的距离越近，那么对这个家庭成员的影响就越大。

非自然死亡、不合时宜的死亡的家庭动力尤其强大或显著，如父母早亡、兄弟姐妹的夭折等。处理死亡动力最重要的方式就是幸存者能够对死者进行充分的哀悼。整个家庭成员能够面对家庭成员的死亡事实，然后一起去哀悼死者。如果哀悼成功，那么家庭系统就能得到重新整合，家庭成员就能很快重新去适应不再包含离去的家庭成员的新的家庭系统，家庭系统就能在新的平衡下顺利发展。如果一个家庭对死去的家庭成员采取否认、拒绝、隐瞒的态度，从而让死亡的事实成为家庭乃至整个家族秘密的话，那么这会让家庭对死亡丧失的适应变得越发困难。因为死亡没有得到充分哀悼，而知情的家庭成员会带着冲突、内疚、自责或罪恶感，而同时也会继续带着对未知情的家庭成员保密的压力，这些压力都会变成家庭动力而在家庭或家族中传递下去。家族或家庭秘密的背后通常会有一个被拒绝或被排除的家庭成员，只要这个家庭秘密被隐瞒，那个被隐瞒秘密的家庭成员就会被排斥，那么后来的家庭成员就可能成为替代家庭里被隐瞒秘密的那个家庭成员，他可能会用认同那个被排斥的家庭成员的命运，从而变得和他一样给予他在这个家族中的归属感，那么这个认同者就会变成一个问题成员。

对死亡的家族成员的哀悼可能会持续很长一段时间，有时可能需要几年才能完成。尤其对那些不合时宜的死亡，哀悼起来就更为困难。因为对死者的内疚，活着的家庭成员会限制他们人生的发展、阻碍他们实现人生的目标。一名亲人不自然的死亡会增加活着的家庭成员患病或死亡的概率。

如果接二连三地发生或同时发生家庭成员的死亡，累加的效应会增加动力的强度和对家庭影响的力量，问题处理起来尤为困难。不论是什么情形，充分哀悼所有家庭成员的死亡，对家庭系统继续前行和发展都是重要和必要的。

父母早逝的动力

父母的早逝对孩子来说无疑是个大灾难。虽然孩子无法用语言来处理或用成熟的理智来对待父母的离去，但孩子仍然会感受到被抛弃的痛苦。像前面所说的那样，一个人在生命的经历里接触到的死亡越早，那么死亡对其产生的动力就越强。父母的早亡可能会给孩子带来严重的后果，这个后果可能是孩子在未来更加容易生病、不敢建立长久的关系和亲密关系、害怕分离等。有时孩子会把父母的早逝解读为自己不够好、自己不够可爱、自己不乖、不听话，会把这个责任揽到自己身上。有时，孩子的内在会有一个指令：“我追随你，我和你在一起。”这是一股想和早逝的父母在一起的冲动，这类孩子可能会出现抑郁或自杀的倾向。有时，他们也可能会通过自我伤害的方式来实现另一条内在的指令：“我追随你的命运，我陪伴你的不幸。”他们会通过生病、让自己变得糟糕来实现自己的不幸，这样他就可以用自己的不幸来陪伴父母的不幸，通过这种陪伴来完成自己对去世父母的忠诚。

父母早逝的另一种可能结果是带给孩子被抛弃感，不论父母因为什么原因过早地离开，对于孩子来说都意味着被抛弃。这种被抛弃感会引起孩子的愤怒，这种愤怒一方面会导致孩子的自我伤害，另一方面会导致孩子对另一个在世父母的远离。

父母的早逝还可能带给孩子很深的不安全感，他们会过度担心另一个父母会不会也像离去的父母一样突然有一天也这样离开，这种焦虑会影响他和另一个在世父母发展亲密关系。父母的早逝也会给孩子带来对自身健康或安全的担心，他们会担心自己是否有一天也会以父母的那种方式离去。所以，他们会在自己的人生里变得小心谨慎，会非常关注自己的健康或安全，从而在许多方面去限制自己的人生。他们也可能会发展出对活着的父母的埋怨，认为死去的父母是因为没有得到活着的父母的照顾，活着的父母对死去的父母负有不可推卸的责任，活着的父母要为离去的父母承担责任。

在父母的早逝中，有一种特别的情形是母亲因难产早逝。孩子活了下来，但母亲却因难产去世了。母亲用自己的生命换来了孩子的出生，孩子一出生就背负上了无法还清的母亲留下的债务。孩子的出生和母亲的死亡联结在了一起，这无疑会导致孩子对母亲死亡的追随，或者孩子会用破坏自己生命的办法来补偿母亲给自己的生命机会。因难产而早逝的母亲，会激起另一个家庭动力。妻子因为丈夫的缘故而怀孕，所以妻子的家族系统会将其死因归罪于丈夫，他们会在某种程度上将丈夫视为凶手，从而对丈夫产生敌意，而丈夫也会因此远离妻子的家族系统。而对活下来的孩子，父亲也会将自己妻子死亡的责任归罪到孩子身上，而把孩子的出生看作导致母亲死亡的原因。他们可能会因此拒绝或不接纳孩子，孩子和父亲的紧张关系也就在所难免。

当经历过父母早逝的孩子成家有了孩子，而当他们的孩子到了自己当年父母去世的那个年纪时，自己和这个孩子的关系可能会变得疏远或紧张，而自己也会有情绪上的恐惧或紧张，甚至会出现身体或精神上的问题。

兄弟姐妹早逝的动力

兄弟姐妹的死亡相对父母来说就是他们孩子的死亡。而孩子的死亡则颠倒了生命死亡的顺序，这种顺序的颠倒会引起父母和整个家庭及至整个家族的强烈反应，而且这种反应会持续很多年。孩子的夭折对父母来说会有多方面的影响，可能会影响到他们的身体或精神健康，他们可能因此极度悲伤、内疚、自责、抑郁、失眠、不思饮食，从而带来躯体疾病或精神、心理问题。继而，他们的夫妻关系也可能会受到影响，严重的甚至导致离婚。孩子的离去，母亲通常可能会备受指责，因为母亲是孩子的照顾者和生命安全的承担者，所以母亲要对孩子的夭折责无旁贷地承担责任。这种来自外在的责备和来自母亲自身的内疚会加重婚姻关系的紧张。

如果死亡的是独生子女、第一个孩子、家中唯一的男孩或女孩、具有天赋的孩子、叛逆并难以管教的孩子、源于意外事故的孩子，那么其带来的家庭动力会格外地强烈。

当一个孩子离去的时候，父母可能长时间地沉浸于对死亡的那个孩子的悲伤之中，他们会哀悼、思念那个孩子，他们的心思和关注可能全部都集中在那个离去的孩子身上，以至于他们无暇打理自己的日常生活和工作，有时可能无暇顾及其他的孩子。在其他孩子那里，他们感觉到了来自父母的被忽略和抛弃。他们可能会感觉到，他们不仅失去了一个兄弟姐妹，同时也失去了他们的父母。当他们看到父母对失去的那个兄弟姐妹如此悲痛不已，那么在他们的内心就会产生很深的内疚感，这份内疚感会妨碍他们的生命潜能的发展和自我实现。

当父母渐渐从那个失去的孩子的哀伤中走出来的时候，他们可能会把自己对丧子之痛的恐惧转移到活着的孩子身上。他们可能恐惧剩下的孩子也有可能在某一天步死去的那个孩子的后尘突然离去，父母对剩下活着的孩子会加倍小心，给予过度的关照、警觉和保护，这可能会严重影响孩子的独立和分化。因为害怕孩子的突然离去，所以父母和孩子之间也不敢建立和发展过于亲密的亲子关系，他们似乎时时刻刻在为分离做准备。

失去孩子可能同时会带走父母的希望、期待、梦想和未来。当他们的悲伤慢慢平复，并想再拥有孩子的时候，他们可能会期待那个未来的孩子能够拥有他们失去的那个孩子相同的性别、样貌、气质和能力，这样他们就可能有机会在这个新来的孩子身上完成在那个离去的孩子身上没有实现的心愿，补偿对那个离去的孩子在关爱上的不足，这样就可以最大限度地去弥补缺憾。那么，如果这个孩子真的出生，他就极有可能成为他故去的哥哥或姐姐的替代品。因为他知道，出于对父母的内疚、自责、缺憾和忠诚，他会按照父母的心愿来发展自己，用放弃自己的方式来成全父母的愿望，然后把自己的一切都弄得类似故去的哥哥或姐姐的样子。

兄弟姐妹夭折带来的家庭动力对相邻排行的兄弟姐妹影响最大，对其余的兄弟姐妹的影响会按排行距离的远近有所不同，其影响通常随着距离的增大而减弱。

对于活着的兄弟姐妹而言，如果逝去的是哥哥或姐姐，他们可能会延续哥哥姐姐未完成的人生，从而替他们继续完成。如此一来，他们的人生就只能是哥哥或姐姐的替代品，他们没有机会拥有自我，也没有机会去完成自己的人生，他们的使命就是去完成哥哥姐姐未竟的人生，去延续他们的生命和人生。对于哥哥姐姐夭折后出生的孩子，他们有时会带着一份感恩来到世间，因为哥哥或姐姐的夭折，他（她）才有出生的机会，在独生子女家庭尤其如此。为了报答，他们可能也会限制自己的生命和机会，让自己活得并不那么快乐和顺利，以此来陪伴自己夭折的同胞。

如果一个人上面有好几个兄弟姐妹夭折或去世的话，那么，他可能会承接所有，但其影响以排行的距离而定，排行越近，影响越大。

如果逝去的是弟弟妹妹，那么活着的哥哥姐姐会有很深的内疚感，他们觉得弟弟妹妹的离开是因为自己作为哥哥姐姐并没有尽到照顾或保护好他们的责任，才导致了这个不幸的结果，他们要为此承担责任，他们会因此深深指责自己。这种指责会带来一份亏欠感，这份亏欠感会让活着的哥哥姐姐用自我伤害、自我限制、自我挫败的方式来平衡和补偿。

对有兄弟姐妹夭折的兄弟姐妹而言，他们对自己是否也会重复离去的兄弟姐妹的不幸命运而不时心存恐惧，他们可能会通过过度关注自己的健康、过分限制自己的人生来回避这种不幸。他们可能会对自己的快乐和成功有更多的不允许，因为去世的哥哥姐姐或弟弟妹妹的人生是如此不幸，自己的人生就不能太成功、太幸运、太快乐、太幸福，否则自己就是对去世的兄弟姐妹不幸命运的背叛。所以，当他们一旦不小心获得成功，有了幸运、快乐和幸福的人生，他们也会想方设法将其破坏，以此来平衡和陪伴离开的那个兄弟姐妹的不幸命运。

改名：告别与重建

一个人的姓名不论是被他人还是自己更改，都意味着对过去名字的丧失，在某种程度上也意味着过去的那个自己没有了，或者是消失了。一个新的标签也就意味着新的自己，因此我们改掉的不仅仅是一个名字，而是另一个自己。

我们知道，我们的名字大多是父母起的，每个名字的后面往往承载着父母或是父母家族的期待，因此，改名字也意味着对父母或他们的家族的那些期待的不满或拒绝。而我们用的新名字通常是自己期待或向往的，这种期待往往是对我们父母或家族期待的背叛。如果我们没有处理好与曾经使用过的名字的告别（心理学上通常称为哀悼），那么我们用的新名字就不能很好地发挥作用。

Family Dynamics / CHAPTER 06

06

我们为什么要结婚

人类的婚姻通常会被打上文化的烙印，而不同文化下的婚姻却拥有着共同的理想。这个共同理想就是丈夫最好像白马王子，英俊、高贵、富有、聪明、成熟、负责任、体贴、温暖；妻子最好像白雪公主，美丽、贤惠、温柔、勤劳、持家、善解人意；而且两个人彼此相爱、忠贞不渝、白头偕老。这个理想本身就是婚姻的动力之一，也可能是许多婚姻走向解体或不幸的原因之一。

因为走进婚姻的两个人，会自觉或不自觉地拿自己的婚姻和我们所向往的理想婚姻进行对比，如果我们所拥有的婚姻与这个理想相吻合或比较接近，那么我们就会觉得生活很幸福或很甜蜜，如果我们的婚姻与这个理想反差很大甚至正好相反，那么我们就会觉得自己很不幸或很痛苦。

婚姻关系中的两个人，均来自各自的原生家庭。对他们来说，最为重要的就是要从其原生家庭里分化和独立出来。如果没有完成这种分化，那么他们就可能仍然带着像孩子一样的心态走进婚姻，就不能以成人的状态或角色对待对方。他们会期待对方可以像自己的父母一样照顾自己、迁就自己、呵护自己，他们的夫妻关系就很难像伙伴关系，而很可能演变成丈夫变得像儿子或父亲、妻子变得像女儿或母亲这样的亲子关系。

与原生家庭告别：成为一个社会人

一个人的分化能力是指他能否从对父母的依赖状态中独立出来，成为一个自给自足的个体的能力。

一个孩子的分化，重要的是能够完成他的社会化内容，即他需要从一个依赖父母的自然人，转变为一个能够自给自足的社会人。他要掌握一系列的社会化内容（如生活技能、社交礼仪、自律和自控能力、学习能力等），而这些内容需要在父母的帮助下才能完成。

父母的夫妻关系质量关系到一个孩子能否从父母那里得到很好的分化。如果父母的夫妻关系不好，那么其中一方就会希望自己没能在配偶那里得到的情感可以从孩子那里得到。那么此时，孩子出于忠诚，就会放弃自己的发展来全力满足父母的情感需求。父母会表现得过度控制孩子，将孩子变成满足或实现自己心愿或理想的工具。那么孩子就不得不介入父母的夫妻感情生活，因为他们特别在意父母的夫妻关系，也非常在意父母谁对谁错。父母也可能经常到孩子那里诉苦，或控诉对方，或要求孩子像法官一样评判谁是谁非，孩子会觉得要对父母的夫妻关系的好坏承担责任。孩子经常会有意无意地卷入其中，经常有想改变父母或想主宰他们关系的冲动。当孩子这样卷入父母婚姻的时候，就没有办法独立。

由于父母想通过他们的孩子来缓冲自己婚姻的压力，那么，父母也会有意无意地控制孩子的生活，他们企图主宰孩子的一切，或者无条件地满足孩子的需求、替代孩子完成他应独立完成的事务，或者替孩子做所有的决定。这样的话，他们的孩子就不再具有独立能力，就可以心安理得地留在父母身边，父母也就可以继续用他们的孩子来满足自己在配偶那里无法得到满足的情感。从这个角度看，一个孩子能否顺利独立，通常取决于他父母的夫妻关系是否和谐，或是否让孩子卷入他们的夫妻关系里。

所以，一个孩子的分化首先要区分哪些是父母的事务，哪些是自己的事务。父母的事务由父母负责，孩子的事务由孩子负责。这样，孩子成年之后，才能够从父母那里独立出来。“问题孩子”最常见的做法就是介入父母的夫妻关系，把父母的夫妻关系当成自己的责任。而“问题父母”最常见的做法是介入孩子的学习和日常生活，希望这些事务都能在其控制之下。结果，本属于父母的事务要孩子来承担，本属于孩子的事务却要父母来承担。更有甚者，有的父母把自己离不离婚的权力都交给孩子，而孩子则把决定自己报考哪所大学、选择什么专业或找什么样工作的权力交给父母。

一个人的分化需要很多步骤，是一个从身体分离到感情分离的过程。我们最开始的分离是与母亲的分离，从我们和母亲的子宫分离，到和母亲的乳房的分离，再到和父母分离，最后和原生家庭分离。

在分化的时间维度里，有几个标志性的事件是值得我们注意的。

1. 出生。出生使得我们与母亲在身体上的第一次分离。
2. 断乳。离开母亲的乳房，是我们与母亲在身体上的第二次分离。
3. 走路。我们学会了走路，便可以离开母亲的怀抱，到我们想到的地方去，这是我们与母亲在身体上的第三次分离。
4. 学会用语言表达。3 岁左右我们已经掌握母语，可以用符号将自己与周围的世界、母亲与他人区别开来，我们将自己从父母、从世界、从你和他中分化出来。我们此时意识到自己是个独立的个体。我们有了自我意识。我们知道自己是与父母和他人不一样的个体。
5. 上学。我们大约 4 岁左右就可能被送到幼儿园去学习文化知识，这是我们第一次和家庭分离。我们有了和非血缘关系的同伴在一起学习和玩耍的机会。我们把自己的世界从家庭扩大到家庭之外的学校，在这里，有类似父母的老师和类似兄弟姐妹的同学。
6. 青春期。这个时期意味着我们已经具有生育能力，有了繁衍后代的能力。对于青春期的孩子来说，他们第一次意识到要拥有属于自己的思想、看法和朋友圈。而且，自己有了一个特别的需求，那就是性需求，他们需要一个异性伴侣来满足自己情感和性方面的需求。他们需要从父母那里离开，到同伴那里去，因为同伴那里有他们成长的养料。
7. 成年期。全世界都把 18 岁作为一个孩子成年的标志。一个人迈进成年，意味着他要对自己的所有事务承担全部责任。他不仅要和父母在物质上进行分离，在情感和思想上也要分离。这个分离也要求他不再承担属于父母的责任，也就是说，对于父母的事务，作为已经成年的孩子，不要替父母承担，而是要让他们自己承担。

一个人要想完成从父母那里的分化，还需要完成一项任务，那就是自我统一，即他要知道自己是谁、要成为谁、想做什么样的人、想从事什么样的职业、想在哪个领域里发展他的专业、他一生的追求是什么、需要一个什么样的配偶、需要建立一个什么样的家庭，这些都是需要他自己去完成的。一个人在这些方面完成得越好，他的自我统一性就越好，那么，他的分化就完成得越顺利。

一个人的自我统一性，取决于他对自我接受的程度。一个人对自己的接受程度越高，他的自我统一性就越容易达到。我们之所以达不到一个令人满意的自我统一程度，通常是由于对自我的不接受。而对自我的不接受，通常又是源于对父母的不接受。

在分化方面，个体在独立性、自我统一性等方面有共同的要求，但是对男性和女性的要求却有所不同。

对男性更加要求其与父母的分离和分化，要求在经济、思想上有更大的自主。而社会文化对女性的要求则有所不同，不仅要求女性的分化，还强调与他人的联结，即女性还要学会更多地关爱他人、照顾他人、经营好与他人的关系。

一个人的分化和独立，并不是说与原生家庭或父母不再联系，而是既要有自己的独立性，又能在情感和爱的关系上有联结，也就是说需要个体在联结与分离、归属与个性化、融合与自主性之间寻求一个最佳的平衡点。如果我们和原生家庭或是和父母都能够保持这样一种恰当的关系，就同样会把这样的关系移植到自己的婚姻里。所以，这种分化与联结的平衡掌握得越好，对未来的夫妻关系的经营就越有利。

人是群居的动物，是否能经营好关系是一个人能否在群体中获得成功的最为重要的因素。一个人能否自我认同，能否达到自我统一性，能否获得独立性，最为重要的就在于他如何对待关系、如何处理关系。一个人越是想独立，想分化得好，就越是要和他人，尤其是父母经营好关系。

一个人分化的前提是要有自我，而一个人想要有自我，首先要完成两个承认：一个是承认我们的父母；另一个是承认我们是父母的孩子。有了这两个承认，我们才能找到自我。

分化的另一方面是性别的认可。我们作为男人或女人存在着，没有这个承认，我们也很难找到带有性别的自我。

一个人只要分化得足够好，他就能够对自己负责，也会对他人负责；他就能够和他人经营好关系，既有亲密和信任，又能有界限和距离。

这一切都会为他走进婚姻做好准备。

繁衍：婚姻的第一要务

生命有两大本能：一是自我保存，二是繁衍后代。繁衍后代则是人类婚姻最为重要的动力。从这个角度上讲，如果没有了繁衍，人类也就不再有需要结婚的动力。换句话说，如果一段婚姻里的某一方失去了生育的功能，那么维持婚姻的动力可能就会减弱。某些婚姻出现问题，可能就是因为在这些婚姻里，繁衍的动力受到了威胁或影响。

人类的养育期相对于其他动物要长久得多。而人类父母和他们孩子的关系也远比其他动物复杂。人类的发展也会因人类特有的文化而变得复杂和困难。

生命的繁殖从无性繁殖，到有性的雌雄同体繁殖，再到有性的雌雄异体繁殖；从个体的直接分裂，到卵生和胎生；从非伦理性的，到伦理性的。人类的繁衍是雌雄异体繁殖，属于胎生繁殖，而且三代之间的近亲不可以结婚。

繁衍动力涉及的内容

婚姻的繁衍动力通常会涉及寻找伴侣、是否要孩子、性能力等内容。

从青春期开始，我们就踏上了寻找伴侣的征程。有些人很早就会坠入爱河，有些人却迟迟不愿意踏进与异性的关系中。在离开父母到与伴侣相遇并走进婚姻之间，我们需要通过恋爱来过渡。当我们无法完成和父母分离的时候，这个过渡就会变得非常困难，尤其是当孩子觉得父母的夫妻关系出现了问题，这个难关需要自己来帮助度过的时候，孩子就可能不会去寻找恋爱伴侣。

在这个时候，有一种心理障碍会阻碍一个人进入恋爱关系，这种心理障碍叫社交恐惧。社交恐惧的主要表现就是怕见人，尤其是怕见异性，其中的主要原因就在于这个人形成了俄狄浦斯情结。我们知道，俄狄浦斯情结会导致一个人对同性父母产生恐惧，主要原因在于他害怕和异性父母建立亲密关系，因为当他和自己的异性父母过于亲密时，会害怕来自同性父母的惩罚。当一个人进入青春期时，人的本能会导致他对异性产生好感，会有想和异性亲近和发展亲密关系的冲动。当这种情感或冲动出现时，俄狄浦斯期所发生的情形会再次出现，那么为了避免来自同性父母的惩罚，他可能就会从和异性交往的社交情境中撤离出来。但是，他的内在仍然会存有对异性的渴望和爱慕，并期望能和异性有接触的机会。此时同性父母的惩罚会再次浮现，内在的恐惧会再次阻止这种冲动。当这种发展持续存在时，他恐惧的对象会从现实中真实的人物，扩大到对内在意象和冲动上。于是，他不仅害怕现实中的异性，也害怕他内在的异性表象和冲动。于是，他不仅无法接触现实中的异性，连他头脑中的异性表象也无法接触。带着这份恐惧，他注定无法走进恋爱关系。

还有一种情形就是在青春期时，父母有时会阻止孩子和异性接触，把异性描写成洪水猛兽，将异性污名化，并把性视为邪恶和肮脏的，希望孩子对性或异性心存抵抗或厌恶，从而与之远离。如果父母在孩子的青春期对孩子的性或对异性的亲近进行压制、恐吓或污名化，那么，当孩子到了谈婚论嫁年龄时，就可能没有能力走近异性或进行恋爱了。此类父母可能无法处理自己对性的恐惧，或自己对繁衍的恐惧，从而通过把这种恐惧转移到孩子身上来处理自身的这些恐惧。

有一类大龄青年，他们很渴望走进婚姻，但却屡屡抱怨自己找不到合适的对象，因此常常错过结婚的适当时机。此类年轻人，常常在心里有一种想法，这种想法就是自己要留下来陪伴父母。他们的父母可能在情感上需要他的陪伴，于是，他决定留下来陪伴父母。但是，他又会有“男大当婚，女大当嫁”

的观念，有强烈的结婚需求，这与他潜意识里陪伴父母的想法冲突。我们知道，人类的意识通常总是会照顾或满足潜意识的，于是，他们就会把要找的那个伴侣的标准定得很高，让谁都无法符合这个标准，或者找一个无法导向婚姻的伴侣，这样他们就会心安理得地留下来，于是，潜意识里的陪伴父母和传统观念里的寻找伴侣都会得到满足。

当一对情侣走进婚姻之后，可能会面临要不要生育孩子的选择。大部分的婚姻都会带来新生命的孕育。但仍有一部分伴侣会选择不要孩子，或是因为身体的原因而无法要到孩子。我们前面说过，婚姻的最大功能是传宗接代。可是，有一些因素会影响婚姻中的伴侣拥有孩子。当我们对父母有拒绝时，或自己的童年不快乐时，或我们看到父母的婚姻不幸福时，我们的潜意识里通常会不想要孩子。我们可能会通过选择丁克、单身、离婚、不孕来达到不要孩子的目的。当一个人的内在对父母怨恨时，他经常会通过不给父母传宗接代来表达对父母的拒绝。

在重男轻女的文化里，当一对夫妻没有男孩时，通常会认为是妻子的过错。此时丈夫的家族成员会责怪丈夫没有用，而丈夫会责怪妻子没有用。在这种责怪之下，丈夫可能会去找婚姻之外的女人给自己生男孩的机会。也有的丈夫会直接解除婚姻，然后通过再婚来给自己要男孩的机会。

繁衍动力所带来的现象

当一个人的繁衍动力过强时，可能会通过不断离婚、不断再婚来完成。当一个人的原生家庭里出现很多夭折或非正常死亡时，其家庭动力可能会带来这种结果。因为不断地离婚和再婚会带来更多的后代，以补偿上一代或几代由于夭折或非正常死亡而失去的家庭成员。

因为婚姻的功能指向繁衍，所以，当婚姻中的双方或其中一方不再具有繁衍的能力时，婚姻就可能出现危机。因为没有繁衍能力，会直接威胁到婚姻存在的理由。所以，婚姻中的双方如果有一方或双方出现性无能或不孕，可能就会导致其关系的紧张或破裂。

性无能或性功能出现问题，可能是因为俄狄浦斯情结造成的结果，也可能是出于对父母的拒绝。不论是哪种原因，性功能障碍还是会对婚姻构成威胁的。

女性的更年期是婚姻的繁衍动力带来的一种心理现象。女性的更年期现象是指女性到了绝经期时，会产生抑郁、焦虑、情绪不稳定、爱发脾气甚至性格改变的情况。医学通常将这种现象归因于女性性激素的紊乱。

从家庭动力学角度看，一个女性到了更年期时，意味着她已经没有了生育能力，而婚姻的主要功能是繁衍，所以，当一个女性绝了经，也就意味着她在婚姻里已经失去了繁衍的功能。而此时，丈夫的生育能力仍然存在并且还很活跃，那么，丈夫和妻子的繁衍能力便处在一种极不对等的状态，妻子的危机难免会发生。因为她没有了生育的可能性，而丈夫还有生育能力，丈夫就有可能到婚姻之外去追求有生育能力的女人，因此，妻子对丈夫的忠诚就会出现怀疑。她对丈夫的多疑反而会加剧夫妻关系的紧张，于是，当一名女性陷入更年期的危机时，更多的是出于对自己没有生育能力的担心，和对自己作为妻子对丈夫的价值感不足的愧疚。她对自己生育能力的消失可能会产生失望、愤怒，对自己的婚姻因更年期的到来而产生的危机感到焦虑和抑郁。这一系列的表现，都可能是对更年期不再具有生育能力的应激反应。因此，女性更年期的问题，更多的是由于婚姻繁衍动力带来的。

婚外情也是繁衍动力的一个结果。婚外情是对夫妻关系的不忠，是不能专一和用心维护与经营在婚姻关系里与伴侣的关系。其实，婚姻里的配偶关系，是原生家庭里一个人和异性父母的关系的折射。如果他在原生家庭里和异性父母的关系是对抗的、叛逆的，那么在婚姻里和异性伙伴的关系也可能出现同样的情况。婚外情经常会发生在夫妻关系类似亲子关系的情况中，也就是说，夫妻关系不再是平等的伙伴关系，而是不平等的亲子关系，如丈夫扮演了父亲或儿子的角色、妻子扮演了母亲或女儿的角色。当丈夫扮演儿子的角色、妻子扮演女儿的角色时，此类丈夫或妻子更容易出轨。因为他们在婚姻里找不到平等的感觉，而且作为孩子的角色，他们本身就可以是任性的、不负责任的。

婚外情的原因之一是在表达对异性父母不满，也是表达对自己配偶的不满，更是对婚姻关系里缺失的那部分的补充。婚外情通常不会导致生育，而是指向对婚姻关系的破坏，是原生家庭里个体与其异性父母关系的转移。

乱伦又是家庭动力中很重要的一个现象。人类的性活动不可以在三代之间的成员内进行，这是人类的性禁忌。所以，人类的性需求需要在家庭或家族之外去寻求满足。然而，有些家庭成员仍然在自己的家庭成员之内寻求性满足，这就是乱伦。乱伦可能会发生在亲子之间，也可能会发生在同辈之间，也可能会发生在祖孙或父母的兄弟姐妹与他们的孩子之间。

男人与女人：夫妻关系中的角色定位

当两个年轻人还没有走进婚姻，仍然处在恋爱期时，他们虽然已经是成年人，但在原生家庭里的父母那里，他们的角色仍然是孩子。对这两个年轻人来说，最为重要的是要能够从原生家庭里独立和分化出来，为走进婚姻做好准备。

他们两个人在领取结婚证的那一刻，其夫妻关系的法律地位便已确立，当他们在举办婚姻仪式之后，便开始了正式的夫妻生活。伴随着这两个仪式而来的就是他们角色的转变，从他们在原生家庭里是孩子的角色，转变成为丈夫或妻子的角色。

丈夫和妻子是他们过去从来没有经历过的角色，这个角色的学习可能会通过在他们早年在原生家庭里看到他们自己的父母如何做夫妻来进行。所以，他们的父母如何经营自己的夫妻关系，通常会影响到他们的孩子在组成新家庭时的夫妻关系。

夫妻关系是伙伴关系，伙伴关系是平等的、彼此尊重的关系。夫妻关系要想经营得好，就得保持在伙伴关系的框架下进行。

夫妻关系同样会受到男人和女人的角色的影响。在传统文化里，男人通常是一个家庭的主宰，是整个家庭的物质和精神支柱，也是家庭安全的保护者，是家庭与外界社会沟通的媒介；而女人则是家庭关系的经营者和组织者，是后代的哺育与养育者，是整个家庭情感的供给者。所以，我们会形象地用“男主外，女主内”来形容彼此的角色分工。一对夫妻如果和传统文化的男人和女人形象相吻合，那么在关系的经营上就比较容易。如果其角色不吻合，或正好相反，那么在夫妻关系的经营上就可能会带来一定的困难。

在一些夫妻关系里，其角色不再是伙伴关系，而是一种亲子关系，即丈夫扮演了父亲或儿子的角色，或妻子扮演了母亲或女儿的角色。他们在夫妻关系里扮演角色通常是受其原生家庭里父母如何做夫妻和他们在兄弟姐妹中的排行的影响。

在原生家庭里，如果父母的夫妻关系是平等的，那么当他们走进婚姻之后，其夫妻关系就容易是伙伴关系；而如果他们的关系是不平等的，那么夫妻关系就容易变成亲子关系。对于亲子模式的夫妻关系里，夫妻各自会扮演何种角色，则取决于父母的夫妻关系和他们各自在兄弟姐妹里的排行。

亲子模式的夫妻关系会有几种组合方式——父亲与女儿、儿子与母亲、儿子与女儿和父亲与母亲这四种组合。其中前两种是互补关系，而后两种则是平行关系。互补关系如果夫妻双方配合得好，也是一种不错的夫妻关系，如果配合得不好，就可能变成控制和对抗的关系。平行关系则经常会导致夫妻关系的紧张和冲突，经常争吵不断的夫妻就属于此类。因为在这种关系中会出现夫妻的竞争，竞争通常会导致冲突，有时也会出现谁也不理谁的冷战局面。

夫妻的排行对夫妻关系里的角色也会有很大影响。在夫妻的排行里，如果他们的位置相同，其关系就更容易形成平行关系，这些关系包括伙伴关系、儿子与女儿或父亲与母亲关系；如果他们的排行位置不同，就容易形成互补关系，包括父亲与女儿和儿子与母亲的关系。至于谁会处在父母的位置，则取决于双方排行位置的高低。排行位置高的就会把自己放在父母的位置上，排行位置低的就会把自己放在儿女的位置上。

忠诚冲突：婚姻无法回避的主题

一个年轻人通常会带着自己的家庭动力去寻找自己的恋爱对象。茫茫人海里，我们寻寻觅觅，那个能够进入我们视野并能让我们动心的就是能够配合我们完成家庭动力的那个人。不管这个人在外人看来是多么地不合适或和我们是多么地不般配。而对于那个被我们选中的人来说，我们在他们那里，也是能够配合去完成他们家庭动力的人。当这种双重的动力配合发生的时候，两个人就可能会走到一起，然后恋爱、结婚，并结为夫妻。

在婚姻里，夫妻要完成的第一个对父母的忠诚就是把自己的夫妻关系复制成和自己父母的夫妻关系比较类似的关系。他们会按父母的夫妻关系模式来构建自己的夫妻关系。为了构建这种关系，他们在寻找自己的恋爱对象时就开始以此为标准了。所以，那些无法匹配自己父母的夫妻关系的异性是不会打动我们的。我们通常会按照父母婚姻的样子来建构和经营我们的婚姻。

进入婚姻之后，夫妻两人各自都会多了对方的父母。对对方的父母，我们通常也要喊“爸爸”“妈妈”。我们只有一个爸爸妈妈，可是现在又多出一个爸爸妈妈，于是，我们的内在可能会面临忠诚冲突。

对我们自己父母的忠诚会妨碍我们与配偶父母的关系。我们对自己父母的忠诚会要求和限制我们对配偶父母的爱。如果我们对配偶父母的爱超过对自己父母的爱，就会破坏我们对自己父母的忠诚。因此，我们会自觉或不自觉控制对配偶父母的爱，尤其是当我们和自己的父母关系不那么融洽或亲密的时候。当我们和自己的父母关系紧张时，出于忠诚的考虑，也不能把和配偶父母的关系处得好过与自己父母的关系。我们通常会把和配偶父母的关系弄得稍逊于和自己父母的关系，这样才不会破坏对自己父母的忠诚。因此，当我们和自己的父母关系紧张的时候，我们也会把和配偶父母的关系弄得更紧张一些，这样才能匹配我们和自己父母的关系，才能保住我们对自己父母的忠诚。因此，有时婆媳关系不好，并不是婆婆不好，也不是儿媳妇不好，而是在我们的内心深处，儿媳妇为了保持对自己母亲的忠诚，而不把婆媳关系经营得好于自己和母亲的关系。

另一方面，当我们组建自己的家庭时，配偶双方的父母都会面临如何对待自己孩子配偶的问题。因为配偶双方此时都拥有两对父母——自己的父母和配偶的父母，这可能会带来两对父母的竞争。配偶的父母希望自己能够像对待自己的孩子一样对待自己孩子的配偶，甚至希望自己以自己孩子配偶的父母自居，他们也希望自己孩子的配偶能够像对待他们的父母一样对待自己，希望在自己孩子的配偶那里能够获得和他们父母同等的情感地位。于是，婚姻里配偶的父母就会来争夺孩子们的爱。这种争夺往往会导致婚姻里的夫妻两人与他们彼此的父母和谐相处的困难。这种关系上的争夺越是激烈，在再生家庭里，配偶的双方父母、配偶与对方父母、配偶的对方父母与配偶本人，在相处上就会变得越困难。

最常见的关系问题就是婆媳不和。婆媳不和表面上是婆婆和儿媳妇的关系冲突。实际上是两个家庭忠诚动力冲突所带来的结果。婆婆希望自己能够像对待自己的女儿一样来对待儿媳妇，希望自己能够替代儿媳妇的母亲来爱儿媳妇，也希望媳妇能够像爱她的母亲一样来爱自己，自己在儿媳妇心中的位置能够像她的妈妈一样重要。于是，婆婆无形中会去和儿媳妇的母亲竞争儿媳妇的情感。而婆婆的这种努力和期待会破坏儿媳妇对她母亲的忠诚。无疑，儿媳妇会选择对自己母亲的情感忠诚，而不会去选择没有血缘关系的婆婆。她会和她的婆婆保持一定的距离，会在感情上保持节制，可能还会对婆婆和她的母亲进行情感争夺的心态产生一些反感。而儿媳妇这种把对母亲的情感放在婆婆之上的做法可能会被婆婆解释为一种对抗或敌意，于是，婆婆可能也会用不太友善的态度来回应儿媳妇，婆婆的这种暗含敌意的回应，无疑会恶化婆媳关系。

婆婆一方面与儿媳妇的母亲争夺儿媳妇对她的感情，另一方面也会和儿媳妇争夺和自己儿子的感情。当婆婆自己的婚姻出现问题的时候，婆婆就更需要从儿子那里获得一份情感来弥补自己在丈夫那里的缺失。当她看到自己的儿子和他的妻子关系过于亲密时，她的危机感就会产生。她清楚地知道，如果自己不奋力争取，儿子就可能会被自己的儿媳妇所占有，她的情感就可能不再有可依附的空间。因此，她会在儿子和儿媳妇的关系中作梗，制造各种障碍，经常以受害者的形象出现在自己儿子面前。她可能处处和儿媳妇作对，想尽各种办法刁难儿媳妇。当儿媳妇在自己的丈夫面前陈述自己婆婆的种种劣迹时，无形中就把自己放在了一个加害者的位置。因为丈夫和他的母亲有血缘关系，和妻子只是契约关系，所以，丈夫在自己的妻子和妈妈之间，大多会选择自己的母亲而不是妻子。而当妻子看到自己的丈夫不能站在自己的一边而是选择了他的母亲时，不由得对自己的婆婆更加憎恨，和丈夫的关系也因此更加紧张，于是婆婆便牢牢地控制住了儿子。

我们再来看看夹在婆媳之间的丈夫。当丈夫看到自己的母亲在与父亲的夫妻关系上出现问题时，他通常不会袖手旁观。出于忠诚，他通常会来帮助母亲。当母亲需要他的情感时，他会毫不犹豫地站到母亲一边，给予母亲所需要的感情。然而，丈夫的意识里对待自己如此拯救母亲是不满意的，但出于忠诚又无法直接去对抗母亲。因此，当他在寻找自己婚姻伴侣的时候，就可能会去找一个能够代替他去和自己母亲抗争的异性来做自己的配偶。那个被选中的配偶会认同来自丈夫的投射，会主动承担起与婆婆抗争的使命，来代替她的丈夫和婆婆对立，从而使丈夫能够缓解母亲对自己的纠缠与控制。

可是，婆婆为什么要来和她的儿媳妇竞争自己的儿子呢？其中最主要的动力就是她和丈夫的夫妻关系可能出现了问题，那么她就会转向儿子去索取关爱。于是，婆婆和她的儿媳妇争夺同一个男人的情感就在所难免。

原生家庭：婚姻里的情感包袱

夫妻关系通常是一种平等的伙伴关系，但也有可能会变成一种不对等的亲子关系。夫妻关系的模式或类型会受到多种因素的影响。最重要的影响来自于夫妻走入婚姻之前的关系。这些关系可能会以这样或那样的方式转移到夫妻关系中来。

前面我们已经说过，影响夫妻关系最为重要的关系转移是夫妻双方在各自的原生家庭里父母的夫妻关系以及与自己兄弟姐妹的关系。

父母如何做夫妻是一个人在再生家庭里如何做夫妻的模板，他们可能会按照自己父母如何做夫妻的模式来经营自己的夫妻关系。我们极有可能像父亲当年如何做丈夫的那样来做丈夫，像母亲当年如何做妻子那样来做妻子。也极有可能去按照我们异性父母的样子来寻找自己的恋人和配偶，并且用他们对待异性父母的方式来对待自己的配偶。那么，一个人的配偶可能就是他自己异性父母的复制；他自己的夫妻关系，可能就是当年父母的夫妻关系的复制。

因为夫妻关系是伙伴关系，所以这种关系就会受到早年与兄弟姐妹关系的影响。夫妻关系在很大程度上既会受到一个人与他的兄弟姐妹关系的影响，也会受到排行的影响，这里的排行既包括年龄排行，也包括性别排行。

我们从排行动力中可以看到，不同的年龄排行和性别排行会影响我们的性格和行为，也会影响我们未来的同伴关系和婚姻里的夫妻关系。

对一个人未来夫妻关系有影响情形包括有异性的兄弟姐妹、没有异性的兄弟姐妹和自己是独生子女。有异性的兄弟姐妹比另外两种情况更有利于经营夫妻关系。因为有异性的兄弟姐妹的人在他没有走入婚姻关系之前就已经具有和同辈异性打交道的经验，这些经验会有助于他们在婚姻里和配偶的相处。

最有利于夫妻相处的情形是作为男孩时有妹妹，作为女孩时有哥哥。当女孩排行老大时，在婚姻里经常会扮演过度照顾者的角色，可能在婚姻的夫妻角色里会扮演母亲；当男孩排行老大时，在婚姻里经常会扮演一个领导者的角色，可能在婚姻的夫妻角色里会扮演父亲的角色；而当一个人的排行是老幺时，在婚姻的夫妻角色里可能会扮演儿子或女儿的角色；处在中间的位置，在婚姻的夫妻关系里可能更多地扮演伙伴的角色。

只有同性兄弟姐妹的人，他们可能会在夫妻关系的角色里出现过度竞争，因此夫妻关系可能会充满冲突和紧张，因为他们在同胞兄弟姐妹那里没有获得异性相处的经验，他们只有竞争的经验。

而独生子女不仅缺乏和异性同胞相处的经验，也缺乏和同性同胞相处的经验。能够给他们提供同辈关系经验的只有他们的父母关系和他们父母的夫妻关系。他可能会从父母所提供的间接的朋辈关系来学习与朋辈或与异性打交道的经验，他自己的夫妻关系的经验只能从观察父母如何做夫妻中得来。

独生子女的特点之一是独享父母的爱和关注，他们的独享意识和特权意识特别突出，所以，当他们进入婚姻之后，这两种意识也会带进夫妻关系之中。在夫妻关系里，他们可能会表现得我行我素、特立独行、界限过强，或很少考虑对方的需求，彼此的关系也可能是竞争的关系，或可能是漠不关心的关系。

影响再生家庭的夫妻关系除了上述关系的转移之外，还有个体和他的异性父母的关系。因为夫妻关系是一个人和异性的关系，这种关系，在他的原生家庭里除了和兄弟姐妹的关系之外，还有和异性父母的关系，也就是说他和异性父母的关系也会转移到再生家庭的夫妻关系里面来。

因此，影响我们夫妻的关系的三个早年关系包括父母的夫妻关系、兄弟姐妹关系和与异性父母的关系，这三类关系都可能会转移到我们的夫妻关系里。

传统文化：婚姻的背景旋律

人类的婚姻制度因文明而逐步演化，在人类的早期时代，男人狩猎，女人持家，从而形成男主女从的男权社会。在《圣经》里，人类的祖先由上帝创造，首先被创造的是男人亚当，而女人夏娃则是由亚当的肋骨幻化而成。在他们偷食禁果之后，上帝对夏娃的惩罚就是让他服从男人亚当，男尊女卑的位置从此确定。在中国文化里，儒家文化以三纲五常来规范人际关系。在夫妻关系中，其准则是“夫为妻纲”，丈夫的优势地位不言而喻，并要求妻子对丈夫保持绝对忠诚。

在这种动力的作用下，妻子就占据从属的地位，演变成生儿育女的工具，成为男人的一部分。而她们也可能把自己的未来或一生完全依附在丈夫身上，从而过着依靠男人的生活。她可能因此无法获得尊严，也无法保护自己和维护自己的权利，可能会沦为家庭暴力的牺牲品。因为没有地位和尊严，她就要服从丈夫的意愿，所以，一些妻子在生了孩子之后，就独自承担起了所有的照顾孩子和家庭的责任，而丈夫往往就只需要负责提供家庭的经济保障，余下的一切均由妻子来完成。

重男轻女的文化会给男人提供很多缓冲系统，并以此来减轻压力。而给女人所提供的缓解压力的空间却很小。当男人遇到痛苦和烦恼时，他可以通过工作、娱乐、抽烟、喝酒、交朋友、找情人来释放压力，所以男人出现心理问题的可能性相对较少。而女人遇到压力时，她通常难以在社会上找到缓解压力的方法，从而就会把压力转向家庭内。而家庭中能够给女人提供缓解压力的方法就是转向孩子，向孩子索取感情、爱，于是孩子成了解决母亲问题的灵丹妙药。可是孩子就无法发展自己，从而出现发展上的障碍，三角化通常在这种情形下应运而生：母亲和孩子联盟，共同对抗父亲。于是，这样的家庭就变成了父亲游离在家庭之外，母亲紧紧抓住和控制住孩子，而孩子用对抗和叛逆来企图保住自己的界限。

重男轻女还会从原生家庭带到再生家庭里。婚姻通常是男婚女嫁的方式，女方来到男方的所在地组成家庭。也就是说，女方以男方的原生家庭为核心组建自己的家庭。那么，在再生家庭里，女方就要直接或间接面对男方原生家庭的成员，她无法回避的是要跟男方原生家庭的成员建立关系，尤其是和男方的父母建立关系。在男权文化尤其是儒家文化的社会里，在关系级别上，父母是高于孩子的，而男人又是高于女人的。所以，男方的父母在夫妻双方那里往往是一种高高在上、享有特权、居高临下的姿态，他们希望自己的儿子和儿媳妇能够孝顺。而由于受到重男轻女文化的影响，男方父母对女方也是希望能够遵守男尊女卑的法则，可能会要求儿媳妇也要服从丈夫。这无疑会把女方放在成全男方或男方父母的位置上。因为等级文化会把孩子放在为父母服务的工具的位置上，所以，再生家庭里的夫妻往往也会被原生家庭里的父母放在服务他们的工具位置上。因此，在传统文化的情境里，再生家庭通常会以原生家庭为轴心，并以满足和服务原生家庭为义务。当原生家庭有需求时，再生家庭就需要无条件给予满足。丈夫和丈夫的妻子都是从属于男方的父母的，当丈夫的父母有需要的时候，作为孩子的夫妻要无条件地满足父母，对夫妻中的丈夫而言，当母亲和妻子同时需要他的时候，他自然会选择他的母亲。婆媳冲突在这种文化背景里更容易出现和发生。

在儒学文化的社会里，女孩通常没有男孩重要，自她出生的那一刻，可能就会面临性别被拒绝的风险，而当她的父母最终也没能生出男孩时，就会尤其如此。作为孩子时，她没有男孩重要；作为夫妻时，她又没有丈夫重要。在儒家文化里，父母是高于孩子的，孩子要无条件地孝顺父母，所以，女孩只有到了自己做母亲的时候，其地位才能得到改变。她在作为孩子时，被父母压迫；在作为夫妻时，被丈夫压迫；当她作为母亲时，她的被压迫局面才会得到改善。当她做了母亲之后，她可能借用孩子来补偿自己过去所遭受的被压迫的局面。于是，母亲可能通过过度控制孩子的方式来获得自己的地位或价值，尤其是当她拥有了男孩的时候。因为她是男权主义、男孩至上文化的受害者，因此，当她有了男孩的时候，这个男孩就可能给予她和男权主义对抗的机会。

如果作为妻子没有为家族生出男孩，那么，她仍然得不到应有的尊重，可能又会增加一层新的压迫或歧视。因为没有为男方生出男孩，男方家族会给整个再生家族施加压力。在重男轻女的文化里，一个家庭如果最终没有生出男孩，不仅说明这个家庭中丈夫无能，也说明这个家族可能在前几辈做了伤天害理的事情，没有积德，或者是作为夫妻的当事人在前世没有做好事，在这一代或这一辈子得到了报应，这个家庭或整个家族都可能会有耻辱感。特别是当丈夫是原生家庭中唯一的男孩，而到了他这里又没有了男孩时，就意味着这个家庭无法延续下去了。这种无法传宗接代之痛，加上文化因果报应所带来的耻辱感的双重作用，会给再生家庭里的夫妻带来非常沉重的压力。

07

在离异单亲家庭中长大的孩子

造成单亲家庭的原因是多元的。最常见的原因有父母一方早逝、父母离婚和未婚妈妈。这些动力对孩子们的影响是不同的。父母早逝的动力在第 5 章已经有了阐述。未婚妈妈是极个别的现象。本章主要讨论与离异有关的单亲家庭动力。

正常化单亲家庭

在原生家庭里，每个孩子都有两个家庭：一个是由父母和孩子组成的家庭，一个是由夫妻和孩子组成的家庭。离婚只是在法律上结束了由夫妻和孩子组成的家庭，但是，由父母和孩子组成的家庭仍然存在。从孩子的利益来说，离婚发生之后，由父母和孩子所组成的家庭保存得越完整，离婚对孩子的伤害就会越小。

以下是单亲家庭减少对孩子伤害的注意事项。

第一个要注意的是，保持父母和孩子组成的家庭完整。

对于有些离婚家庭而言，他们不仅会结束由夫妻和孩子所组成的家庭，也同时会结束由父母和孩子所组成的家庭，这对孩子来说，无疑会带来非常大的影响。有些父母，因为在离婚前彼此敌对或仇视得非常严重，在离婚之后，监护孩子的一方通常采取不准对方见孩子或不让孩子见对方的方式来达到报复对方的目的。这样一来，就切断了孩子与另一方父母的联系，也解体了由父母和孩子组成的那个家庭。这两个状态对孩子的成长和发展都是不利的。

因此，为了孩子的利益着想，即使夫妻离婚，彼此之间也不要断绝来往，更不要彼此敌对和仇视。比较好的做法是离婚之后，两人仍然保持合作与支持的友好关系。监护孩子的一方，要给予非监护方探视孩子的自由，也要给孩子见非监护父母的自由。为孩子和另外一个父母的自由来往提供途径。让孩子和父母双方都能继续保持和离婚前一样的沟通和来往。让孩子觉得家庭仍然是家庭，即使父母离婚了，他仍然能够和父母保持和过去一样的自由接触，仍能感受到父母像过去样爱着自己。也就是说，父母仍然继续扮演各自的角色并担负相应的责任，孩子仍然像过去那样继续接受父母的养育和爱。这样的话，即使父母离婚，对孩子的不良影响也会减少到最低程度。

第二个要注意的是，父母离婚之后，不要改变孩子的生活环境，包括居住地、学校、亲友网络。也就是说，除了父母离婚这一变化之外，尽可能在其他的方面保持不变。

第三个要注意的是，父母离婚与否不能让孩子来做决定。有些父母，出于对孩子的尊重或爱护，担心自己的离婚会给孩子带来不利的影响或伤害，他们就把父母离不离婚的决定权交给孩子，让孩子来替父母做决定。有些父母对孩子说：“父母现在过不下去了，但是出于对你的影响的考虑，我们仍然要听听你的意见，如果你不想让父母离婚，那么父母就会继续过下去，只要你过得好，父母可以牺牲自己。如果你希望父母离婚，那么我们就离。”父母以为这样做，就可以最大程度地保护了孩子。殊不知，当父母把离不离婚的决定权交给孩子时，父母不管是离婚还是不离婚，孩子都要承担他的这种决定所带来的后果。父母过得好与不好，孩子都要替父母承担责任。婚姻是父母自己的事，不要让孩子介入或主导。父母离还是不离婚，都要父母自己做决定，并为自己做的决定承担所有的责任。

第四个要注意的是，告诉孩子父母离婚是父母自己的决定，是因为父母觉得彼此不太合适，不想再继续一起生活。这个决定与孩子本人没有任何关系。不是因为他本人好与不好，父母才决定在一起或不在一起。

第五个要注意的是，父母不要在孩子面前诋毁对方。有时在离婚之前，配偶会彼此敌对或仇视，当向孩子说明父母离婚的原因时，通常父母会把对方说得非常恶毒或糟糕，也会对对方进行人身攻击。因为孩子对父母的忠诚度是相同的。当一方父母在孩子面前攻击另一方时，孩子就会面临如何保持自己对父母的忠诚的问题。孩子如果同意一方的攻击，就意味着背叛了另一方；如果不同意一方的攻击，就意味着背叛了攻击方。我们会看到，不论孩子同意或不同意其中一方的攻击，孩子都会处在一个背叛的位置。因此，当向孩子解释离婚的原因时，只告诉孩子父母彼此不合适就可以了。不要在孩子面前罗列对方的“罪状”，让孩子无法逃离对忠诚的背叛。

第六个要注意的是，要告诉孩子父母离婚只是结束了夫妻关系，父母和他的亲子关系依然像过去一样，永远都不会结束。今后，不管父母在哪里，父母的境遇如何，父母都仍然会像过去一样爱他、关心他。

第七个要注意的是，要告诉孩子，父母离婚后，他有在双方之间来往的自由。他什么时候想去见非监护方的父母，或非监护方的父母什么时候想来见他，都会有充分的自由。

第八个要注意的是，父母离婚后，彼此不敌对、不仇视，更不能断绝关系。因为他们仍然要做孩子的父母，要对未成年的孩子尽到养育的责任和义务。因此，父母在离婚之后如果仍然能保持友好的、合作的、支持性的关系，就更能保护孩子，让孩子仍然能够拥有一个安全的、充满关心和爱护的成长环境。那种在离婚后把孩子带离另一方，不让孩子和另一方父母有联系或来往，或和孩子一起仇视对方、敌视对方的做法都是不可取的。

处理好缺失的父母角色

对于一个单亲家庭而言，重要的是单亲父母要处理自己的丧失与孩子的丧失。这种处理越彻底，他们就越容易面对单亲家庭。

对于单亲父母来说，要处理的第一个丧失就是失去自己的配偶。出于种种原因，单亲的配偶在离婚前的婚姻里会经历很多冲突或对抗，这种冲突或对抗会演变成伤害、痛苦、仇恨、敌对、折磨或虐待。当离婚发生时，这种对抗可能会上升到极点，最后发展到不共戴天、势不两立。因此，离婚后，经常会发展成为“老死不相往来”的局面。当这种情况发生后，单亲父母内在的创伤就会被愤怒、仇恨、敌对所加强，那么由离婚所带来的丧失就无法得到哀悼，由其所导致的创伤也无法得到恰当的修复。如果单亲父母不能正确处理离婚的丧失，那么孩子也就无法和另外一个父母建立通畅的关系，孩子对原生家庭的丧失与对另外一个父母的丧失也无法得到处理，那么孩子也无法完成对丧失的哀悼。

如何完成对丧失的处理，或者说如何让这种丧失的影响最小化，是单亲家庭里的父母要面对的任务。

让单亲家庭回归正常轨道

不少单亲家庭会因为自己是单亲或自己的孩子生活在单亲家庭而有耻辱感，觉得单亲家庭是“破碎家庭”或“问题家庭”，害怕被邻居、朋友、家人、同事、孩子的同学或老师看不起。当单亲父母有这样的想法时，单亲父母便很难去向外建立自己的关系网络，很难利用社区、家庭、朋友和学校的资源去获得帮助。他们可能会独自一人来承担所有的困难，也可能深居简出，尽量减少与亲朋好友的接触，以避免或减少被他人歧视或议论的机会。这样一来，单亲父母就会失去被帮助的机会，更容易让自己陷入困境。

当单亲父母对单亲家庭有羞耻感或把单亲家庭视为“问题家庭”时，就可能把离婚和单亲视为自己人生的失败，从而会对自己有自责和内疚的心理，会觉得自己欠了孩子的，这样的话，单亲父母就会在孩子那里做出一些补偿的行为。他们可能会过度满足孩子的需求，没有在孩子那里建立规则，也无法在孩子那里建立权威，那么孩子就不能从单亲父母的补偿里得到安全感。

因此，在单亲父母那里，正常化单亲家庭就变得尤为重要。当代社会是一个家庭价值和观念多样化、家庭形态多元化的社会。双亲家庭、单亲家庭、重组家庭等都是家庭的正常形态。不存在一种家庭形态优于另外一种家庭形态的情况。从家庭的存在形态上来说，所有的家庭都是平等的。

与前任和解是对孩子最大的呵护

孩子的父母如果能够做到彼此和解，建立一种合作而友好的关系，对孩子的成长、对彼此的未来发展都是有益处的。

那么如何才能做到彼此和解呢？

先从事实的层面做起可能比较容易。不论在离婚前两个人的冲突或伤害有多深，都可以在事实的层面来做联结。

如果是妻子，可以通过一些自我对话来完成这个联结的过程："我们曾经是夫妻。""我曾经是你的妻子，你曾经是我的丈夫。""你陪伴我走过过去那段婚姻的时光，我也陪伴你走过了那段时光。""我们共同有一个（几个）孩子。"

如果你能心存感激地来做这些有助于联结的自我对话，效果就会更好。当然，有相当一部分单亲父母可能做不到去感谢，那就先从事实层面来做这些。

作为单亲母亲，如果她能够和前配偶保持友好的关系，那么，她就更有可能在未来去继续伴侣生活，更有可能去发展和建立新的婚姻，也更加会善待他们共同的孩子。因为孩子是她和前配偶共同创造出来的，因此，在孩子这里，有单亲妈妈的一半，也有前配偶的一半，如果单亲母亲对自己的前配偶是仇恨的，那么这种仇恨就会不知不觉地转移到孩子这里来，那么她对待孩子就可能会是愤怒或虐待的。她可能对孩子表现得苛刻、抵触、拒绝、否定或愤怒，这些都是对孩子父亲的态度，现在统统都可能会转移到孩子身上。于是母亲和孩子的关系可能就会变得紧张和对抗。而另一个方面，因为孩子一半来自于父亲，一半来自于母亲。当攻击对方时，也就等于在攻击孩子的另一半；当父母彼此相互攻击时，孩子就会感觉到整个人都在受到攻击，从而破坏了孩子对父母的忠诚。因为在潜意识里，孩子对父母的忠诚度是相同的。如果单亲母亲在孩子面前表现出对他的父亲的蔑视、敌对和攻击时，无形中就破坏了孩子心中对父亲的忠诚，那么孩子此时为了保护对父亲的忠诚，便会和在自己面前诋毁父亲的母亲进行对抗和反击。从这个角度上看，单亲母亲与孩子的父亲和解，对孩子的健康发展和成长也是有利的。

不要中断单亲家庭与其他社会网络的联系

相对于双亲组成的家庭，单亲的内部资源相对较少。这就需要单亲家庭向外部扩大关系网络来补充资源的不足。单亲母亲通常会有很多资源网络，这些网络包括单亲母亲自己原生家庭的成员，如父母、兄弟姐妹、朋友、孩子同学的父母、孩子的老师等。当然，对单亲家庭来说最重要的关系网络就是另外一个父母和他的原生家庭，如果这个关系保持得好，那么单亲家庭对其他社会网络的需要就会减少，而如果单亲家庭中的一个单亲父母与另外一个单亲父母和家庭关系网络关系不良或断绝的话，就可能会需要利用更多的其他社会网络来补偿这个关系网络的缺失。

然而，对于一个具有羞耻感的单亲母亲来说，她可能不会主动去发展这些关系网络，因为她不想把自己无力或弱小的一面展示给他人，因此，她更多地可能会选择回避的策略，尤其是她与自己的原生家庭的关系不良的时候。

另一方面，当单亲母亲与自己的原生家庭分化不良的时候，她可能会回到自己的原生家庭去，原生家庭会给予她更多的情感和经济支持，但同时她也被剥夺了更多的自由和对孩子的权威。单亲母亲越是对她的原生家庭依赖，那么孩子的父亲就越难以接近孩子。从家庭动力的角度来看，有时单亲恰恰是为了满足自己的父母需要自己返回原生家庭的结果。当一个已经成年并走进婚姻的人，如果感受父母再次需要自己回到父母身边来陪伴父母，那么她就可能会把自己的婚姻结束掉，并再次一个人或带着孩子回到那个需要陪伴的父母身边。当这种动力出现的时候，她对自己的前配偶就会拒绝。

对于单亲母亲来说，发展一个异性伴侣加入到单亲家庭来，可能会是一个比较好的选择。这种选择不仅会让单亲母亲的情感需求得到满足，同时，也能够让这个伴侣分担生活和孩子教育的事务，有时也能带来经济上的改善。更为重要的是能为孩子提供和成年男人接触的机会，来补偿或替代父亲角色的缺失。然而这个与孩子没有血缘关系的伴侣，也可能会带来一些不利的影响，如这个伴侣可能会和孩子争夺单亲母亲的情感，如果孩子是女孩，那么这个女孩可能会有被性利用的风险。这些都可能是让单亲母亲迟迟不愿意再继续去选择新伴侣的原因。新伴侣会给单亲母亲带来收益，但是也会同时给孩子带来风险。如何平衡这两者，是单亲母亲要做的功课。

单亲母亲不能因对孩子内疚而纵容孩子

在家庭中，父母的权威很重要。一般孩子处在父母的权威之下时才能得到良好的发展和成长。在婚姻没有解体之前，父母在孩子那里的权威通常由父母共同承担，但在多数家庭里通常由父亲来承担。不论是双方承担还是由父亲一方承担，离异之后，通常只能由一个人来承担，经常是单亲母亲。如果原来家庭中的权威角色是由父亲扮演的，那么，单亲母亲就要面临和承担起权威的责任。这对于那些在自己的原生家庭里依赖父母，而在再生家庭里又依赖丈夫的单亲母亲来说会是一个不小的困难。成为单亲之后，单亲母亲不仅自己要学会独立，把自己管理起来，还要学会承担管教孩子的责任。这实在不是一件容易的事情。

单亲母亲在建立权威上的另一个的困难是，她会因为自己的离婚而觉得对不起孩子，觉得亏欠了孩子，因此她可能会通过过度满足孩子的需求或过度放纵孩子来补偿自己的这份内疚。或者她在承担管教孩子方面缺乏经验，就会制定出前后矛盾的规则，让孩子无所适从；或者她制定的规则不清晰，让孩子感觉到无法把握尺度而迷茫。因为单亲母亲经常处于家务、工作和经济的多重压力之中，她同时也要处理自己因为离婚而面临的诸多丧失所导致的悲伤或抑郁情绪，这些都可能使得自己无暇或无力顾及孩子。

如果单亲母亲有多个孩子，那么年长的孩子可能会承担起照顾弟弟妹妹的责任，同时也要承担起一部分家务劳动。年长的孩子在为单亲母亲分担压力的同时，也会造成年长孩子对母亲权威的挑战。因为当单亲母亲把照顾年幼的孩子的重任交给年长的孩子时，她同时也交出了自己的权力和威信，当年长的孩子拥有过多权威的时候，他就有机会来挑战或对抗母亲。因此，在这种情形下，母亲也不能完全放手让孩子来全权管理比他年幼的弟妹，让自己置身事外，而要同时保持对年长孩子的监管，和其他孩子也保持直接的联系。在家务方面也是如此，不要只让孩子做，母亲也要介入其中，监管到位，而不是完全从孩子的事务中撤出。

单亲母亲的权威的建立取决于很多因素，首先需要当母亲的以身作则，能够处理好自己的事务，如处理好与前配偶的关系，处理好自己的情绪或心情，处理好自己的工作和社会关系，能够照顾好自己的生活，让单亲家庭具有安全性、稳定性和未来可预测性。对于孩子的管教来说，清晰而明确的规则和界限是非常重要的，不仅对单亲母亲建立自己的权威来说是重要的，对孩子的内心安全感和健康发展也是重要的。

单亲母亲首先要做的事情是分清自己与孩子的责任，哪些事务是属于自己的，哪些事务是属于孩子的，属于自己的事务由自己承担，如自己的情感、婚姻、与原生家庭的关系、社会网络、健康、友谊、社交、娱乐、心情、家庭的经济等，这些事务不要让孩子来替自己承担；而属于孩子的事务，也要让孩子来承担，如孩子房间的卫生管理、洗漱、衣服的清洗、学习、兴趣爱好等事务，作为单亲母亲都要交给孩子自己处理，不要过多介入。在规则和限制上要明确，而且要坚定。例如，和异性可以建立友谊，可以建立正常的社交关系，可以参加同学的生日聚会，但要告知是哪个同学的生日，都有哪些同学参加，在什么地方，要在规定的时间回来等；而有些事情是不可以做的，如不可以抽烟、不可以饮酒、不可以逃课、不可以吸毒、不可以在外面过夜等。

然而，处理好这些，对于一个经常处在家务、工作、经济和情感的多重压力之下的单亲母亲来说，是相当困难和吃力的，当单亲母亲因自己的离婚对孩子抱有很深的内疚感的时候就更是如此。

活出自我，给孩子树立一个好的榜样

对于一个单亲母亲而言，并非都是不利的因素。比如可以不再面对原来婚姻中与配偶的冲突和消耗；在孩子的教育上可以不再为面对不同的理念而矛盾；在自己的工作、消费、交友、社交、兴趣爱好、与家人的关系上拥有充分的自由；自己可以享受一个人的宁静世界和空间；可以没有较多顾虑地去规划自己未来的人生等。

要想把自己的单亲生活过得舒畅、美好和如意，那就需要做好一些功课。

第一个功课就是从自己的原生家庭里独立出来，不要过度依赖自己原生家庭的生活。即使自己现在是单亲家庭，仍可以借助原生家庭，但不要依赖原生家庭，不依赖原生家庭最为重要的就是要有自己的工作、有自己的经济收入、有自己的社交圈、教育孩子的主导权要在自己手里，像如何教育孩子、如何管理孩子、如何给孩子定什么样的规矩都要由自己说了算。在原生家庭里越是独立，单亲母亲就越有力量经营好自己的单亲家庭。

第二个功课是从离婚的阴影中走出来，不被过去束缚和羁绊。充分哀悼由离婚带来的丧失，正常化自己的离婚，也正常化自己现在的单亲家庭。离婚既符合道德，也符合法律，是自己正当的权益。单亲家庭和双亲家庭一样正常。在这个功课里，要处理好自己的自责和内疚。通常单亲母亲会将离婚视为自己人生的失败，会将离婚的责任过多地归咎到自己身上，因没有为孩子保全一个完整的家庭而深感内疚。离婚是一种勇敢的放弃，是为了追求更美好的生活，是一种对自己、对孩子，也是对前配偶更加负责任的行为。由此可见，只要能够恰当并妥善处理好离婚和单亲生活的一些事务，离婚对我们的人生就是一个新的机会，使我们的人生拥有一个更多和更好的可能性。

第三个功课就是找到自我。可能我们在原生家庭里会习惯为自己的父母或家人活，到了自己的再生家庭里又要为丈夫活，当我们有了孩子之后，又要为孩子活，可能单亲母亲从未考虑为自己活。婚姻的结束，正好为单亲母亲提供了为自己活一次的机会。她们过去总是去照顾和优先考虑他人的需要，如照顾父母、丈夫和孩子的需求，而习惯忽略或无视自己的需求。从离婚开始，她们就可以照顾或关照自己的需求，给自己一个空间，经常做一些关爱自己、呵护自己的事情。

第四个功课就是可以考虑再婚。一些单亲母亲出于对前一段婚姻的恐惧和对前配偶的敌视和厌恶，会对自己再去寻求新的伴侣或组建新的家庭不再有信心。也可能是出于对孩子考虑，如果未来的伴侣对自己的孩子不友好，或者可能会出现虐待，那么她就更加对不起孩子，自己的内疚或罪恶感会因此而加重。出于上述的两个或其中之一的考虑，单亲妈妈会在寻找新伴侣或重组家庭上顾虑重重、止步不前。如果单亲母亲对寻找新伴侣或重组家庭不抱希望，那么她就有可能把自己的人生押在孩子的人生上。单亲母亲最可能选择的是把自己的人生能量全部转移到支持孩子的人生成功上，会非常关注孩子的优秀或优异，关注孩子的学业或职业上的成就，而孩子也会情不自禁地背负起母亲的人生责任和对他的所有期待或渴望。孩子会把自己的人生与母亲的人生绑在一起，视自己人生的成败为母亲人生的成败，会背负起本来属于妈妈的人生使命。那么，对于孩子来说，他极有可能不堪重负母亲的人生使命，从而会放弃自己的人生。

另一个层面，当单亲母亲决定不再向外寻求伴侣或重组家庭时，其性需求和对异性的情感需要就无法通过这个渠道来满足。因为人是需要被满足的。从性需求的角度看，如果她能够在离婚后继续与异性建立关系，发展情感，去恰当地让自己的性需求得以释放，她就不会通过孩子来寻求情感满足，那么孩子就可以不再背负母亲的这份情感，孩子就可以没有后顾之忧地去发展他自己的人生。

当然我们并不是说，离婚之后单亲父母就一定要去寻求新的伴侣，一定要再重新组建家庭。而是让单亲父母看到，自己的性需求是一种本能，对生理需要来说是刚需，如果他不向家庭之外寻求满足或自己独立解决这个问题，就有可能向孩子寻求满足。

第五个功课就是经营好属于自己的事务。经营好属于自己的事务就是把属于自己的事务管理好，不让孩子介入或承担。在所有的事务之中有两个事务是最为重要的，第一是好好吃饭，第二就是好好睡觉。这两条是做好自己最为重要的方面。看一个人过得好不好，这两条是关键。因为这两项需求都是人的基本需求，如果一个人连基本需要都不能满足，那么，更高级的人生需求便无从谈起。一个人把自己的生理需求服务好，就是让自己过好的前提和保障。其次，还要拥有自己的社交、朋友圈，和外界有来往。让自己过好还包括保持自己的兴趣和爱好，如养花、养宠物、练书法、健身、跳舞等；有自己的娱乐，如旅游、看电影、听音乐会等；有自己的朋友圈，经常与同学和朋友聚会、参与社会的团体活动等。

一个单亲父母越是能够活出自己，越是不让孩子背负属于父母的部分，那么孩子就越能够活出他自己。当单亲父母能够活出自己时，无疑也给自己的孩子树立了一个好的榜样，那么孩子也会活出自己。

Family Dynamics / CHAPTER 08

08

再婚家庭的相处之道

恋爱是两个人的事，但结婚则是两个家庭或家族的事。如果说第一次婚姻意味着两个家庭的结合，那么再婚则是三四个甚至更多家庭的结合。因此，再婚的家庭动力也会变得更加复杂。第一次婚姻的核心家庭的家庭关系只涉及夫妻关系、父母关系、亲子关系和同胞关系。但是，当一个家庭是再婚家庭时，其关系就会变得非常复杂。以核心家庭的丈夫为例，这些关系可能会涉及与前配偶、现配偶、继父母、继子女、前配偶的家人、现配偶的家人、自己的孩子，而每一个关系都会影响到现在的再婚家庭。因此，对再婚家庭的建设来说，经营关系会显得尤为重要。

复杂的再婚家庭系统

再婚的家庭系统比初婚的家庭系统要复杂得多。再婚的家庭系统可能由以下系统所组成：

- 丈夫、妻子、继子女、子女所组成的再婚家庭系统；
- 丈夫的原生家庭系统；
- 妻子的原生家庭系统；
- 丈夫、丈夫的前配偶和他们的孩子所组成的前婚姻系统；
- 妻子、妻子的前配偶和他们的孩子所组成的前婚姻系统；
- 丈夫前配偶的原生家庭系统；
- 妻子前配偶的原生家庭系统。
- 由丈夫和妻子所组成的夫妻系统；
- 丈夫和他的孩子及妻子和她的孩子所组成的亲子系统；
- 丈夫和妻子前婚姻里的孩子，妻子和丈夫前婚姻里的孩子所组成的继亲子系统；

- 丈夫前面婚姻里的孩子和妻子前面婚姻里的孩子所组成的继同胞系统。

这些复杂的系统，都是再婚家庭成员所要面对和处理的。

再婚家庭的成员会有不同的情形。再婚家庭的夫妻会有多种情形，他们可能是初婚，也可能是再次或多次婚姻；家庭中的孩子也可能是前面婚姻里的，也可能是现在婚姻里的。一个婚姻解体后，当一个人再婚时，另外一个可能不会再婚，也可能再婚。

不同的情形所存在的关系会有所不同。如果有一方是第一次婚姻，其家庭需要协调的难度要小一些。最复杂的情形是夫妻双方都是再婚或多次婚姻，而且他们都有从前面婚姻里带过来的孩子。

如何处理与前任的关系

再婚家庭首先要处理的是与前婚姻里的配偶和孩子的关系。一个家庭解体，情形可能会有所不同。双方可能在前面的婚姻中没有孩子，也可能有孩子，可能是一个孩子，也可能是多个孩子。

前面的婚姻里没有孩子，再婚的困难就会小很多。因为没有孩子，所以两个人在前面婚姻就只有单纯的夫妻关系，当婚姻结束时，也同时结束了两个人的所有关系，也就是说，随着婚姻的结束，双方的关系也意味着全面结束。两个人可以从此不再有交集，也可以从此不再往来，或者从此断绝关系。

当双方在前面的婚姻里都有孩子时，他们的关系就不是单纯的夫妻关系，还有作为孩子的父母的关系。因此，两个人离婚只是结束了夫妻关系，而与孩子的父母关系仍然存在。如果婚姻里有孩子，那么离婚对孩子伤害或影响的大小通常取决于离婚后的双方是否能够继续履行他们作为父母的责任，这个责任履行得越好，离婚对孩子的影响就可能会越小。一些离婚的父母往往在他们离婚之后，就无法很好地履行父母的责任，或拒绝再继续履行父母的责任，那么就不可避免地会伤害孩子。就像我们前面说过的那样，对于孩子而言，他们有两个家庭：一个是由父母的夫妻角色和孩子所组成的家庭，一个是由父母角色和孩子组成的家庭。离婚结束的只是由夫妻和孩子所组成的家庭，而要继续保留作为父母和孩子所组成的家庭。当然，我们这里强调的只是在孩子还没有成人之前的情形。

当前面的婚姻里只有一个孩子，这个孩子可能会由一方监护，再婚的可能是监护方，也可能是非监护方。

当监护方没有再婚、而非监护方再婚时，监护方要允许孩子和再婚父母保持联系，也要给再婚父母前来探视孩子的自由；而再婚父母也要主动关心孩子，跟孩子保持联系。通常，孩子会把再婚父母视为对非再婚父母的背叛，孩子会抵触或拒绝再婚父母，以保护对非再婚父母的忠诚。监护方不要在孩子面前攻击非监护方的再婚父母，要鼓励孩子与非监护方建立联系。而非监护方的再婚父母，也要接受孩子因对监护方的忠诚而给予自己的所有情感，如拒绝、抵触、敌对、仇视。再婚父母越是接受在非再婚父母那里的孩子的情感，和孩子建立关系。

当监护方再婚，而非监护方没有再婚时，那么监护方要给予没有再婚的监护方来探视孩子的自由，而非监护方也要尊重监护方养育孩子的方式，和监护方在教育孩子的方式上保持一种友好和合作的关系。对监护方再婚的配偶不敌视，也不竞争孩子对自己与对方的情感，更不在孩子面前离间或挑拨孩子与其监护方或其继父母的关系。

监护方和非监护方都要保护孩子与双方原生家庭中的关系网络，不破坏孩子对双方原生家庭成员的忠诚，给孩子与双方原生家庭成员来往的自由。孩子与其原生家庭成员的关系保持得越好，对孩子的发展和成长就越是有利。

再婚夫妻的相处之道

再婚家庭中的配偶可能会有不同的情形。

- 一方是初婚，另一方是再婚，而再婚的可能有孩子，也可能没有孩子。

- 双方都是再婚，都没有孩子；或者一方有孩子，另一方没有孩子。
- 双方都是再婚，都有自己的孩子。他们可能还会要孩子，也可能不再要孩子。

一方是初婚，另一方是再婚

当再婚家庭的一方是初婚、另一方是再婚，且再婚方有孩子时，可能会出现初婚方与孩子争夺再婚方的情感的情形，不允许再婚方对孩子的情感超越对自己的情感。更有甚者，初婚方会迫使或威胁再婚方在孩子和自己之间做出选择。从系统的角度讲，在再婚家庭里，再婚方从前面婚姻里带过来的孩子的优先权要高于再婚的配偶，作为再婚的配偶，要尊重自己的配偶给予他前面婚姻里的孩子的优先权。这种尊重做得越好，他们的家庭关系就会越和谐。

一旦再婚家庭里的初婚方与再婚方前段婚姻里的孩子争夺再婚方的优先权或情感时，这会在无形中增加夫妻间的矛盾，会激化继父母与继子女之间的冲突。由于血浓于水，再婚方会因为自己的离婚而对自己的孩子有亏欠感和内疚感，通常都会保护自己的孩子而选择站在孩子一边。这样的话，初婚方会觉得自己在再婚配偶的心里没有应有的位置，会加剧其与继子女争夺情感；而再婚方也会觉得初婚的配偶在和自己无理取闹，认为对方不该和自己的孩子争夺或计较，可能会觉得对方不仅不理解自己，也不爱自己，夫妻关系会出现问题，严重的可能会导致离婚。此时，初婚的配偶需要尊重和理解再婚配偶对其孩子的关爱和照顾，给予再婚配偶爱他孩子的空间，并协助、支持和保护对孩子的爱。再婚配偶对初婚配偶则要给予更多的陪伴、关心和爱，并让初婚配偶感到，他在你心中有着非常重要的位置，那么他就有可能和你一起去爱你的孩子。

初婚配偶可能出现的第二个竞争是再婚配偶对其前配偶的情感。初婚配偶可能会在有形和无形中比较自己和再婚配偶前配偶在再婚配偶感情中的位置，一旦初婚配偶发现再婚配偶和其前配偶还有联系，或再婚配偶还会给予其前配偶帮助时，初婚配偶就会有危机感，可能就会情不自禁地和再婚配偶的前配偶进行情感竞争，要求自己的配偶和其前配偶断绝关系。从关系的序位来说，再婚配偶的前配偶比再婚配偶的现配偶先来到再婚配偶的婚姻系统，因此，现配偶要尊重再婚配偶与其前配偶的，只要这种关系是正常的交往关系，作为初婚配偶选择尊重会比较好。因为，从关系和谐的角度讲，再婚配偶与他的前配偶的关系处理得越恰当，他就越有能力去发展和继续后面的情感和婚姻，对他与现在的再婚配偶的关系就越有利。因此，初婚配偶支持并鼓励自己的再婚配偶与他的前配偶建立健康而友好的关系，会更加有利于再婚配偶经营他再婚家庭里的夫妻关系。

再婚家庭里的初婚配偶可能出现的第三个竞争是继父母和继子女的另一个父母争夺在继子女在他心中的位置。继父母通常都希望能够和继子女经营好关系，因为这会有助于经营和再婚配偶的关系。因此，继父母往往希望自己在继子女心目中是被接受的、受欢迎的。他可能努力去扮演一个称职的、足够好的角色，希望能够得到继子女的接受和喜爱以及配偶的认可和欣赏。他可能企图去充当继子女的亲生父母，甚至做得比继子女的亲生父母还要好。当继父母有这种努力或希望时，他也可能会要求继子女给予自己亲生父母一样的情感，或希望继子女来能够用“妈妈”或“爸爸”来称呼自己。当继父母在继子女那里得不到自己预期的情感或继子女根本不领情或不买继父母的账时，或者看到继子女对他的另一个父母（非监护父母）的情感超过自己时，继父母可能会对继子女产生敌意，其关系就会变得紧张。作为继父母，经营与继子女的关系是比较困难的，尤其是继母和继子女的关系。对继子女而言，继父母占据了另一个亲生父母的位置，他们对继父母的情感通常是排斥的、充满敌意、仇恨或者愤怒的，他们很难对继父母产生好感。对他们而言，继父母就是一个入侵者，有可能还是自己原生家庭的破坏者。他们无法接受自己的一个亲生父母身边不是另一个亲生父母。出于忠诚，他们对继父母的情感是天然地排斥或拒绝。因此，作为继父母，对继子女给予自己的情感不要报太高的期待。继父母如果能够接受来自继子女的所有情感，包括恨、敌意、排斥和对抗，那么继子女可能会慢慢接受继父母的角色，关系可能会逐渐改善和融洽。

双方都是多次婚姻

如果双方都是再婚，那么双方都要面临处理与自己前配偶的关系，也要面临处理自己如何面对对方与前配偶的关系。如果有孩子的话，那么，他们还要面临如何处理自己孩子与对方孩子的关系。

前面我们已经说过，当一个人再婚时，与前配偶的关系处理得越好，越有利于其再婚家庭。同时也要尊重再婚配偶和他前配偶的关系，并鼓励他与前配偶处理好关系。这对于再婚家庭尤其重要。因为在一个再婚家庭里，如果再婚的配偶能够与他的前配偶处理好关系，能够以友好方式相处的话，再婚配偶就不会面临现在配偶与前配偶的忠诚冲突。

再婚家庭里，如果双方同时都有自己的孩子，那么一方也不要苛求另一方对自己孩子的爱要和爱他的孩子一样或超过对他的孩子的爱。每个人负责管教自己的孩子，这样的话，孩子也不会面临忠诚冲突。

如何扮演好继父母的角色

再婚家庭配偶的一方或双方都有孩子，就会存在继父母和继子女的角色。而继父母的角色尤其是继母的角色的名声向来都不是太好。因此，那些成为继父母的人通常为了避免被污名化，而过度表现自己，这种努力有时反而适得其反。

继父母如何处理与继子女的关系通常是再婚家庭是否能够和谐的重点。对于继父母和继子女来说，他们双方都会面临忠诚问题。继父母所面临的是在自己的孩子与继子女之间的忠诚，而继子女所面临的是在自己亲生父母与继父母之间的忠诚。当他们双方无法解决这个忠诚冲突时，彼此的关系就可能会变得紧张、冲突、对抗、敌对或仇视。

对于继父母来说，他可能首先要处理好与自己前配偶的关系，因为这个关系如果处理不好，他就不可能把自己的感情转移到现配偶身上，那么，他也不可能用心去对待再婚配偶在前一段婚姻里的孩子。这其中的一个原因可能是他对自己前配偶的怨恨或敌对可能会转移到对再婚配偶的前配偶身上，从而也会对继子女表现出敌意或排斥。因此，不论从经营与再婚配偶的夫妻关系，还是从扮演好继父母这个角色来看，处理好与自己前配偶的关系都是非常重要的。

那么，再婚家庭里的继父母如何才能处理好与继子女的关系呢?

第一，他要处理好自己与原生家庭的关系，要从原生家庭里分化出来。如果他不能做好这个分化，他不仅无法处理好与继子女的关系，也无法处理好与现配偶的关系。因为如果一个人不能从自己的原生家庭里分化出来，那么他在原生家庭里作为父母的孩子的部分就不会随着他成人之后而离开，他就可能会过度依赖自己的父母或他人，他在婚姻里就无法与配偶扮演平等的角色，在夫妻关系里，他要么做配偶的女儿或儿子，要么做配偶的父亲或母亲，唯独无法成为对方的伙伴。当他们有了孩子时，也会和孩子竞争在配偶那里的关注和爱。当他们再婚时，如果他们也有自己的孩子，那么他就会面临诸多的竞争：他可能与前配偶竞争孩子的感情；与现配偶竞争继子女的爱；与继子女竞争现配偶的爱；与继子女的亲生父母竞争继子女的爱等。因此，再婚的继父母从其原生家庭分化出来就显得非常重要。

第二，继父母要处理好与现配偶的关系，因为他与现配偶的关系越好，他就越有可能对现配偶的孩子好；相反，如果他与现配偶的关系不好，他就可能把这种不良的关系转移到配偶的孩子那里，对继子女也不会好；或者，他认为，如果与自己的配偶关系不好，可能就是因为继子女夺走了自己配偶的关注和爱，他可能把原因归结到继子女身上，然后进行报复。

第三，继父母要处理好与现配偶的前配偶关系。因为配偶的前配偶是继子女的另一个父母，而这个父母是继父母的潜在对手和威胁，这个对手可能与自己争夺配偶的感情和爱，也可能与自己争夺继子女对自己的情感。因此，继父母对现配偶的前配偶越友好，他对现配偶就越有安全感，那么他对继子女就越有可能投入关心和爱。

第四，继父母要处理好继子女对其父母的忠诚问题。对继子女而言，继父母可能是其原生家庭的闯入者，如果继子女的原生家庭在解体之后其中的一个父母再婚，那么，继父母就是他的另一个父母的替代者，在继子女的眼里，是继父母占据了自己另一个父母的位置，继子女可能视继父母为一个破坏者、侵入者。出于忠诚，他可能会鼓动再婚的父母不要对继父母好，可能会从中做一些破坏父母与继父母关系的事情，也有可能会做一些伤害继父母或对继父母不利的事情。对于继父母而言，要理解继子女对他亲生父母的忠诚。继子女对继父母的敌对、敌视、恶意、对抗或排斥，不是因为继父母不好，甚至也不是针对具体的某个继父母，而是孩子出于对自己父母的忠诚，或是出于对再婚父母的不满或憎恨，然后转移或迁怒到继父母这里。所以，对继父母而言，要能够做到接受继子女给予自己的所有情绪或情感，也包括拒绝、否定、憎恨和仇视。这样，继子女就可能会慢慢接受继父母。

继父母在继子女那里至少要避免做三件事情：一是不切断继子女与其亲生父母尤其是另一个父母的情感联结；二是不企图充当继子女的亲生父母；三是不与继子女竞争在配偶那里的感情，不要求配偶始终把自己的需求放在第一位。继父母和继子女的关系磨合通常需要两年的时间。因此，继父母要有耐心去发展和继子女的感情。

第五，继父母要处理好继子女对自己的称谓。继父母出于很多需要，希望自己的继子女喊自己“爸爸”或“妈妈”，仿佛这样就可以拉近自己与继子女的关系，也可以增强与继子女的感情。可是，结果可能常常与继父母所期待的相反，继父母越是要继子女喊自己“妈妈”或“爸爸”，继子女就越是要与继父母保持距离或对继父母抗拒、排斥与敌视，因为如果在继子女的眼里，继父母是入侵者的话，那么喊继父母“爸爸”或“妈妈”就是对另一个父母的背叛与抛弃，这对于继子女来说是不能接受或容忍的，而如果继父母坚持要继子女这么称呼自己，就可能会激起继子女对继父母的反抗或敌意，结果就可能会导致继子女对继父母的恨，继父母与继子女的关系紧张就在所难免。因此，再婚家庭里的称谓不是一件小事，它关系到继子女对继父母的忠诚，关系到继父母能否与继子女建立和谐融洽的关系。从保护继子女对他的另一个父母的忠诚的角度看，让继子女称谓继父母“叔叔”或“阿姨”比较好，这样，既保护了继子女对自己父母的忠诚，也为继父母与继子女划定了一个情感界限，彼此不再被建立过度亲密或类似亲生父母或亲生子女的关系所绑架，这对于继父母和继子女建立和发展彼此的关系都有非常大的帮助。

第六，继父母不要苛责继子女的情感。继父母有时为了在继子女那里给自己树立一个良好的形象，要求自己像继子女的亲生父母那样对待自己的继子女，更有甚者，有些继父母要求自己要超过继子女的父母对继子女的爱。这样的话，继父母就可能也会向继子女要同样的情感，可能会要求继子女像对待他们的亲生父母那样对待自己。一旦得不到，继父母就会收回对待继子女的情感和关爱，或者对继子女产生敌视或排斥。对于继父母来说，也不能要求自己对待继子女要像对待自己的孩子一样好，或者比对待自己孩子还要好。我们要尊重血缘所带来的自然情感，不去强求自己对继子女的情感，也不强求继子女对自己的情感。从自然法则来说，我们对自己孩子的情感和爱超过对继子女的情感和爱是很自然的事。当我们能够尊重自己对待自己的孩子和继子女的情感之后，我们就能够更加自然地爱自己的孩子，也能够更加关爱再婚配偶的孩子。当我们能够做到这些时，我们也不会强求配偶爱我们的孩子超过爱他自己的孩子，也会尊重配偶爱他们的孩子超过爱我们的孩子。

另一方面就是对孩子的管教。如果配偶双方都有自己的孩子，采用谁的孩子谁主导管教的方式比较好。也就是说，我们不去和配偶争夺其孩子的管教权，也不把自己孩子的管教权让出去，而是各自负责管教自己的孩子。同时，也尊重继子女的另一个父母参与对他们的孩子的管教。这样的话，就不会破坏配偶与其前配偶的忠诚，也不会破坏孩子与自己父母的忠诚，那么家庭里的关系就更容易协调。

如何与对方的孩子相处

再婚家庭中的继子女失去了自己的原生家庭，通常又可能被迫进入一个新的重组家庭，而这个家庭里可能有父母的新配偶，而这个新配偶也可能会带来他们的孩子。

从原生家庭带到重组家庭里的孩子会面临一系列的丧失，这些丧失可能包括：

- 离开原生家庭的丧失；
- 离开一个亲生父母的丧失；
- 离开自己的其他兄弟姐妹、好朋友、同学、老师、学校、社区甚至城市的丧失。

因此，对于重组家庭里带过来的孩子，第一个要处理的就是对过去的丧失。对这些丧失越能充分处理或哀悼，他们就越容易融入重组家庭，越容易适应重组家庭的环境。

从原生家庭进入再婚家庭里的孩子要解决的问题是如何面对继父母和继兄弟姐妹。父母的原生家庭解体，意味着要和其中的一个双亲或是其他的兄弟姐妹分离，为了保持与分离的父母或兄弟姐妹的忠诚，他就需要在重组家庭里与继父母或继兄弟姐妹保持一定的距离，不能和他们过于亲近和友好，否则就是对和自己分离的一个父母或兄弟姐妹的背叛。因此，他出于对原生家庭另一个父母或其他兄弟姐妹的忠诚，就不能与继父母或继兄弟姐妹的关系太好。有时被再婚父母带过来的孩子都还处在年幼阶段，他们自己往往无力处理这个忠诚冲突。那么，再婚的父母和继父母可能就需要帮助孩子。处理的方法就如我们前面所述，继父母要接受继子女给予自己的所有情感，并尊重继子女对他的另一个父母的情感，也尊重继子女对他的继兄弟姐妹的情感。继父母对继子女的情感接受度越好，他们与继子女的关系就会越好。再婚家庭最为常见的问题就是继父母与继子女的竞争，或是继父母与继子女的另一个父母的竞争。当这种竞争发生时，继父母可能会对继子女不满、排斥、拒绝、否定甚至敌意、攻击和虐待；而继子女可能会对继父母仇视、敌对、愤怒、对抗等。因此，对于再婚家庭来说，处理好再婚中继子女的忠诚冲突是处理再婚家庭关系的关键。因为婚姻里的继子女大多是未成年人，因此改善关系的主角仍然是父母或继父母。

继子女也要尊重继父母成为自己再婚父母的配偶，要尊重再婚父母的选择，尊重再婚父母和继父母的感情和关系。作为孩子，最好不要介入自己父母之间以及自己父母与继父母之间的关系。那是他们夫妻间的事情，交给他们自己去处理。对孩子来说，越是和他们的父母的夫妻关系保持界限，就越不会背负属于父母的部分，他就越有能力来展开自己的人生。

再婚关系的平衡与处理

再婚伴侣双方所处的家庭生命周期可能有所不同：一方可能是第一次婚姻，也可能是再次或多次婚姻；一方可能没有孩子，也可能有一个或多个孩子。一般而言，再婚时的伴侣双方所处的家庭生命周期的差异越大，所需适应的时间和过程就会越长，磨合的难度也会加大。

对于处在不同周期的再婚家庭成员来说，彼此能够顺应这些不同，给予对方尊重并区别对待，那么再婚家庭里的关系就更容易磨合和经营。

如果再婚的双方配偶处于同一生命周期阶段，那么家庭关系的困难多是与双方都有孩子，以及如何对自己的孩子和对方的孩子行使养育和管理权有关。一般而言，孩子年龄越小，相处的困难也就越小；孩子越大，相处的困难也越大；尤其是处于青春期的孩子，相处的困难会很大。在再婚配偶双方都有孩子的家庭里，既需要有效的父母教养，也需要有效的继父母教养，这种双重教养经营得越好，对孩子的成长就越有利。然而，双方都有继子女的再婚家庭经常会出现情感竞争或争夺，这种情感争夺会出现在继子女与继子女之间、继父母与继父母之间、继父母与继子女之间、孩子的亲生父母与亲生父母之间，也会发生在孩子的亲生父母与继父母之间。

有青少年的再婚家庭在关系的经营上会遇到特别的困难。青少年会因很多特殊现象的发生而给他自己带来不小的困扰和压力，有的困扰和压力是由生理上的变化所带来的，如第一性特征和第二性特征；有的是由心理上的变化所带来的，如渴望自由、独立、有个性、有吸引力、被异性认可和欣赏等。而这些通常又会给青少年带来和家庭相处的困难，尤其是当他的家庭是重组家庭时。

再婚家庭通常需要关系融合，而这与处在青春期的继子女要与家庭分离相矛盾。他们渴望独立、界限、与他人保持距离、不希望被约束和控制，他们甚至不希望也不愿意与新的家庭成员建立关系。在这种状态下，继父母在管教继子女方面就会遇到特殊的困难，尤其是当青少年试图与他的另一个父母保持忠诚时。他们不仅会抵触和对抗再婚一方的父母，也会仇视、敌意或攻击继父母。

再婚家庭里的孩子如果存在一些困扰或问题，如学习或行为问题、回避家庭与同龄人或者冲动行为，这通常会影响再婚家庭的重组过程，会加大再婚家庭的整合困难。如果再婚父母能够有耐心，能够给孩子足够适应和转变的时间、帮助他们处理和哀悼原来的丧失，尊重他们对自己父母的忠诚，那么他们融入再婚家庭的过程会更容易一些。不论对于处在什么时期或阶段的孩子来说，亲生父母之间的不和、矛盾冲突、敌对、仇视和相互攻击，都是令他们感到很痛苦和悲伤的事情，因此，对于孩子的父母双方来说，他们越能够保持礼貌、合作、友好的关系并共同行使对孩子的养育责任，那么对孩子的身心健康发展就越有利。

对处于生命晚期的再婚家庭，尽管没有与继子女或者继父母相处的压力，生命后期的再婚仍然需要双方的家庭系统做出巨大的调整，子女的伴侣和孙辈的孩子也在这种调整之内。晚年阶段的再婚可能源于一方去世，比源于双方离婚后再婚的会更容易被成年的子女和孙辈的孩子所接受。失去配偶的老人如果能找到新的伴侣，生活和情感有了新的寄托，通常会使整个家庭高兴和满意；而如果是经历晚年离婚又再婚的，通常会引发其子女或是整个家庭的不满、反对或阻拦。

不论再婚双方的家庭生命周期处在什么阶段，对于进入再婚家庭的所有成员来讲，处理好在原来家庭或前段婚姻里的丧失都是非常重要的。这些丧失可能包括配偶的去世、父母的去世、配偶的离异、父母的离异、离开原来的居住地等，这些丧失被处理得越彻底，他们越不会带着感情包袱进入新的家庭。尤其是带进再婚家庭中的孩子，他们对父母再婚的反应可能仍然异常强烈，对父母的新伴侣会出现本能上的反抗或抵触，对于进入再婚家庭的新伴侣来说，能够找到把他们的孩子整合到新家庭的方法就显得尤为重要。

作为再婚的夫妻或父母，需要处理好前配偶和现配偶、自己的孩子和继子女在关系上的平衡，这种平衡保持得越好，关系就可能越容易经营。再婚配偶与自己的前配偶要保持友好的关系，而不是敌对、仇视或断裂，对现配偶与自己前配偶或自己孩子的情感竞争要给予更多的理解，而不是排挤、指责或打压，对现配偶与其前配偶的关系要做到尊重，而不是竞争、嫉妒或禁止。

这些做法不仅有助于再婚伴侣的整合，也有助于进入再婚家庭的孩子的整合。

卸下上一段婚姻的感情包袱

相对于初次婚姻系统而言，再婚系统会有更多的系统动力，而且再婚的双方婚姻的次数越多，其动力就会越多。每一次的婚姻结束都会带来诸多的丧失，而这些丧失都会衍生出一些动力。因此，每段婚姻经历都会给未来的再婚家庭带来一些影响。这些影响中最为重要的因素是那些没有处理或解决好的丧失或情感。

当我们带着没有处理好的丧失或情感走进下一段婚姻时，我们就会变得非常脆弱，害怕自己会再一次受到伤害，害怕发展和建立亲密关系，害怕或恐惧再失去关系；同时，我们也会对下一段关系有所期待，期待新的关系能够补偿或消除过去的丧失或创伤。

如果过去的丧失没有得到恰当的处理，当一个人再婚时，他至少会带着三组情感包袱进入新的婚姻系统：

- 来源于原生家庭：与父母和兄弟姐妹之间未解决的情感包袱；

- 来源于首次婚姻：与配偶和孩子之间未解决的情感包袱；
- 来源于分离、离婚或者两次婚姻的中间过程：与前配偶和孩子在离异后到进入再婚之前未解决的情感包袱。

在进入再婚系统之前，这些情感包袱解决得越是充分和彻底，那么再婚家庭的关系就越容易经营。

我们知道，影响一个人婚姻系统的原生家庭的三个因素是：

- 早年父母之间的婚姻关系；
- 早年和兄弟姐妹之间的关系，尤其是与异性兄弟姐妹的关系；
- 早年与异性父母之间的关系。

这些关系如果经营得很好，那么我们的婚姻关系就会好，如果这些关系质量不太好，那么我们的婚姻系统不可能理想。

在婚姻里，我们经常会以自己父母的夫妻关系、自己与异性兄弟姐妹的关系、自己与异性父母的关系为蓝本来建构自己的婚姻关系，这是家庭动力在一个人婚姻系统里最直接的体现。出于对原生家庭的忠诚，我们会复制原生家庭里的一些模式——在我们自己的再生家庭里再现原生家庭的模式。

当我们自己的婚姻出现问题，不论是因为配偶去世还是离异，我们可能会背负这些到未来新的家庭里去，这些部分就会变成新的家庭里的动力。这些动力包括与前配偶的关系和与前面婚姻的孩子的关系。如果我们在前面婚姻里感觉亏欠了他们，我们就可能尝试要补给他们。即使我们进入了再婚的婚姻里，我们的心和感情可能还会停留在前面的婚姻里。如果我们觉得自己在前面的婚姻里受到了伤害，我们就会对再婚的婚姻有新的期待，我们可能会期待通过新的婚姻将前面失去的在再婚中补回来。而再婚的配偶或继子女，可能会充当他前面婚姻里的配偶或孩子的替代品，被用于补偿在前面婚姻里的丧失。

再婚家庭最为常见的动力就是“双重身份”。这种“双重身份”会给关系的经营带来困难。在初婚的家庭里，丈夫就是丈夫，妻子就是妻子，孩子就是孩子。但在再婚家庭里，丈夫的身份可能还是他前妻的前夫，妻子的身份可能还是她前夫的前妻，孩子的身份可能还是继子女。这种“双重身份”会带来忠诚冲突，而忠诚冲突则会带来关系上的竞争，关系上的竞争会带来相处上的困难。

再婚家庭里的三角化是再婚家庭动力的又一重要心理现象。我们知道，在人际关系里，最基本的关系是两人关系，两人关系大致有亲密、融合、敌对、冲突、疏远、断绝等。当两人关系为亲密和融合的类型时，他们通常不需要第三方，但如果两人的关系出现紧张、敌对、冲突、疏远、断绝，而且这种两人关系在某种情形下又无法解除时，那么这两个人可能就会将第三方拉入两人的关系之中，从而来补偿两人关系中的缺失或用来加强一方的力量来应对与另一方的关系。

当两人的关系处于紧张和焦虑状态情况下，通常会接入第三方来缓解或减轻焦虑，或者和第三方联盟来共同对付另外一方，我们把这三个人的关系称之为三角化，如孩子和母亲联合起来，通过建立紧密关系来共同对付父亲的疏离或暴力。

再婚家庭中的三角关系和初婚家庭相比会变得异常复杂。再婚家庭可能出现的三角化有以下类型：继子女和他的另一个父母联合共同应对继父母；再婚配偶和他的前配偶联合共同应对再婚配偶；再婚配偶和他的孩子联合共同应对继父母。家庭里的三角化是导致家庭关系不和最为常见的原因。因此，在家庭里避免三角化的发生，是维护家庭稳定与和谐的非常重要的一个措施。

避免再婚家庭出现三角化的一个非常重要的方法是经营好两人的关系，尤其是夫妻关系。在家庭中，不论是原生家庭还是再生家庭，是初婚家庭还是再婚家庭，夫妻关系都是家庭里的最为重要、最为核心的关系。在一个家庭里，如果夫妻关系没有问题，那么其他关系就不会出现太大问题，如亲子关系、婆媳关系等。如果夫妻关系出现问题，那么三角化就会形成，最为常见的就是把孩子拉到父母的三角关系里来，孩子和其中的一个父母结盟，来共同对付另一个父母。那么，孩子的成长和发展就会遇到问题，孩子就会以自己出现问题的方式来成全父母的关系。

再婚家庭的另一个动力就是前段婚姻的解体是源于其中一个配偶有外遇，婚姻解体后的再婚对象也是外遇对象。和自己的外遇结婚所带来的家庭动力会非常强大，通常会影响到再婚的关系和婚姻质量。

和自己的外遇结婚所遇到的第一个动力就是信任问题。当和外遇走进婚姻之后，外遇者会想，当年的外遇对象可以和自己有外遇，那么现在在自己的婚姻里他也会接受他人的追求；而外遇对象会想，当年他在自己的婚姻里可以有外遇，现在在这个婚姻里他仍然也可能会有外遇。于是，不论是外遇者还是外遇对象，都会因为过去的特殊经历而不再信任对方，如果一对夫妻经常处在相互不信任的环境里，其局面和结果便可想而知。

和外遇结婚的另一个动力就是要补偿给外遇者原来婚姻里另一方的伤害。因为外遇者在前段婚姻里因为外遇对象背叛了外遇者的配偶，这个背叛对外遇者的配偶是种创伤，相对于外遇者和外遇对象而言，他们两人都是外遇的受益者，而婚姻里那个被外遇的配偶则是他们两人的受害者。为了平衡受害者的损失，外遇者和外遇对象结婚之后，也可能不会拥有太美好的关系，以弥补他们给被外遇一方所带来的不幸。

再婚家庭的经营之道

经营再婚家庭是一件不容易的事情。再婚家庭可能要经历从结婚到离婚，从离婚到单亲，再从单亲到再婚的过程。

一个人再婚可能会有不同的原因，但配偶去世或离婚是最常见的两个原因。不论是配偶去世还是离婚，对再婚的人来说都是一个丧失。因此，一个再婚家庭如果没有对这个丧失进行充分处理或哀悼的话，那么，进入再婚家庭就可能会困难重重。

当再婚的夫妻没能充分处理或哀悼好失去配偶的丧失时，他们很难接受新的配偶。跟随父母再婚的孩子，如果没有处理好丧失时，他就很难接受父母再婚，也很难接受再婚里的继父母。因此，处理好前面婚姻里的丧失对于新的婚姻来说就显得尤为重要。

处理好丧失就意味着对丧失对象的关系不是一种拒绝、冷漠、仇恨或敌对的关系，而是一种和解、尊重、友好和爱的关系。再婚对象与其过去的婚姻里的丧失对象关系越是友好，那么他进入新的婚姻里获得幸福的可能性就越大。

就像我们在前面所看到的那样，对于再婚家庭来说，再婚里有婚姻史的配偶需要处理与前配偶的关系；对于再婚里带过来的孩子来说，他需要处理与前父母的关系，也需要处理与他的好友、学校、居住地的丧失。这些丧失处理得越好，他们在再婚家庭里就越容易适应。

因此，当一个人失去婚姻时，不适合立即开始一段新的恋爱，更不适合立即再婚。因为我们对所失去的婚姻需要一段处理或哀悼的时间。这个时间最好不要小于半年，但也不宜于太长，大约半年到两年比较适宜。

经营再婚的困难之一还在于用什么样的心态或理念来经营新的婚姻。如果一个人原来的婚姻因为丧失配偶而结束，而原来的婚姻又是非常美满和幸福，对过去的丧失又没有充分哀悼好的话，那么他就可能很难接受新配偶，他可能会带着过去的理想模式，带着非常高的期待进入新的婚姻系统。他可能会企图将原来婚姻的状态复制过来，期望在新的婚姻里再现过去所有美好的部分。这份期待会阻碍在新的婚姻系统里发展关系。重组家庭里的婚姻和初次婚姻是两个完全不同的婚姻系统，企图将初次婚姻复制到再婚婚姻里的做法注定会带来很多困难。对初次婚姻进行充分处理和告别是减弱这种企图的有效方法。

再婚家庭系统的成员与初婚系统的成员不同，因此，再婚家庭需要在不同的家庭成员之间，在不同的亚系统之间（如配偶与前配偶，配偶与现配偶；继子女与他们的父母，继子女与继父母；继子女、继子女的父母、继父母与再婚里的孩子）发展出一个有弹性的边界。再婚家庭应当让孩子可以自由、灵活地在几个家庭间来往。再婚家庭需要为有婚姻史的配偶和前伴侣、继子女和他们的非监护方的亲生父母开放沟通的渠道，这个渠道开放得越好，再婚家庭就越容易经营。经历过父母离婚而进入再婚家庭里的孩子与再婚家庭之外的延伸家庭及其成员联结得越好，他的成长就可能越好。

再婚家庭的关系系统在联结度和亲密度上是有不同层次的，如孩子与自己父母的亲密度会大于与继父母的亲密度；父母与自己孩子的亲密度会大于与继子女的亲密度。再婚家庭的继父母要允许和接纳这些亲密度差异的存在，并依据原先的关系程度以及性质建立不同层次的关系。再婚家庭不像初婚家庭那样具有角色的明晰性，再婚家庭中的角色具有更多的模糊性，如继父母、继子女、继兄弟姐妹的角色，和父母、子女、兄弟姐妹的角色既有一些重叠，又有一些不同。如果再婚家庭复制或套用初婚家庭里的一些规则来要求和处理再婚家庭里的事务，就可能会遇到一些困难。再婚家庭里的关系层次要求继父母不要和继子女争夺继子女与他们亲生父亲的感情，也不要求配偶对待自己的孩子超过他们自己的孩子，而且在孩子的养育和管教方面最好交给亲生父母来承担，而继父母也不要求自己在对待继子女方面超过继子女的亲生父母。更不要要求彼此融合或替代。在再婚家庭里，对待这些角色和关系，既要保持界限，又要保持弹性，这种灵活性对于经营再婚家庭的彼此关系是非常重要的。再婚家庭经常会被一些似是而非的理念陷入困境，如好的继父母应该对待继子女好过自己的孩子，好的继父母在扮演父母的角色上要好过继子女的亲生父母。这些对继父母的过高要求反而会破坏继子女内在的对自己亲生父母的忠诚。忠诚的破坏会带来冲突，冲突无疑会破坏与继父母的关系。

从再婚家庭的经营角度看，可能会牵涉很多维度，如系统维度、角色维度、动力传承维度、丧失的维度、界限维度、性维度、养育维度、三角化维度、权力维度、忠诚维度、夫妻维度、父母维度、子女维度等。在这些维度之中，夫妻维度是最为重要的维度。不论是初婚家庭还是再婚家庭，夫妻关系都是最为重要的关系。

再婚家庭的经营首先要处理的是与有婚姻史的配偶的前婚姻里的家庭成员的关系。这些关系处理得越好，就越有利于再婚家庭的经营。再婚家庭之所以遇到困难，其主要原因就在于再婚家庭与前面婚姻里的关系没有能够得到恰当处理，以致于再婚家庭的当事人一方无法顺利进入再婚家庭的关系，那么有婚史的一方会成为再婚家庭里的阻碍，再婚家庭会陷入种种情感争夺之中。最常见的情感争夺会表现在再婚家庭里的一个配偶与另一个配偶前面婚姻里的配偶或孩子争夺与现配偶的情感。因此，再婚家庭的配偶处理好与前面婚姻里的配偶和孩子的关系是经营再婚家庭的关键。

Family Dynamics / CHAPTER 09

09

原生家庭与亲子关系

核心家庭对孩子来说则是他的原生家庭，对父母来说则是他们的再生家庭。下面我们不仅要探讨核心家庭里的亲子关系，更重要的是还要探讨亲子关系是如何受到父母各自原生家庭动力的影响。

再生家庭中的父母在其原生家庭里也有自己的父母，他们在原生家庭中也是孩子，他们在原生家庭中的亲子关系会影响到他们在再生家庭中的亲子关系。通常影响的方式是把自己在原生家庭中与父母的关系，平行转移到自己家庭中与自己孩子的关系。

讨论亲子关系就必然要讨论父母和孩子，而讨论父母就要讨论父母的父母、父母的兄弟姐妹。

父母原生家庭的影响

父母在他们的原生家庭里最初以孩子的状态存在。男孩通常会受到家族的重视。所以，父亲通常不会遭受到性别被歧视的风险。他们可能是父母的宝贝，被极度地溺爱，也可能会被寄予厚望，被严格地要求。

而母亲的处境就会有所不同。当她出生在有重男轻女文化倾向的家族中时，她们就可能会面临性别被歧视或被拒绝的风险。她们的女孩性别可能不是父母的期待，因此，母亲本人可能在原生家庭里存在被歧视和性别被拒绝的风险。

原生家庭对父亲的影响

在多数传统文化里，对男孩是比较偏爱或重视的，因为男孩通常被视为家族的传人，他会更多地感受到父母的爱，也会感受到更多的压力。当他被视为宝贝的时候，他或者被父母极度宠爱，或者被严格要求，较少被忽视。

如果当年他自己是被其父母溺爱的，他在父母那里，自己的需要曾是被无条件满足的，他与他人的关系就是权利（要求他们来满足自己的所有权利）和权力（对他人行使自己的绝对权力）的关系，没有义务和责任的关系。他人是为了满足他的需要和权力欲望而存在的。如果他有了孩子，自然也会利用孩子来满足自己的需求。他与孩子的关系可能是单向的索取关系，是反哺的逆向关系，他会要求孩子做一个完美的孩子，他可能会对孩子提出许多无理的要求，而不顾实际情况或孩子的感受。他希望自己是中心，孩子、配偶和他人都得围绕着他来运转。如果他在原生家庭里曾被他的父母高控制或高要求，他的父母对他的养育方式是专制和控制型的，那么他在父母那里就没有经历过别的孩子所经历的快乐、无忧、纯真、自由的童年。当他有了自己的孩子，他就会在孩子那里补回在父母那里所失去的童年。他可能把自己的孩子推到父母的位置上，然后让孩子做他的父母，自己做孩子的孩子。他可能让孩子在本属于自己的领域里替他做主或做决定，比如他可能会向孩子诉苦、让孩子就自己的工作或婚姻选择上做分析或取舍，或让孩子来调解家庭中的冲突或矛盾。

如果他生的是女孩，如何对待女孩取决于他所在家庭的性别文化。如果他所在家庭里的性别文化是男女平等的文化，那么，他对待女孩的方式可能与对待男孩没有什么差别。而如果他的原生家庭里的文化存在性别歧视，他本人也可能会重男轻女。如果他还有姐姐或妹妹的话，那么他在她们那里是享有特权的，父母和姐姐、妹妹都可能会溺爱他，给予他足够的关心和呵护，在自己的女儿这里，他也同样想得到这样的待遇。所以，在重男轻女环境里成长起来的父亲会希望自己的女儿做照顾自己的小大人，承担起类似他的母亲或姐姐妹妹对他所尽的责任。他可能无视女儿的需要，也很难给予她所希望的关爱。

原生家庭对母亲的影响

依据家庭的性别文化，母亲的原生家庭也可分为两类——存在性别歧视的家庭和没有性别歧视的家庭。

在没有性别歧视的家庭中，男孩和女孩的待遇在父母那里都相同，他们在父母心中的位置和重要性没有差别。因此，上述父亲的情形也是母亲的情形。当母亲的原生家庭存在性别歧视时，那么，母亲就会处在性别被拒绝的位置上，她在家里是不受重视的，尤其是当她有兄弟时，这种感受会更强烈。她会嫉妒或羡慕哥哥弟弟在父母那里的待遇，会用优秀来和哥哥弟弟竞争。

为了在伴侣关系中获得优势，她在选择伴侣时，为了凸显自己有优势，可能会选择比自己年龄小一些、性格被动和内向一些、资历浅一些、能力弱一些的男人。

如果她生了男孩，她可能会在两个方面展开竞争：一是和丈夫竞争对儿子的控制权和儿子对父母的爱；二是和儿子竞争自己的重要感和价值感。

在和丈夫竞争对儿子的控制权时，通常会在教育儿子方面把丈夫排除在外。尤其是当她认为丈夫的教育理念和自己的教育理念背道而驰，并且坚信丈夫的教育理念或方式会毁掉儿子的未来的时候。她会一边抱怨丈夫游离于家庭和孩子之外，一边又不允许丈夫参与对儿子的管教。在她眼里，丈夫不管和管都会误了孩子，丈夫俨然成了加害者，孩子成了父亲的受害者，而她自己却不得不当一名拯救者。这样一来，她便在丈夫那里牢牢地把控住了儿子。

如果她生活在重男轻女的原生家庭里，她会用自己的方式与男孩竞争，并以最大的可能满足父母的心愿。在她的心中，男孩是她的对手和敌人，他们俨然成了一种威胁，或者是置她于受害者位置的罪魁，她会本能地对男孩存有抗拒、戒备或敌视的心理。

当她生了儿子，这种抗拒、戒备或内在的敌视仍然挥之不去。她要么让自己通过优秀，要么通过获得对男人的控制，来提升自己的价值感或存在感。所以，当她有了儿子之后，她会和儿子展开竞争，其方式就是牢牢地把儿子控制在自己的手中，不给孩子任何超越或胜出自己的机会。她可能会通过溺爱让孩子失去生活能力，通过让儿子依附自己来获得母亲自身的价值感，或通过不断贬低、否定、指责来让儿子感到自愧不如。

当然，作为自己在再生家庭里有了一个儿子，也会增加母亲在婆家的价值感，这点上，她也会感激儿子，她可能会用过度满足孩子需要的方式来表达自己的感激。

当她生的孩子是女儿时，女儿在母亲这里俨然就是她早年经历的重演。她可能会把女儿看成另一个自己。然后会用早年母亲对待自己的方式来对待女儿。她可能会给女儿很大的压力，不论是在生活上还是在学业上，她都会给女儿制定很高的标准，希望女儿优秀和完美。她的女儿可能会面对母亲不断的要求、批评、指责和否定，仿佛不论她如何努力都不能让母亲满意。她可能会有挫败感、无力感、无用感，出现自我否定、自我怀疑和自我强迫。

父母对孩子和孩子对父母的竞争

亲子关系中涉及的成员包括父母和孩子，亲子关系的竞争既包括父母对孩子的竞争，也包括孩子对父母的竞争。

父母对孩子的竞争

当再生家庭只有一个孩子时，孩子会成为家庭中的稀缺资源，此时父母会争夺孩子对彼此的感情，孩子就会成为父母的争夺对象。

因为受精卵是在母亲体内发育，并且胎儿在子宫里要发育大约280天，所以不论男女，孩子通常和母亲的联结会比较紧密。当孩子生下来之后，母亲通常会把很大的精力用在对孩子的哺育上，因此，父亲有可能会觉得自己被妻子冷落，他可能会嫉妒孩子，因为他的位置如今被出生的孩子所占据。父亲在此时可能会与孩子争夺妻子爱。

随着孩子的长大，父亲可能会参与对孩子的养育。但因为孩子与母亲的联结较为紧密，因此，父亲又可能会和母亲竞争孩子的爱。随着孩子的增多，父亲的这种竞争会逐渐减少，他渐渐地习惯了这种关系转移。

一般而言，孩子和异性父母的关系会近一些，而和同性的父母的关系会远一些。可能的原因就像上面所看到的那样，当孩子的性别选择和同性别的父母一致时，就意味着他没有选择异性父母的性别，他/她可能会因为没有照顾到另一方而感觉到欠异性父母的，所以，他可能会通过发展和异性父母更亲密的关系来弥补或平衡自己因为没有选择异性父母性别的歉疚感。而当孩子的同性父母发现自己的孩子和自己的配偶关系比跟自己亲密时，便会和孩子的异性父母竞争与孩子的亲密关系。

为了实现和配偶对孩子的竞争，其中的一方配偶可能会不惜牺牲夫妻关系的方式来破坏对方和孩子的亲密关系。而具有攻击性的父母通常会迫使被攻击的父母和孩子结盟，以对抗那个攻击的父母。

父母对不同性别的孩子的竞争策略也是不同的。对于男孩，父亲通常会采取高标准、严要求的策略，而母亲通常可能采取溺爱的策略；对于女孩，父母可能正好相反，母亲采取高标准和严要求的策略，而父亲可能会采取溺爱的策略。

父母对孩子的竞争有时会通过把孩子培养得更像自己来实现。父母都想把孩子变得更像自己，仿佛只有这样他们的生命传承才能在孩子那里最大化。当父母这样想时，他们就可能想按照各自的意愿来养育孩子。当双方的意愿或方式不同时，他们可能就会通过否定对方或攻击对方来保持自己对孩子的影响力。于是，在孩子那里，就会面临来自父母的相互矛盾的要求，孩子为了避开这种忠诚冲突，可能会变得对父母的话都不听，结果孩子就变得谁也管不了了。

孩子对父母的竞争

而当家庭中有多个孩子时，父母就会成为家庭中的稀缺资源，那么孩子就会来争夺父母给到自己的感情、爱和关注。这种情感竞争尤其在夫妻关系紧张的情形下更加容易发生。

孩子竞争父母的情形主要出现在多个孩子的家庭中。当一个家庭有多个孩子时，从第二个孩子出生起，他就会和前面的哥哥姐姐或后面的弟弟妹妹竞争。一开始，孩子可能用被认可或称赞的行为来获得父母的欣赏，这种竞争的结果通常是只有一个孩子胜出。而那些没能够靠优秀胜出的孩子可能会动用与优秀相反的策略，如学业变差、和同学关系紧张、沉溺网络、旷课逃学、抽烟喝酒、打架斗殴、撒谎偷窃等行为来吸引父母的注意力。孩子一开始通常会用优秀和高价值感来竞争，当使用这种方式得不到来自父母的肯定和认可时，他就会使用相反的、不被社会和文化所提倡或接受的问题行为的策略来竞争。当孩子在父母那里得不到价值感，他们就会要存在感，并用问题行为吸引父母的关注。

当家庭中有多个孩子时，孩子们会用自己的独特方式和他的同胞竞争自己的父母。同胞间的竞争可谓无处不在，尤其以没有异性性别的多同胞之间竞争更为激烈。通常排行中间的孩子的压力较小，排行两端的孩子竞争较为激烈。在多同胞中，如果只有一个女孩或男孩，也会引起相同性别同胞之间的竞争。

在独生子女家庭中，竞争通常发生在夫妻不和的夫妻之间；在多子女的家庭中，竞争通常发生在重男轻女或父母对子女厚此薄彼的兄弟姐妹之间。

父母对孩子的争夺通常源于父母彼此的竞争，而父母之间的竞争又通常源于父母原生家庭中的兄弟姐妹之间的竞争。这种竞争可能因为排行，也可能因为父母的性别歧视。当父母在原生家庭中存在兄弟姐妹竞争时，他们的这种竞争关系可能会转移到夫妻关系上，继而又会转移到亲子关系上。

在兄弟姐妹排行中，竞争无处不在。不论是男孩还是女孩，都可能会存在和哥哥或弟弟竞争，也会和姐姐或妹妹竞争的情况。作为男孩，最常见的是和前面的哥哥竞争。作为女孩，她既可能会和前面的哥哥或姐姐竞争，也会和后面的弟弟或妹妹竞争。竞争最为激烈的是她的后面有一个弟弟，其次是有一个妹妹。这种竞争关系都可能会转移到亲子关系上。尤其是作为男孩和哥哥竞争，作为女孩和弟弟竞争，会更多地转移到亲子关系里来。不论男女，和哥哥或弟弟竞争会转移到与儿子的竞争，和姐姐或妹妹的竞争会转移到与女儿的竞争中来。

角色错位对孩子成长的影响

在一个核心家庭里，基本的角色有父亲、母亲和孩子。角色的作用就是要求每个人都能符合角色的要求，做角色要求做的事。在一个家庭中，如果父亲像父亲，母亲像母亲，孩子像孩子，那么这个家庭就处于一种良性的秩序之中。通常在这种状态下，家庭都不会出太大的麻烦，亲子关系也能经营得很好。

在亲子关系里，我们会见到一些角色错位的情形。亲子关系最为常见的错位是孩子像父母，父母像孩子。

孩子像父母就是我们通常说的“小大人”“老人经”：孩子会拥有一些与他们实际年龄不相符的像成人一样的感受、观念和价值观，他们说话的口吻像大人，想法与观点也像大人。他们会去评判父母、指挥父母和控制父母，让父母按照他们的意志行事。他们表现得就像他们的爷爷奶奶一样，有时会说“我不喜欢你们了”“我不要你们了”这样的话。他们可能会插手父母的事务，如父母之间如何相处、父母如何处理他们的感情、父母能不能离婚和再婚等。其实“小大人”是一种在角色上的越位，他们的角色已经越过了他们父母的位置，即孩子越到了祖父母或外祖父母的位置上。

孩子之所以能够越位，是因为父母也越位了，父母也没有在自己的位置上。通常的情形是，孩子是“小大人”的父母，在他们自己还是孩子的时候，他们在自己的父母那里也是“小大人”，他们也会越位到自己祖父母或外祖父母那里，他们在自己的原生家庭里没有机会做“孩子”。等到了他们有孩子的时候，他们就有了再做一次“孩子”的机会，可以借用自己的孩子，让自己的孩子来做“大人”，做“父母”，以此来补回他们在父母那里失去的童年。当他们要做他们孩子的孩子的时候，他们的孩子就没有做“孩子”的机会，他们被迫要做父母的“父母”。所以，家有“小大人”，是父母要在他们的孩子这里，补偿他们自己曾经失去做“孩子”的机会的结果。

当父母让自己的孩子做父母的“父母”时，孩子就会失去自我发展的机会，亲子关系就会变成反向的关系。角色的混乱会带来成长的混乱。当孩子有了他们再生家庭的时候，他们又会重演他们在自己原生家庭里这一幕。

在家庭里，还有一种角色越位就是父母本身的缺位。这种缺位可能是实际发生的，也可能是心理上的。实际发生的是指父母不在了，如去世、失踪等所造成的永久失去；也可能是分居、离异等所造成的空间上的分隔。心理上的是指父母都在孩子身边，没有物理和时空上的分离或分隔，却没有相应的功能，或者出现失功能或反功能。

这两种情况都会导致孩子会越到父母的位置上，当一个孩子过早失去了父母，他们可能就会以父母自居，把自己当成自己的父母，如孔子的父亲早逝，他的一生都在寻找父亲，他创立的儒学就是基于祖先崇拜和父亲崇拜；他办教育，就是把自己以教师身份自居，而教师也是父亲的象征；他周游列国，其目的就是帮助国君，而国君就如同国家的父亲。

当父母的功能缺失的时候，孩子就会来补上这一功能，他们把自己变成父母来补偿父母功能的缺失，这也是他们自己来拯救父母的一种方式。每当我们在一个家庭里看到，当父母的功能不全时，孩子可能会越位到父母的位置，替代父母做一些事情。他们会表现得“像”父母，但他们“骨子里”仍然是孩子，却在行为上表现得像父母。因为这部分功能是“装”出来的，所以这部分功能是靠不住的。一有机会，他们就会被打回到孩子的原形。

我们也会看到，当一个人父母缺位的时候，他们也可能会让自己“像”父亲，来替代父亲；或者他们会在现实生活里去寻找具有父亲特征的人，通过和他们联结或建立关系来象征性地拥有父亲。比如孔子 3 岁的时候，父亲就去世了，而父亲的缺失给到孔子带来了一生的影响。孔子创立了儒家学说，创办了我国最早的私立教育以及他的周游列国，都是在象征性的层面上去寻找父亲。

爱孩子最好的方式：让孩子成为他自己

亲子关系中有父母给予孩子的部分，也有孩子给予父母的部分。父母给予孩子是抚育的本能，这种本能可能是父母本能的一部分。这个本能我们通常称为“爱”。而孩子给予父母的部分，我们称为“忠诚”。

父母抚养孩子通常会通过“爱”的行为来体现，这些部分大部分源于人类的本能，一部分来源于人类的文明。

爱是一种关系的品质。这种品质通过利他行为来体现。爱通常被理解为不求回报的帮助。我们把不要求回报的利他或帮助叫作无条件的爱。亲子之间的爱就是这种爱。这就是我们上面所说的，亲子之间的爱是单向的，这种爱的方向是从父母流向孩子，父母给爱，孩子接受爱就可以了。

这种爱也是有节制的爱，它是为了满足孩子的需要，而不是为了满足父母的需要。如果父母爱孩子用来满足父母自己的需要，那么亲子之爱就会变成双向的爱，而双向之爱的亲子关系就会妨碍这种关系的经营与发展，父母和孩子的成长都可能会因此受到影响。亲子单向的爱是为了满足孩子的需要，因此，这种爱就要当心过度，如溺爱。也就是说，爱是一种对孩子需要的满足，在满足这个需要的过程中，有两个原则要坚守：一是在孩子能力之内的需要，父母不可以去满足；二是超出父母能力之外的需要，父母不用牺牲自我的方式去满足。

当父母的爱是有条件的，那么给孩子爱就会变成要求有回报的。溺爱、牺牲自己去满足孩子，从表面上看这是父母爱孩子，从本质上看是父母在借助爱孩子的方式来爱自己，想从孩子那里得到爱。

父母对孩子的爱会体现在很多方面，其核心内容会集中在如何帮助孩子从父母这里独立，成为一个有能力在社会中生存下去的人。

对于自己给予孩子的无条件的爱，父母首先要清楚自己内心没有得到满足却有可能会借用孩子来实现的欲望，就像前面我们说过的“养儿防老”和“小大人”现象那样。

父母对孩子有条件的爱会有许多变形，有时连父母自己也无法察觉。比如强迫孩子参加各种兴趣班、要求孩子考试成绩名列前茅、打骂孩子、贬低孩子、不信任孩子等。

还有一类就是拿自己的孩子和他人进行比较，让孩子看到他的身边有许多比他优秀的孩子，然后让他向这些孩子学习。拿自己的孩子和其他的孩子进行比较，在另一个层面就是觉得自己的孩子不行，别的孩子行。

父母在内心会对自己的孩子区别对待，这也是有条件的爱的变形，也是变相比较的一种方式。在孩子的内心当中，总是希望父母能够给予他们均等的地位和机会，而不以他们的性别、年龄、外貌、行为、性格和能力的不同予以区别对待。

造成父母不能无条件地爱孩子的另外一个情形是把孩子的行为和他本人等同起来。孩子只是怕黑、怕生人，就被父母视为胆小的人；做作业或考试题没有看清题目，就被认为是粗心的人；做事慢，便成了爱拖拉的人；不小心打碎了碗，就成了没有用的人等。孩子只是在有些事情上没有做到让父母满意，可到了父母那里就变成了对整个人的否定：从对行为的评判，上升到对整个人的评判；从对行为的否定，变成了对孩子整个人的否定；从行为不好，变成了孩子整个人不好。

不接纳孩子的错，对孩子的错一味打压也是有条件的爱的表现形式。不允许孩子犯错、有缺陷或不好。孩子一有错就惩罚，态度不友好，或斥责、或打骂、或冷淡、或进行人身攻击、或剥夺孩子的正当权利和需要。只要求孩子永远正确、表现好、优秀，孩子只能活在对的世界里。

父母对孩子无条件的爱需要把孩子放在没有对错的世界中。把孩子当成孩子来爱，当成一个生命来爱。不论孩子是什么样的人，是男孩还是女孩，是正常健康的孩子还是有缺陷的孩子，是表现优秀的孩子还是表现出问题的孩子，父母都把他们放在生命的位置上，放在无对错的世界里来爱。父母爱孩子，是爱他们生命本身，爱他们的权利和尊严，不因他们的行为不好，不因他们是男是女，不因他们的能力大小，就有所区别对待。父母无条件地爱孩子，不是说也无条件地爱他们的行为，行为有对错，社会有规则，只要孩子有能力为他们的行为承担后果和责任就可以。不论孩子行为好坏，父母都爱孩子这个人本身。

对孩子无条件的爱需要看到孩子积极的一面。不论孩子是在什么状态，具有什么样的行为，都能看到孩子的闪光点和积极面，看到他们的努力，看到他们的良好意愿，看到他们即使在不好的境遇下也有向好向上的一面。

父母对孩子无条件的爱需要信任他们，相信他们在自己的能力范围内都已经尽力了，相信所有的生命都有向上的本性，都有自我实现的本性。相信他们在其成长环境里，在其所受的环境限制中，在其所拥有的能力之内都已经做到了最好。

无条件的爱需要父母能理解孩子，用心去感受孩子，全方位地去接纳孩子。

无条件的爱要求父母能够给孩子做自己的自由，支持孩子成为他自己，实现他们自己。

家庭成员间的忠诚

家庭忠诚是指存在于家庭成员之间的义务、承诺、认同、服从和奉献，通常发生在亲子之间、同胞之间和夫妻之间，其忠诚的指向，通常是孩子指向父母，弟弟妹妹指向哥哥姐姐，妻子指向丈夫。

家庭的忠诚最常发生在亲子之间，通常是孩子指向父母的奉献。孩子最恐惧的是被父母所抛弃。为了免于这种结局或恐惧，孩子都会对父母表现出无条件的认同、服从和忠诚。

孩子对父母的忠诚度是相同的，所以当父母在孩子面前争夺孩子对他们的爱时，孩子就会面临忠诚冲突。父母通常表现为在孩子面前诋毁对方，或拉拢孩子站在一起反对对方。当孩子按照父母其中一方的要求来做时，就意味着对另一方父母的背叛。孩子会有一种罪恶感，并可能会用自我伤害来平衡这种背叛。

孩子通常通过呈现和父母相同的命运来表达自己对父母的忠诚，比如对父母的不良习惯、对父母的疾病、对父母的死亡、对父母的离异、对父母的特殊遭遇等均呈现出追随的行为。仿佛他们只有认同父母的境遇，追随父母的命运，他们才能和父母联结在一起，他们才能够得到父母的保护，他们才能找到一种安全感。

孩子对父母的忠诚，通常有“我追随你”“我代替你”“要和你一样”三种方式。当父母有不幸的命运之时，孩子这三种忠诚都可以同时出现。尤其当父母早逝、当父母身患重病或父母有其他不幸的命运时，更会如此。

- “我追随你”就是我要随你而去，我要和你在一起。
- “我代替你”就是宁愿是我不是你，我来代替你承受不幸或痛苦，你就可以避免不幸或痛苦。
- “我要和你一样”就是要自己变得和父母一样，把自己的命运变得和父母相同。

孩子有一种忠诚是出于拯救父母的想法。当父母的婚姻出现危机时，孩子会情不自禁地来拯救父母。他们会通过制造问题的方式来吸引父母的注意力，以转移父母的焦点，从而期望缓解父母的冲突。

平行现象是忠诚动力的另外一种形式。平行形象是指在不同时空中发生了相同事件的现象。在亲子关系中通常指在不同的代际间发生了相同的事情，心理学术语为强迫性重复。即发生在父母身上的事情，孩子也会让那些事情发生在自己身上，比如父母离婚，孩子也离婚；父母有收养孩子的行为，孩子也有收养行为；父母早恋，孩子也早恋；父母有成瘾行为，孩子也有成瘾行为等。这种强迫性重复或平行现象，通常都与忠诚有关。

与平行现象相似的还有亲子同步现象，即孩子在与父母成长相同的时间点上发生相同或类似的事情或现象，如在相同的年龄生病、在相同的年龄离婚、在相同的年龄有外遇、在相同的年龄出现意外，甚至在相同的年龄去世等。因此，孩子要让自己的人生实现与父母尤其是同性别的父母在时间和事件上同步，这也是忠诚所致。

还有一种忠诚会表现在孩子自己组建的家庭里。再生家庭双方的配偶，可能会按照他们父母的夫妻关系模式来打造自己的婚姻模式。他们可能把自己变得和自己的同性父母同步，而把配偶变得和自己的异性父母同步，如丈夫会把自己的妻子变得和自己的母亲同步，妻子会把自己的丈夫变得和自己的父亲同步。

Family Dynamics / CHAPTER 10

10

父母的养育方式对孩子未来的影响

每一位父母都有各自养育孩子的方法。这些方法的差异取决于他们自己拥有什么类型的父母和他们有什么样的生命经历。父母如何对待孩子，常常受到其父母如何对待他们的影响。所以，父母对孩子的养育方式是他们在原生家庭里所受到自己父母养育方式的动力传承的结果。

按照父母对孩子的关爱和控制这两个维度，可以把父母的养育方式分为专制型、溺爱型、忽略型和权威型四种类型。每一种养育类型都会涉及父母和孩子：与父母相关的部分与他们的家庭动力有关，即他们为何拥有某个养育类型而不是别的类型；与孩子相关的部分中，在于任何一种养育类型都会在孩子那里带来动力结果，而这个结果可能正好实现并完成了父母的家庭动力，而孩子的这个动力又会成为他们的孩子的原生家庭动力。

专制型父母：孩子失去做自己的权利

专制是比较原始的一种自我防御。专制者的背后通常是深深的不安全感，他们觉得如果这个世界不是以他的意志为中心，他就无法找到自己的存在感。在关系里，他的存在方式是占有和控制。关系里的对方只是维持他存在感和价值感的资源和工具，他的关系方式是掠夺、侵占或剥夺。在专制者的世界里，自己是中心，他可以占有或拥有整个世界，他的存在完全依赖于他人的存在。所以从这个角度看，专制者也是处在一个无我的状态中。

专制型的父母强调孩子的绝对性服从，要完全按照父母的意志行事，孩子没有意志自由的空间。

专制父母的核心是没有安全感，他们要在与他人的关系里找存在感。当失去专制时，他们害怕被自己的孩子抛弃或控制。专制者要借助他人才能使自己变得完整，才能实现自我。所以，在专制的父母那里，孩子就变成了成全父母人生的工具，孩子可能完全没有机会做自己、成为自己。孩子可能会有更多的敌意和攻击、更多的自我否定和拒绝、更多的自我伤害、更多的对来自父母惩罚的恐惧与愤怒。

如果专制的父母是与孩子同性别的，那么这个孩子通常难以完成对这个父母的性别认同，就会发生像精神分析里面所说的俄狄浦斯情结现象。

俄狄浦斯情结是孩子到了3~5岁这个年龄段的时候，会出现女孩恋父或男孩恋母的现象。当同性父母是专制型父母时，孩子对异性父母的爱恋与喜欢会受到镇压。那么，此时孩子就会对同性父母心存恐惧，这种恐惧会演变成一种情结，并且会带来以下一系列的后果。

- 孩子无法完成性别认同。因为孩子的性别认同是通过对同性父母认同完成的。如果同性父母对孩子是专制的、打压的，那么孩子就会因为对同性父母心存恐惧而无法完成这个认同。当孩子无法完成这个性别认同时，孩子就可能会出现女孩男性化、男孩女性化的倾向。
- 孩子因为父母的专制而产生对父母的恐惧、憎恨、不满、抵触和愤怒。随着他的成长，这种对专制父母的情绪会泛化到权威身上，如老师、名人、警察，到了青春期，他们可能会泛化到异性身上，最后可能会泛化到所有人身上，形成社交恐惧。
- 当同性父母打压孩子对异性父母的喜欢时，可能泛化到他和异性的交往和关系。他可能不敢和异性正常地交往、正常地恋爱、正常地有亲密关系，然后可能泛化到和所有人都无法建立起亲密关系。因为在他的专制型同性父母那里，他经历和体验到的亲密关系是不好的、是有危险的、是可能给自己带来灾难和惩罚的。当他结婚后，也会带来夫妻关系亲密上的困难，尤其会影响到他和配偶的性生活。
- 他可能害怕成功。因为专制的父母对孩子是控制和打压，他们想把自己的孩子牢牢地控制在他们所限定的规则或范围内。所以，他们通常不允许孩

> 子超越自己。所以，他们的孩子也不敢太优秀，因为如果孩子太优秀了，专制型父母可能就会害怕自己不再有能力控制住孩子，只有孩子弱小，他们才能更容易或更顺利做到控制。所以，专制下的孩子可能会害怕自己成功、自己超越父母，即使他们在未来成长的道路上不小心成功了，他们也会把成功破坏掉。

专制父母养育下的孩子往往会忽视自己的权利，屈服于他人的权力，通常会用牺牲自己的方式来成全或满足他人。他们会在意别人对自己的想法和行为的看法。因为在专制父母那里，如果自己没有达到父母的要求，或者没有按照父母的意志去做，那么就可能得不到父母的认可和喜欢，可能会带来一些惩罚。他们的生命仿佛就是用来满足父母的存在，用来满足父母的意志，用来实现父母的人生的。

他们要完全活在父母的需要里。他们害怕失败，害怕错误，害怕违背父母的意志，因为这些通常都会带来惩罚。所以，他们不能有自己的想法，不能去尝试过去没有的新经验。

也因为他们没有选择的自由，所以他们通常没有自己的人生目标，他们可能没有生活热情，没有人生动力，通常也找不到意义和价值感。

一个被专制父母养育出来的孩子，一旦他们通过自己的力量摆脱了父母或他人的控制，那么他就可能会变成一个比他的父母更专制的专制者，因为如果他没有和专制的父母和解的话，那么他只有超越了父母的专制才能摆脱父母的专制。

溺爱型父母：孩子丧失爱他人的能力

溺爱型的父母特征是对孩子的行为没有制定相应的规则进行约束。与专制型的父母正好相反，他们会给孩子过多的自由和空间，很少限制或约束孩子，他们对待孩子的需求几乎是无条件地满足。因此，在溺爱型父母那里成长起来的孩子，他们往往不太喜欢那些有规则和约束的地方，如幼儿园、学校。他们不喜欢集体生活，也不喜欢和他人打交道，除非那个人也能够像他的父母一样无条件地照顾和满足其需求。

父母为什么要溺爱孩子？动力可能与父母的存在感、自我价值感和对亲密关系的需求有关。

一个孩子被父母溺爱，结果是他在与他人的关系里要求他人无条件地满足自己的需求。他一方面要求他人严格地遵守规则，另一方面对自己又没有要求，即自己可以不遵守规则。在满足需求上，他人不会像他的父母那样无条件地满足他，而是有条件地满足，也会要求他来满足对方的需求。于是，他会觉得别人对自己不友善，就无法和他人建立和谐的关系，久而久之，他就会对和他人的关系感到困惑、委屈和愤怒，从而可能会从与他人的关系里撤离。

由于他无法遵守规则，所以他会在有规则的场所，尤其是要严格执行规则的场所（如学校）中感到不自在、受约束和压迫。他常常会有意无意地破坏规则，但又不愿意承担破坏规则所带来的责任。所以，当他因为破坏规则而受到惩罚的时候，他会感到不公平、委屈和愤怒。他可能会变得拒绝待在这些场所，觉得这些场所不适合他。于是，这些孩子可能就以这样或那样的方式，如旷课、休学乃至辍学离开这些场所。

当他们不论是从关系里还是从有规则的场所撤回的时候，他们最终只能撤回到溺爱他们的父母这里。所以，我们看到，父母溺爱孩子的结果之一是把孩子留在了自己的身边。因为溺爱是父母无条件地满足孩子的需求，当一个人的需求被他人无条件地满足时，他也就失去了自己满足自己需要的能力，他只能依靠父母或他人才能够满足自己的需要，因此，他就无法离开父母或愿意满足他需要的他人。所以，父母溺爱的结果是孩子没有能力从父母那里走出去，没有能力离开父母。

是什么原因导致父母要把孩子留在自己的身边呢？

其中的一个原因就是父母的夫妻关系不良。当父母的夫妻关系不好时，他们所需要的亲密关系就无法在夫妻关系里得到满足。当他们有了孩子之后，他们就会利用孩子来补偿这份亲密关系。然而，随着孩子的长大，孩子自然就会慢慢和父母分离，会逐渐离开自己的父母，到同伴或家庭之外的群体里去。这时，缺少亲密关系的父母就又会面临没有亲密关系的局面。当父母潜意识里感觉到了孩子逐渐长大会离开自己这一事实时，父母就会动用溺爱这种防御来阻止这种局面的发生。

在现实中，我们会看到一些孩子有分离焦虑，不愿和父母分离，不能到幼儿园或学校去；也会看到有些孩子非常依赖父母，不愿意做家务，不愿承担自己的日常生活事务，不愿意自己吃饭，不愿意和父母分床睡觉。从现象上看，好像是孩子离不开父母，过度依赖父母，不愿意独立。其实，这些现象的内在核心却可能正好相反，是父母无法离开孩子，不愿意和孩子分离，是因为父母需要孩子的亲密关系，需要孩子的陪伴。

当父母需要孩子的这份亲密关系的时候，通常会衍生出父母和孩子的角色倒置。因为父母要无条件地满足孩子的需求，那么当父母在一些方面无法满足孩子的需求的时候，孩子就会对父母提出要求，并给父母制定规则。如果父母做不到，孩子就会对父母表示不满，他们可能用发怒、指责、辱骂或者用打父母的方式来惩罚或威胁父母，此时，他们俨然成了自己父母的父母。因为父母想要孩子对自己的满意，所以，溺爱的父母一定会对孩子的不满和威胁做出妥协和让步，并想方设法来达成孩子的目标。

孩子在利用父母的溺爱来满足自己的所有要求，而父母在利用孩子要绝对化的自由来满足自己溺爱的需求。此时，亲子关系的位置被颠倒了，孩子逾越到了父母的位置上，而父母则把自己放在了孩子的位置上。

父母溺爱的实质是用牺牲规则和秩序，用讨好或贿赂的方式无条件地满足孩子的需求，从而获得孩子对自己的喜爱、认可和欣赏，以期最大化地从孩子那里获得一种亲密关系。

溺爱是父母向孩子索要爱的一种控制方式。溺爱的结果是使孩子失去遵守规则的能力，失去和他人相处的能力，失去自己满足自己需要的能力，他们无法进入关系和社会组织或社会情境，无法完成社会化，也无法从家庭或父母那里走出去。

所以，溺爱型父母的孩子可能无法和父母顺利分离，这会导致成长和学业上的困难，也会出现一系列的问题行为，如人际关系不良、自负、不遵守纪律等。在关系里，他们会以自己的利益为中心，向他人和社会要求属于自己的绝对权利，他们会无视自己对他人和社会的义务和责任，却要求他人和社会要对自己负责。

解决的办法是父母在感情上要自给自足，父母在他们的夫妻关系里没有获得满足的亲密关系不能到孩子那里去补偿。分清哪些是自己的事、哪些是孩子的事，然后不让孩子来承担属于父母自己事务的责任，也不去承担属于孩子事务的责任。

忽略型父母：孩子无法找到归属感

忽略型父母是一种对孩子漠不关心的养育模式，他们在养育孩子方面似乎处在一种失功能的状态。作为父母，他们无法关注到孩子的存在和需要，无法给予孩子支持、关心、哺育、温暖和爱。他们缺乏或很少和孩子沟通，对孩子很少有情感上的回应，也很少给他们建立规则和设置限制。

原因是多方面的，可能是情感的、职业的、经济的、疾病的、犯罪的、死亡的，这些原因使他们无法把自己投入到对孩子的养育中来。

忽略型养育下的孩子，最缺乏的就是存在感。因为没有受到父母的关爱、关心和关注，他们找不到自己作为孩子的感觉，也找不到他们父母作为一个养育者的感觉。他们无法和创造他们生命的父母有亲情和爱的联结。他们可能也找不到归属感，好像找不到自己到底是谁的孩子。没有了归属感，也就可能没有安全感和价值感。他们可能也找不到自我感，不知道自己是谁，也不知道自己将来要成为什么样的人。所以，他们的自我统一性会遇到问题。因为没有父母的关注、关爱，可能也就没有了来自父母的期待，所以他们可能在学业或工作上缺乏对成绩或成就的追求动力，在这些方面他们可能会表现平平。因为他们感受不到温暖和爱，所以他们也很少能够给他人温暖和爱，他们给人的印象可能也是冷漠、冷淡或无所谓的。

因为找不到存在感和价值感，所以他们可能会用一些问题行为，如逃学、斗殴、酗酒、吸毒或做违法乱纪的事来引起父母或他人的关注。当一个人无法感受到自己的价值感时，他就会退而求其次，用引起他人关注的那些问题行为来找存在感。又因为他们找不到自我，他们可能会通过不断尝试去寻找自我的统一性。基于被父母的忽略，他们也很少能体会到人生的意义、价值和幸福感。

被父母忽略的孩子的核心追求就是自己能够得到他人的关注、关心和关爱，他们可能会通过过度帮助他人的形式来获得他们的认可或认同，从而得到他们想要的在他人那里的存在位置，以获得他人的认同。一旦能够得到他人的认同，他们也因此会获得了归属感。

忽略型养育者的父母早年在他们自己的父母那里可能也是被忽略的，他们做了父母，会把自己父母的忽略也复制过来，以表示他们对自己父母的忠诚。如果得不到纠正，那么在这种氛围中成长起来的孩子在成为父母的时候，也极有可能成为忽略型父母。

权威型父母：孩子最具幸福感

父母养育方式的四种类型是根据父母对待孩子的两个维度来划分的，一个维度是要求与规则，一个维度是关爱和温暖。如果只有要求与规则，没有关爱和温暖，就是专制型；如果没有要求与规则，只有关爱和温暖就是溺爱型；如果两者都没有，就是忽略型；如果两者都有，就是权威型。从目前的研究来看，权威型是最有益的养育方式。

权威型父母的特点是对孩子既有较高的纪律或规则要求，又有对孩子的需要或情感较高的反应性。他们对孩子会有较高的期待，也会给孩子的成功提供资源和支持。

权威型父母既要为孩子设定规则、限制、界限、纪律、要求和期望，又能给予孩子关爱、温暖、理解、尊重和平等。

父母不仅会给孩子设定规则，还会向孩子说明为什么要设计这些规则；同时，他们在设定规则的时候也会倾听孩子们的想法、感受或意见。

权威型父母通常会积极关注好的行为，对孩子经常使用鼓励、支持、认可、赞赏、信任的策略。而对待孩子不好的行为，会采用让孩子承担由行为本身所带来的自然结果，而不是采用打骂、贬低、嘲讽等惩罚方式。

权威型父母会倾听孩子，鼓励孩子独立，会设置限制，承担结果，对孩子的行为有期待，表达温暖和关爱，允许孩子表达意见，鼓励孩子参与家庭讨论，倡导公平和提供前后一致的规则。

权威型父母在养育的策略上是灵活的。当他们觉得孩子的行为是情有可原的时候，他们会倾听孩子的解释，并调整其应对的策略。

在权威型父母养育下的孩子通常会拥有较高的能力和才干，会比较幸福和成功。

对孩子来说，父母有两个角色，象征规则的父母角色和象征关爱的朋友角色，对于孩子的社会化、成长和健康来说，父母的角色远比朋友的角色重要。

为什么要给孩子设定规则、限制、界限、纪律和要求呢？因为我们的社会是一个有对错、有规则的社会。我们把一个孩子从无对错的世界，带到一个有对错的世界，并有能力活在有对错的世界的过程被称为社会化。所以，社会化是为孩子进入成人世界做准备。父母所设定的这些规则为孩子立足于社会提供了生存技巧，并使其为有能力做一个负责的成年人做好准备。

孩子通常都不太喜欢被父母管教，他们经常会不断测试或突破父母对自己的约束、限制或规则。所以，这就要求父母在为孩子设定的规则上态度要坚决，意志要坚定，不给孩子突破规则的机会。

权威型父母教育出来的孩子，最重要的特征之一是能够遵守规则。有尊重规则能力的孩子会比较有责任感，能够自我控制，会自我做决定，能够尊重他人和规则，会有同理心，内心充满善良和温暖。他们在学校较受欢迎，和老师与同学关系融洽。他们的抗压能力较强，尤其当压力来自同学时。他们的依恋类型是安全型的依恋，他们和父母的关系是和谐和温暖的。

缺乏规则约束的孩子可能会缺乏自我控制，缺乏对双亲或权威的尊重，不知道什么是恰当的行为。他们可能是任性的、以自我为中心的，在交往上也是不愉快的。他们通常会缺乏拥有友谊的一些重要社会技巧，如同理心、耐心和分享，他们可能会做出一些负面的行为，如带有伤害性的或危险性的行为。

遵守规则或守纪律的孩子通常能够自我控制，能够有责任心，能够自给自足，能够享受对的世界，在家里、学校和社会上能够去帮助他人。他们有较高的自信，他们会认为自己的想法和感受将会被父母听到，即使他们做了错事，也相信父母是爱他们的。他们会对自己的过错或错误的行为承担责任，他们并不是基于害怕惩罚，而是基于自己内心的愿望或想要来进行一些选择。他们通常是愉快的，他们更容易交到朋友。

权威型父母既会为孩子制定规则，要求孩子遵守规则，同时又会关心、尊重和疼爱孩子。他们通常在给孩子制定规则时会选择下列做法。

- 要告诉孩子什么是好的行为、恰当的行为。当孩子做错事或有不好的行为时，会告诉孩子什么才是对的行为。
- 给孩子设定边界或界限。他们会告诉孩子哪些行为是可以的、被允许的；哪些行为是不可以的、不被允许的；哪些事情大人可以做、小孩子不可以做的；哪些事情是属于孩子的事，哪些事情是属于父母的事，属于孩子的事情，需要孩子自己负责，属于父母的事情，需要父母负责。
- 对行为承担责任。当孩子做出一些错的或违反纪律的行为，作为父母要告诉孩子，要为自己的行为承担起责任，做了错事就要学会承担。要告诉孩子他需要承担什么结果，为何要承担这个结果。做了错事承担后果，也是培养责任心的一个非常好的方法。

- 在纪律或规则面前对孩子表达尊重。如制定规则时要和孩子协商，为何要制定规则，规则允许什么、不允许什么，违反时要承担什么结果，并能允许孩子对这些内容表达自己的感受或意见。同时，当孩子违反了规则或破坏了纪律、做了一些错事时，父母不是简单用惩罚了事，而是能够耐心倾听孩子的解释。同时，当孩子做错事后，还要告诉孩子错在了哪里，什么才是对的，并告诉孩子为什么。
- 规则要有稳定性，执行规则要有坚定性。规则通常是用来遵守的，既然是规则，就是恒定的，不能变来变去。昨天一个样，今天一个样，后天又是一个样。这样的规则会让孩子不知所以然。同时，父母双方如果在规则面前能够表现出统一，而不是彼此对立或冲突，这样就能更好地给予孩子守规则的能力。
- 在规则面前要彼此合作，规则才能得到切实地执行。合作之一是父母彼此之间的合作，父母对给孩子制定的规则要能达成共识，而不是彼此反对。合作之二是父母与孩子之间在规则上能达成共识，这就要求父母在制定规则时能够和孩子商量，允许孩子表达不同意见；在孩子违反规则时，父母也能够倾听孩子表达或解释。
- 规则要具有适应性。适应性有两个方面的内容：一是所有的规则都是指向满足孩子成长的需要，而不是为了满足孩子的控制需要或不安全需要；二是规则要随着孩子的成长和发展不断调整，而不是一个规则要用到孩子的所有发展阶段。孩子在童年、青少年、成长的不同阶段，对同一内容的规则和纪律需要不断地调整。比如，孩子上床睡觉的时间，就要随着年龄的增加而不断地推迟，直到最后，完全交由孩子个人管理。

规则或纪律有时是通过设定限制来执行的。因为人类社会是有对错有规则的，不是所有的行为都被允许。于是，人类的行为在规则面前就有了限制。而父母如果在孩子那里也能为其设定与社会规则相匹配的行为限制，那么孩子就能更加容易地适应社会或群体生活，从而使他们获得安全感，能够自我控制，能够处理自己的负面情绪，能够拥有健康的生活，能够感受到父母对他们的关心和爱。

父母管理孩子的目的是为了让孩子能够自我管理。需要孩子主动管理的领域可能会涉及健康的行为习惯、学习、人际交往、情绪、金钱和时间等方面。一个人在这些领域里面管理得越好，其成长就可能越有保障。

我们是否能培养出一个守规则、守纪律的孩子，是一个孩子能否顺利地走入学校和社会最重要的前提之一。因为孩子是靠眼睛学习的，他们看到什么，就会学习或模仿什么，所以父母的榜样作用就显得非常重要。

那么，如何才能让孩子成为一个守规则的孩子呢？以下的原则供参考。

- 父母要做一个遵守规则的人。父母要求孩子做到的，父母首先做到；要求孩子不做的，父母首先不做。
- 父母给孩子制定的规则是合理的、有利于孩子身心和成长的。
- 制定规则时要和孩子商量，最好双方能够对规则达成一致（在孩子上小学开始制定规则，并要逐渐和孩子商量）。
- 给孩子制定的规则是随着孩子的年龄增加而不断发展变化的，而不是一成不变的。
- 父母在执行规则时要坚定，不要有太大的随意性或弹性，否则孩子就会不断地突破规则。
- 在制定规则时，要通过协商与合作建立起父母双方都能认同的统一规则，而不是父亲有一套规则，母亲有一套规则，并且要求对方和孩子按照自己的一套规则来做。
- 父母给孩子制定规则不是为了要把孩子控制住，也不是为了让孩子要听从父母、服从父母、满足父母内在的安全感，把孩子塑造成父母想要的那个孩子，而是为了孩子更好地成长，更好地在社会中满足他自己的需要和愿望，更好地适应社会，更好地成为他想的那个自己。规则是为了让孩子拥有一个恰当的行为，抑制或控制不良或不好的行为，以让孩子更好地适应一个有对错的社会。

一些父母不给孩子制定规则，其原因多是出于孩子受到约束会不开心或对父母不满意的担心；或者害怕当孩子不遵守规则时与自己产生冲突；或者害怕有了规则之后，要在监控孩子是否能够遵守规则方面消耗太多的时间和精力；或者父母在他们的童年或早年在规则或纪律上有过不愉快或痛苦的回忆或经历，他们不想让自己的这些不愉快或痛苦在孩子这里重演，所以他们就希望能够给到孩子一个自由的生活。

一个人能否顺利地成长、健康地成长，关键在于能否遵守规则、能否有能力活在一个有对错、有规则的世界中。一个人遵守规则的能力与他的道德品质、道德发展有直接的关系。发展心理学告诉我们，道德和超我起始于 3 岁，所以 3 岁是培养一个人遵守规则能力的关键期。

随着孩子的长大，孩子对独立、自由和个性的需求增加，他们不希望再被父母控制和管理，这个时候，因为父母设定的规则已经内化在他们的心中，他们可以自觉地遵守，这时父母能够从孩子那里顺利撤出。孩子得到了自由，而父母也实现了孩子对规则遵守的目的。

一个孩子能否遵守规则是他未来能否顺利走进学校，又从学校走向社会的前提和保证，也是他能否拥有成功和幸福的保证。因此，遵守规则的能力对一个孩子来说非常重要。在 6 岁之前，也就是在学龄前，父母有责任培养好孩子遵守规则的能力。

在孩子进入学龄期以后，父母再设定与其有关的规则时就需要与孩子进行民主式的协商了，要尊重孩子的感受和意见，最好是与孩子达成一致，这样的规则才能更加有效地发挥作用。

随着孩子年龄的增加，尤其是进入青春期之后，父母在设定规则时尤其要尊重孩子的想法，多听他们的意见。当没有与孩子达成一致之前，父母不要强制执行。

11

依恋关系对人际交往的影响

早期依恋关系的形成

依恋理论是由英国精神病学家约翰·鲍尔比在 20 世纪 60 年代创立的，是指儿童与经常接触的抚养者（主要是母亲）之间所形成的一种强烈、持久、亲密的情感联系，这种联系以相互关爱和希望保持亲近为特征。

对依恋做过深入研究的主要有以下几位学者。

哈利·哈洛

哈利·哈洛（Harry Harlow）对小猴进行了代理母亲实验和母爱剥夺实验。

代理母亲实验的重点是探究哪些因素对依恋是重要的。

哈洛把刚出生的 16 只小猴从它们母亲身边带走，并放置在有两个代理母亲的笼子里，一个代理母亲由铁丝做成，另一个代理母亲由柔软的绒布包裹而成。而代理母亲身上会放置奶瓶，奶瓶里有时会装有牛奶，有时会没有牛奶。

16 只小猴被分成了两组，第一组的 8 只小猴可以从绒布代理妈妈那里得到牛奶，第二组的 8 只小猴可以从铁丝代理妈妈那里得到牛奶。这两组猴子都花了更多的时间和绒布代理妈妈在一起（在第二组小猴那里，铁丝代理妈妈的奶瓶里有牛奶，绒布代理妈妈的奶瓶里根本就没有牛奶）。第二组的小猴只会在饿的时候去找铁丝代理妈妈。一旦吃饱了，他们在大部分时间里回到绒布代理妈妈的身边。如果把一个可怕的物体放在笼子里，小猴就会躲在绒布代理妈妈那里。当绒布代理妈妈在场时，小猴会出现更多的探索行为。

哈洛发现，妈妈的舒适比喂养更容易让小猴形成依恋和联结。

哈洛的另外一个研究是母爱剥夺实验。

哈洛发现，这些被剥夺母爱的小猴和那些待在妈妈身边的小猴相比往往有下列行为特征：

- 更胆小；
- 不知道如何和其他猴子一起行动；
- 很容易被欺负，也不会因自己的权利受侵犯而挺身而出；
- 在发情期，在交配上有困难；
- 当它们也成为妈妈时，也是一个不称职的母亲。

而且，哈洛发现，这些行为特征有时是可逆的，有时是不可逆的。当它们从出生就离开妈妈的时间超过 90 天后，这些行为特征就再也没有改变的可能。

哈洛于是得出一个结论：早期的母爱剥夺会导致情感上的伤害，但如果在 90 天的关键期结束之前，小猴对妈妈的依恋就会被逆转。然而，如果在关键时期结束后母爱仍然被剥夺，那么这种因母爱剥夺所导致的情感伤害就不可能再被逆转。

哈洛的这些研究却恰恰印证了洛伦兹关于“印刻现象”的发现。

康拉德·洛伦兹与海思

康拉德·洛伦兹对小鹅和小鸭的跟随行为进行了研究。

洛伦兹对小鹅的跟随行为做了大量的研究。他拿了一堆鹅蛋，把它们一直保存到它们即将孵化出来。他把一半的鹅蛋放在一只鹅妈妈的身下，把另一半放在他的身边。几个小时后小鹅孵出来了，洛伦兹模仿了一只母鹅的叫声，然后在小鹅孵出的地方转来转去，刚孵出的小鹅们会把洛伦兹当作它们的母亲，跟着他。另一组则跟着母鹅。

洛伦兹发现，在孵化后的 12~17 小时的关键时期，小鹅们会跟随它们孵出时看到的第一个移动对象。这一过程被称为“印刻现象”。洛伦兹还发现，在超过 32 小时后，跟随的“印刻现象”就不会发生。

心理学家海思（Hess）也对“印刻现象”进行了研究。他发现，小鹅在孵化后，印痕似乎并没有立即活跃起来，尽管在孵化后的一个小时内印刻过程可能会发生，但最强烈的反应发生在 12~17 个小时后，而在 32 个小时后，反应不太可能发生。海思和洛伦兹都发现，一旦印刻发生了，它就不能逆转，也不能在任何其他的东西上留下印迹。

洛伦兹认为，小鹅的跟随行为是天生的，而不是后来学习来的。而哈洛的研究表明，母爱剥夺如果足够长，会带来情感和行为上不可逆的伤害。在依恋行为上，哈洛的研究结果表明，比起提供喂养的行为，母亲的舒适度更容易形成依恋行为。而洛伦兹和哈洛都发现，形成依恋行为的关键期如果错过了，某些依恋行为就不可能再形成，所造成的影响就无法再消除。

这个关键期提醒我们，孩子的早期经历也可能会形成一种印迹，这种印迹可能会对孩子的一生产生影响。就像我们前面看到的那样，如果一个孩子早年被寄养，他被谁养育，谁就会成为父母的印迹者，那么这个养育人就会成为孩子心理上的父母，而且，这个印迹并不会随着孩子长大之后回到父母那里而有所改变。他们心理上的父母仍然是他的早年的那个抚养人，可能是爷爷奶奶或外公外婆，唯独不是自己的亲生父母。

约翰·鲍尔比

约翰·鲍尔比系统地提出了依恋理论。鲍尔比认为，依恋对一个婴儿的生存来说是第一重要的，没有母亲的养育和亲密的联结，他是无法存活下来的。所以，他需要和双亲尤其是母亲建立依恋关系。对婴儿来说，依恋是一个基本需求，是生物性的，是人类在进化的道路上所必需的技能，所以鲍尔比和洛伦兹一样，也认为依恋是一种被进化出来的本能。鲍尔比认为，依恋是一个单边现象，更多的是被婴儿所发动，被养育者（母亲）所塑造，是对婴儿的生存至关重要的一种进化行为。

鲍尔比的依恋理念认为，婴儿和养育者会形成一种关系模式，这种模式由婴儿内在的认知世界所塑造，这个认知世界包括对世界、他人和自我的理解。婴儿通过对这些部分的理解来建立自己与外在关系的模式。这些关系模式的特点取决于三个主要的因素：

- 与他人有关，即他人是否是值得信任的；
- 与自我有关，即自己是否有价值；
- 与自我与他人的互动有关，即当自我与他人互动时，是不是有效的。

鲍尔比也对母爱剥夺进行了研究。他认为，如果婴儿和主要照顾者（母亲）之间的依恋的持续中断可能会导致长期的认知、社会和情感上的发展困难，而且这种影响是永久性的、不可逆转的。

鲍尔比也特别强调依恋的关键期对依恋形成的影响。他认为，在生命的前两年半，如果孩子与他们的主要依恋对象（通常是母亲）分开了一段时间，并且没有其他替代照顾者的话，那么这种分离给婴儿带来的损害就是不可避免的。这些损害可能包括侵略和攻击性、犯罪、身材矮小、智力迟钝、抑郁、依赖、冷漠、社会适应不良等。尤其是情感冷漠。冷漠是一种情感缺乏的精神状态，会无法表达对他人的爱或关心，缺乏羞耻感或责任感。他们冲动行事，几乎不顾及行为的后果，即使出现伤害他人或反社会行为，也不会有负罪感。

鲍尔比认为，当我们在早年对我们的养育者（母亲）形成了主要的依恋关系后，我们也会在未来的所有其他关系中使用这种关系，如友谊、工作和恋爱关系。换句话说，我们早期的依恋经历和体验与后来的关系模式有着内在的连续性。

依恋关系的不同类型

玛丽•爱因斯沃斯（Mary Ainsworth）在鲍尔比之后继续对依恋进行了研究，她通过陌生人情境实验，把婴儿的依恋分成安全型依恋（secure attachment）、回避型依恋（avoidant attachment）和矛盾型依恋（ambivalent attachment）三种，后来的研究者帕特里希亚·克里滕登（Patricia Crittenden）博士在爱因斯沃斯研究的基础上又增加了混乱型依恋（disorganized attachment），从而形成了依恋的四种类型。

安全型依恋的动力

安全型依恋通常是依恋程度比较强烈且比较健康的类型，占70%左右。安全型依赖的孩子觉得他可以依赖父母或养育者。他知道，当他需要支持的时候，父母就会来到他身边；他也知道，当他需要父母时，父母也会满足他的期待。所以，他通常知道自己需要的是什么，自己想要的是什么，而且也知道在父母那里会得到什么。

安全型依恋的孩子通常和他同龄的孩子玩得很好。当父母离开他的时候，他可能会哭，但当有人安慰他时，他通常能够很快安静下来。当妈妈再次回到他身边时，他们通常会表现出很开心的样子，欢迎妈妈回来。

安全型依恋的孩子更具有同情心、更自信、更有活力，在学校和群体中更受欢迎，有更强的社会技能、更好的同伴关系和更亲密的朋友。

孩子拥有什么样的依恋关系，通常取决于养育者（通常是父母）的品质，那么养育者具备什么样的品质才能让孩子形成安全型依恋呢？

亚历山大·汤姆斯博士（Alexander Thomas）和史黛拉·翟斯博士（Stella Chess）首先提出了“契合度”学说。他们认为，父母能否给予孩子安全型依恋，主要是看养育者的养育方式能否与孩子的气质相“契合”，如果能够做到“契合”，孩子就会形成安全型的依恋，否则可能就会形成不安全型依恋。

卡罗尔·德维克（Carole Dweck）提出了婴儿抚养人的养育行为与婴儿形成安全型依恋的关系，认为下列养育行为可以促进安全型依恋的形成。

- 对婴儿发出的各种信号和需要非常敏感，并给予迅速的反应。
- 主动调节自己的行为以适应婴儿，而非以自己的个性、情绪要求婴儿，或把自己的行为习惯强加给婴儿。

- 充满感情的、积极的情绪表达，与婴儿的接触总是充满爱意。
- 积极鼓励婴儿探索周围的环境和事物，并在他们需要的时候对他们提供帮助和保护。
- 喜欢与婴儿亲密的身体接触，如搂、抱、亲吻，并从中感到快乐和喜悦。

玛丽·爱因斯沃斯提出，养育者的照顾方式会影响婴儿的依恋方式。她认为要从四个维度来评估对安全型依恋的影响：

- 母亲或照料者对婴儿需要的敏感性，即时刻觉察婴儿的状态；
- 反应性，即对婴儿的需要快速而恰当地满足；
- 积极的情绪表达，即带着温暖、热情和关爱地满足；
- 反应的连续性和可预见性，即对于婴儿的需要，父母一直坚持这样做。

我们可以看到，婴儿的安全型依恋的形成有赖于母亲对婴儿需要的恰当满足和积极对待。如果婴儿的需要在母亲那里是能够被关注的、能够被及时和恰当满足的，而母亲又是带着温暖和爱来做这一切的，那么婴儿就会形成安全型的依恋。

回避型依恋的动力

有回避型依恋的婴儿约占20%，通常表现为母亲在与不在他的身边都无所谓：母亲离开他时，他们并不表示反抗，很少有紧张和不安的表现；当母亲回到他身边时，他也往往不予理会。这类婴儿实际上对母亲并没有形成特别密切的感情联结，所以我们也把这类婴儿称作“无依恋婴儿”。

回避型依恋的婴儿似乎对母亲没有什么期待，他们内在的安全感靠自己满足。

回避型依恋的孩子可能看起来太独立了。他们通常不会去寻求帮助，他们有时很容易感到沮丧。他们可能很难和同龄孩子一起玩耍。他们有时可能很好斗，有时会很漠然或很孤僻。对某些回避型依恋的孩子来说，在和同伴或母亲交往中出现咬、打、推或尖叫是很常见的。回避型的孩子通常不会在其成长环境中与养育者建立牢固的关系。当父母离开时，他们不会有不满或抱怨，而当父母回来时，他们通常也不会去热情迎接。他们似乎在努力照顾自己。

母亲的什么行为会导致婴儿形成回避型依恋呢？

- 母亲对婴儿所发出的各种信号与需要不敏感，常不能及时意识到，更谈不上做出迅速的反应。
- 与婴儿的密切身体接触很少，对孩子没有兴趣，不喜欢与婴儿有密切的身体接触。
- 对婴儿常常不是充满感情，而是怒气冲冲，经常以生气、发火的方式对待。

这类母亲通常不会对孩子的需求做出反应，或需要经过很长一段时间才做出反应。当婴儿饿了或者感到害怕时，母亲通常不能及时出现在他的身边。当孩子对某件事感兴趣或兴奋时，父母要么不会在意，要么会出现拒绝。于是，孩子慢慢习惯了自己的需要不能指望母亲满足，于是对母亲不再有期待，他渐渐地学会了自己照顾自己。

矛盾型依恋的动力

矛盾型依恋的婴儿有时在母亲那里能被满足，有时不会被满足。当婴儿哭的时候，父母有时会做出反应，有时不会。当婴儿饿了，他可能会被喂食或者不会，还有可能出现当婴儿不饿的时候会被喂食。当婴儿受到惊吓时，母亲有时会忽视，有时又会过度安慰。当孩子对某件事感到兴奋时，母亲可能不理解孩子的兴奋或对他有不合适的反应。

这类婴儿对自己的需要能不能在母亲这里得到满足充满不确定感，甚至有时会激起对母亲的愤怒。因此，他们对待母亲的态度也是矛盾的。在某些情境中，他们会享受到需要被满足的开心；而在另一情境中，他们又会因需要不被满足而伤心。在经历过多次需要不能被满足之后，他们在经历需要被满足的时刻时也会带着未来不被满足的恐惧或愤怒。于是，当面对与母亲分离的场景时，他们会显得很警惕，当母亲离开时表现得非常苦恼与极度反抗，任何一次短暂的分离都可能会引起大喊大叫。但是当母亲归来时，他对母亲的态度又是矛盾的，他会表现出既寻求与母亲的接触，又同时反抗与母亲的接触，当母亲亲近他（如抱他）时，他可能会生气地拒绝或推开。

矛盾型依恋的母亲好像对婴儿感兴趣，也愿意接触婴儿甚至有亲密的身体接触，但对婴儿发出的信息或内在的需要常常会出现错误的理解，或捉摸不定，做不出及时或恰当的反应；她们对待婴儿的行为，通常是态度多变和不稳定的，对待婴儿的态度与方式依赖于自己的心境或情绪而定，她们依自己情绪的好坏时而对婴儿无微不至地关心，时而又漠不关心地忽视。而婴儿在应对母亲方式通常也是采用矛盾的或是极端的方式。

混乱型依恋的动力

前三种依恋是相对比较有组织的依恋。在这些类型里，婴儿可以预测他的父母对他的需要会做出怎样的反应，不管这些反应是积极的还是消极的。他们也知道自己做某些事情会让他们的父母做一些事情。但是混乱型依恋的婴儿则不同，他们无法预测母亲对自己需要的反应，所以他们对待和母亲的互动方式也是无序的、混乱的、随机的，此类婴儿对母亲的反馈大多是冷漠、困惑和恐惧。这些婴儿大多有被虐待的经历，或其父母有精神或心理障碍，如酗酒、抑郁、暴力等。

对于混乱型依恋的婴儿，他们对母亲不知道是应该接近寻求保护，还是应该远离以寻求安全。

恋母或恋父情结

恋母或恋父情结又叫俄狄浦斯情结，是指孩子对待父母的眷恋无法保持相等的忠诚度，同性父母在孩子对异性父母的眷恋方面无法保持宽容度，从而导致孩子与异性父母不敢保持亲近关系，与同性父母过度疏离或敌对的一种状态。

俄狄浦斯期

俄狄浦斯情结由俄狄浦斯期发展而来。俄狄浦斯期是弗洛伊德在精神分析理念中提出的一个人的正常心理发展阶段。俄狄浦斯则来源于古希腊神话故事《俄狄浦斯王》。这个神话讲述了一个和命运抗争，却最终失败的国王的故事。神预言俄狄浦斯会娶母弑父，俄狄浦斯的父亲拒绝接受这个命运，于是采取了反抗，结果仍然没有阻挡住神谕的如期实现。娶母弑父的故事被弗洛伊德赋予了人类恋母恋父的含义，并将其描绘成人类早期的一个心理发展阶段。

按照弗洛伊德的说法，在心理发展过程中，我们在3~5岁的时候都会有一个爱恋上异性父母、排斥同性父母的时期，这个时期被称为俄狄浦斯期。俄狄浦斯期是我们心理发展过程正常的组成部分，如果此期发展顺利，那么个体就会进入下一个发展阶段“潜伏期”；如果发展不顺利，心理发展就会停滞在俄狄浦斯期，并有可能转化为俄狄浦斯情结。个体能否顺利度过俄狄浦斯期，取决于他的同性父母如何对待他对异性父母的眷恋。如果同性父母对孩子的这种眷恋是接纳的、宽容的、慈爱的，那么孩子就会顺利度过这个时期；如果同性父母是严厉的、打压的、惩罚的，那么孩子就会形成情结，就无法顺利进入下一个心理发展阶段。

个体在成长的道路上对父母的忠诚度是等同的、无差别性的。在这种没有差别的忠诚里，孩子会得到双亲的共同保护和养育，于是他的安全感和归属感就得到了满足，他未来的成长道路就可能变得顺利和平坦。然而，俄狄浦斯情结的出现不仅会打乱一个孩子内心对双亲的均等的忠诚度，也会打乱一个人心理发展的正常进程，使我们的成长道路变得异常崎岖和艰难。

我们和母亲的关系是我们人生最早的人际关系，后来由于父亲的加入，我们的关系便由和母亲的二人关系变成了和母亲与父亲的三人关系。孩子进入俄狄浦斯期有三个条件：一是孩子已经认识到自己是独立的个体；二是父亲的加入；三是道德感的建立。如果没有父亲的加入，就不会有俄狄浦斯期的出现，所以父亲是俄狄浦斯期的关键人物。对于男孩而言，父亲是自己与母亲的竞争者；对于女孩而言，由于父亲的加入，和自己朝夕相处的母亲由原来的哺育者摇身变成了一个竞争者。对于男孩而言，父亲挑战男孩和他竞争配偶；对于女孩而言，父亲阻止配偶和孩子接近。当父亲如此作为时，俄狄浦斯情结就会发生。因此，一个人的俄狄浦斯期是否能平稳度过，父亲的角色至关重要。

孩子正常的关系发展路径如果能遵循以下原则，可能对其心理的发展或成长更为有益。

- 男孩的关系发展路径：从母亲到父亲。我们最早的关系就是和母亲的关系，男孩只有离开母亲，然后和父亲在一起，才能找到自己的男人身份，在心理上才能在男人的轨道上发展。
- 女孩的关系发展路径：从母亲到父亲，再从父亲回到母亲。

不论是男孩还是女孩，只有向自己的同性父母认同，他才可能顺利和健康成长。

俄狄浦斯情结

当一个孩子进入俄狄浦斯期后，男孩和母亲的关系就会比和父亲的关系亲密，女孩和父亲的关系就会比和母亲的关系亲密。如果他们成长到5岁，这种情形仍然持续，那么，他就可能停留在俄狄浦斯期，心理学上把这种现象叫作“固着”，意思就是他无法顺利地进入下一个发展阶段，只能停留在之前的心理发展阶段。这种发展的停滞会影响一个人未来的成长。因为男孩和母亲的亲密导致了和父亲关系的紧张，女孩和父亲的亲密导致了与母亲关系的紧张；而如果父亲过度打压男孩，母亲过度打压女孩，从而导致男孩惧怕父亲，女孩惧怕母亲，那么，当这种情形的出现时，就预示着俄狄浦斯情结的存在。

在俄狄浦斯期，当孩子对异性双亲出现爱恋，如果同性双亲和孩子对异性双亲的爱恋进行竞争，并过度打压，那么按照弗洛伊德的说法，对于男孩而言，他就会出现“阉割焦虑”（担心父亲把自己的生殖器阉割掉），而这种“阉割焦虑”则是缘自男孩害怕受到父亲惩罚的恐惧。尤其是当父母对他们的同性别孩子严厉、苛责、否定和对躯体或精神进行虐待时，会越发加重这种被惩罚的恐惧。当这种恐惧来临时，孩子往往会对他们的同性父母愤怒，甚至是憎恨，会表现出更多的对抗和拒绝。当他们长大之后，他们对异性就会保持一种特有的距离或恐惧，无法发展出一种正常的亲密和爱恋情感。当他们和自己的恋人或配偶有亲密行为或性生活过于和谐时，他们早年的那种罪恶感就会被激活。于是，为了免于惩罚，他们只能和异性保持一定的距离，对性产生恐惧，并可能因此出现性无能，男人会出现阳萎和早泄，女人会出现性交疼痛、性欲丧失。所以，存在俄狄浦斯情结的人，他们保持亲密关系的能力往往是不足的，他们的性功能可能也是低下的。

因为同性父母和孩子竞争异性父母的爱，那些制造俄狄浦斯情结的父母通常会对他们的同性别孩子采用打压、否定、指责和虐待的方法。他们不能允许或忍受与自己同性别的孩子超越自己，不允许他们比自己更成功、更优秀、更快乐和更幸福。因为当孩子比同性别的父母更成功、更优秀时，父母就会失去控制住孩子的能力，那么，他在和孩子的竞争中就会处于不利的位置。于是，父母通常不会允许同性别的孩子超越自己。而当俄狄浦斯情结发生时，如果孩子超越同性别的父母时，会惧怕来自父母的惩罚，因此有俄狄浦斯情结的人由于这种恐惧，通常不允许自己超越自己同性别的父母，进而演变成不允许自己成功，也不允许自己快乐和幸福。如果他们自己一不小心变得优秀、成功、快乐和幸福的话，他们也会制造出一些不幸或痛苦来平衡这些超越。

具有俄狄浦斯情结的人，其性别认同也会受到影响。在他们身上，可能会存在更多的异性气质或特点，他们也因为这样的特点，会羞于和异性打交道，也无法和同性打成一片。作为男人，他的攻击性较少，亲和性较多；主动性较少，被动性较多；坚持性较少，意志薄弱性较多；原则性较少，放任性较多；理性较少，感性较多。而具有俄狄浦斯情节的女孩，其情形可能正好相反。

同性父母同时也代表着权威。当俄狄浦斯情结发生，孩子长期会处在对同性父母的恐惧、排斥、否定、拒绝和愤怒之中。在他们成长的过程中，他们也会惧怕同性权威，如果是男孩，他们可能害怕男老师、男领导；如果是女孩，她们可能害怕女老师、女领导。

具有俄狄浦斯情结的人，其俄狄浦斯期会延长，异性父母会成为他们情感上的对象，却又不敢过于亲近。于是，他们通过和异性父母过于纠缠、对抗，或用自己出问题引起他们关注的方式来间接建立亲密关系。同时，他们会觉得自己的同性父母不合格，同性父母不配或没有资格做自己异性父母的配偶。所以，孩子会长期占据同性父母在异性父母那里的感情位置。长期占据的结果可能会导致同性父母发生外遇。然而，占据同性父母的位置是有悖于对父母的忠诚的，对同性父母不满、拒绝、排斥和愤怒也是如此。所以，当俄狄浦斯情结发生时，孩子常常会自我伤害，以惩罚自己对同性父母的不忠。我们知道，俄狄浦斯在得知他杀害自己父亲和娶了自己母亲，并和母亲生了四个孩子的真相后，他并没有选择自杀，而是选择刺瞎了自己的双眼，浪迹他乡，过着一种自我流放的生活，以此来救赎自己的罪恶。

当孩子进入青春期，同时有俄狄浦斯情结时，同性父母首先要做的事情就是阻止孩子和异性接近，因为孩子如果和他的异性父母接近或“恋爱”，就意味着对同性父母的威胁。而具有俄狄浦斯情结的孩子也很难走出异性父母的感情控制。即使他们将来走进婚姻，他们也会寻找像自己异性父母那样的配偶。如果是男孩，当他们成家之后，由于自己的配偶和自己的母亲非常相似，彼此都有被取代的可能，竞争就会发生，婆媳不和就在所难免。

具有俄狄浦斯情结的人，他们容易与他人形成三角化（两个人形成联盟，以共同反对第三方）。当三角化形成之后，夫妻关系会趋向恶化，俄狄浦斯情结会更加严重。

形成俄狄浦斯情结的原因

从关系层面看，俄狄浦斯期所发生的俄狄浦斯情结是一个人早年对异性父母的眷恋现象。不论男孩还是女孩，我们最早的关系是与母亲的关系，我们最早的世界是二元关系世界。由于后来父亲的加入才有了三元世界。当父亲加入后，男孩面临着与父亲的竞争，女孩面临着与妈妈的竞争。在这个过程中只要有一方父母对同性别的孩子过于攻击或敌对，那么，俄狄浦斯情结就会发生。

只有当父母双方对待孩子的竞争和分离能持包容、接纳和慈爱的态度时，孩子才能顺利度过俄狄浦斯期。

不论是男孩还是女孩，母亲都不会舍得放手，尤其是当母亲没有从丈夫那里得到足够的爱时就更会如此。当男孩无法离开母亲并把父亲视为对手时，这被称为“积极的俄狄浦斯情结”，当女孩无法离开母亲，并把父亲视为对手时，这被称为“倒置的俄狄浦斯情结”（女孩仍为女孩身份）或“消极的俄狄浦斯情结”（女孩为男孩身份）。

俄狄浦斯情结的产生是源于孩子和同性别的父母竞争异性父母，如果父母的夫妻感情足够好的话，那么，夫妻双方就会形成同盟，来一致应对孩子的这种挑战与竞争，那么，和孩子同性别的父母就不会恐惧在这场竞争中失利，因为他非常信任配偶的情感，于是就能非常自信地应对同性别孩子的竞争，并对同性别孩子的竞争报以更多的宽容和接纳，并把这种竞争视为孩子的一种能力和资源，是孩子具有挑战和亲密能力的一种表现。

为避免产生俄狄浦斯情结就要求和孩子同性别的父母对待孩子的竞争要报以宽容与接纳，对待他们要有温暖和慈爱，不可以过度惩罚和打击；而和孩子异性别的父母对待孩子要有界限，尤其是在亲密行为上要有界限，使孩子和自己保持距离。

俄狄浦斯情结的形成与文化也有一定的关系。当一种文化是民主、平等、尊重、自由、博爱的，那么俄狄浦斯情结就不太容易形成。而当一种文化是专制、等级、控制、服从的时候，俄狄浦斯情结就容易产生。

大部分的人都能顺利度过俄狄浦斯期，他们通常会动用两种方式来解决，一种是通过压抑对异性父母的爱恋，一种是建立对同性父母的认同。

12

家庭秘密与隐秘

家庭秘密与隐私

每个家庭都有自己的秘密，只是大小不等、程度不同罢了。家庭秘密与隐私不同，家庭秘密与家庭的另一个成员有关，通常会涉及另外一个家庭成员的权利。而隐私则属于一个人的秘密，与另外一个人无关，通常只涉及当事人的权利。隐私是每个自然人的权利，因此每个人的隐私权受到法律的保护，一个人可以选择告诉他人，也可以选择不告诉他人。

但是，家庭秘密就复杂得多。一个人的家庭秘密，不论对于家庭之外的人还是家庭成员来说，都是仅属于自己的或仅属于某些特殊家庭成员之间的，与其他家庭成员没有关系的秘密（如本人的婚前恋爱史、流产与堕胎的经历及夫妻性生活）就属于个人隐私。他们有权保守这些秘密，不告诉家庭的非相关成员，而家庭其他成员也没有权利要求知晓这些秘密。

但是，对另外一些类型的家庭秘密，是不是要告诉其他的家庭成员可能就会涉及人性、人权和伦理问题。这些秘密会涉及当事人本身，或当事人的权利。知道秘密的人要不要如实告诉有权知道真相的人？这可能会涉及很复杂的伦理问题。在对待要不要告诉的问题上，家庭与家庭的做法会有相当大的区别。一些家庭会选择不告诉，一些家庭会选择告诉，还有一些家庭会选择有限度地告诉。

一般来讲，家庭秘密通常会涉及三个人：知道秘密并保守秘密的人，通常称为“保密者”；制造了需要保密事件的人，通常称为“秘密制造者”；不可以接触秘密的人，通常称为“被保密者”。“被保密者”通常是孩子，而“保密者”和“秘密制造者”通常是比孩子年长或辈分比较高的人，这个人通常是父母、祖父母或外祖父母。例如，孩子早年被收养，养父母决定保守秘密，不告诉孩子收养的真相，孩子以为自己的养父母就是自己的亲生父母。也可能相反，“被保密者”和“秘密的制造者”可能是年长的人或长辈，而“保密者”可能是晚辈或其他人，如老人患绝症，孩子们从医生那里知道真相，并一致决定不告诉老人。

秘密会涉及真相，真相会涉及需要保密的事件（这个事件我们称之为秘密事件）和与这个事件相关联的人（这个人我们称之为秘密当事人）。有时秘密当事人知道秘密事件，如吸毒者、酗酒者、犯罪者；有时秘密当事人不知道秘密事件，如养父母保密养子的收养真相、子女保密父母身患绝症的真相。

家庭秘密通常包括离异、收养、身世、犯罪、去世、绝症、酗酒、吸毒、自杀、精神病症、残疾、外遇、虐待、家庭暴力等，这些事件通常是负面的，会带来羞耻感和痛苦。

因为家庭秘密事件具有羞耻和痛苦性质，因此保密可以减轻这两种感觉，并减少这两种感觉所带来的影响。然而，对家庭秘密进行保密，在家庭外和家庭内的作用是不同的。对家庭之外保守家庭秘密，主要是为了减少羞耻感；而对家庭内进行保密主要是为了减少伤害感。

前面说过，家庭秘密相对于家庭之外是一种隐私，我们有权不公开这个隐私。而家庭秘密对家庭成员秘而不宣是不是恰当，或保守秘密的结果会不会正好与保密者的初衷正好相反呢？

隐瞒家庭秘密的后果

对家庭秘密是公开好，还是不公开好，不能一概而论。不同的文化、不同的伦理、不同的民族会有不同的价值标准。下面我只从心理学的角度来讨论，对待家庭秘密的不同做法会有什么样不同的心理学结果。当然，对于一个家族来说，他们仍然可以依据文化或道德的习惯，来决定是否将家庭秘密在他们的家庭成员中予以保密或公开。

收养

养父母之所以对收养事实要保密，最常见的原因是，养父母担心一旦养子女知道收养的真相，极有可能会去寻找自己的亲生父母。一种结果可能是养子女不再愿意继续被养父母收养，要回到自己的亲生父母那里去；还有一种结果可能是当养子女知道自己收养的真相，对养父母的感情就不会像不知道之前那么好了，养父母会担心孩子把他们的真感情给他们的亲生父母。那么，我们看到，对收养真相的保密，更多的是养父母出于对于自己而不是养子女的需要来考虑的。

从养父母决定对收养要保密的那天起，不能让收养这件事让养子女知道，便成为他们每天要牢记的内容。他们会想方设法地缩小知道自己收养孩子这个事实的范围，对已经知道自己收养事实的人要倍加防范，或叮嘱他们为自己的收养行为进行保密，也会担心他们有一天会说出去。当孩子渐渐长大，他们每天都会担心养子女可能会通过各种途径知道自己被收养这件事情。他们可能会限制孩子与知道或可能知道收养真相的人接触，也会限制家庭或孩子们的社交活动圈。因为社交圈的扩大，就等于增加了孩子信息的来源范围，孩子能够接触到知道收养或可能知道收养的人的可能性就会增加，那么孩子知道收养真相的危险性也会增加。然而，养子女每天接触到收养真相的可能性是存在的，养父母做不到消灭这种可能性，而且随着孩子的长大，他们的能力和社交也越来越强，他们接触到的可能性也会增加。无疑，养父母每天要防范真相被揭开的压力也会越来越大。我们看到，从养父母决定对收养保密的那天起，他们就注定每天把自己放在了压力之中。我们知道，压力会带来应激，尤其是一个人长期处于压力当中，就等于让自己不断处在应激状态下。慢性应激状态会引起身体疾病，这种病症我们叫心身疾病，属于这种疾病的有很多种类型，如高血压、冠心病、胃溃疡、皮肤病、甲亢、糖尿病、癌症等，这些疾病对我们的健康来说无疑都是一种威胁。

当然，养父母的压力还远不只这些，他们对养子女隐瞒收养的真相，内心会觉得对不起养子女，因为他们剥夺了养子女知道自己身世的权利。对于这份剥夺，他们的内心会觉得对养子女有愧疚，这份愧疚会内化为自责，而自责可能会导致自我伤害。

还有一种可能，就是不知道会在哪一天，养子女会从别的渠道打听到自己被收养的真相。那么，他们会觉得养父母一直在欺骗自己，他们一直活在养父母的谎言当中。他们此时可能不再信任养父母，而之前他们与养父母的亲情可能就会片刻化为乌有。他们可能不会原谅养父母的隐瞒，从而对养父母产生怨恨甚至敌对情绪，和养父母的关系可能会从亲密、配合而转变成为紧张、冷漠，有些养子女可能会因此成为问题孩子。

罹患绝症

家庭成员对家庭中的亲人身患绝症的保密和父母对收养的保密会有所不同。当家庭成员对亲人身患绝症的信息进行保密时，他们的保密背后有一种信念在起作用。这种信念就是：如果我告诉你真相，你会承受不了真相；你承受不了真相，你的病情就会很快恶化；你的病情很快恶化，你就会很快离开我们；而你很快离开我们，是我们受不了的。当我们持有这种信念时，我们通常就会选择保密。

而一旦家庭选择保密时，家庭就会启动所有的资源来守住这个秘密。家庭就可能会从对亲人疾病的关心，转移到对如何守住疾病秘密的关心。家庭会形成保密同盟，会叮嘱除患病亲人之外的所有知情的家庭成员不可以泄密。然后每个家庭成员在患病亲人那里的一举一动、一言一行都要小心翼翼，以免不知会因为哪句话说错了，或哪件事做错了，秘密就会戳穿，真相就会大白。于是，家庭对待疾病的治疗也需要遮遮掩掩，不能如实地做一些检查，也不可能如实地做一些治疗，即使做了，也要想方设法去自圆其说，如把相关的检查或治疗解释成与亲人疾病不相符的或者比较轻的疾病，以免让亲人怀疑。

为了避免亲人的怀疑，有时他们可能不得不放弃那些无法掩盖住真相的有效治疗，从而选择一些能够保住真相，但对控制病情却可能不会十分有效的治疗。而当亲人对他的疾病想知道真相或对家人告诉他们的事实有所质疑时，这无疑是最让家庭紧张的时刻。他们一边想方设法去编织更完美的谎言来应对亲人的质疑，一边又希望亲人能够相信他们的谎言。他们无法用真情实感和亲人交流，他们通常会带着焦虑、担心或紧张与患病的亲人打交道。家庭成员和患病亲人的关系已经变成一种虚假的关系。家庭成员会把主要精力放在两个方面：一个是真相不要被打破，二是患病的亲人要信任家庭成员的欺骗或谎言。而家庭成员对亲人患病真相的隐瞒，以及对患病亲人知道真相的担心，会一直持续到患病亲人的疾病痊愈，或患病亲人因疾病恶化而离开。

和养父母向养子女隐瞒收养真相一样，他们对此有同样的内疚感，为了患病亲人能够有一个好的结果，或者能够尽最大可能地延长和他们在一起的时光，也会为此付出很大的代价。他们出于对亲人的爱，不得不选择隐瞒真相，不得不承受真相被打破的压力，不得不时时承受担心亲人知道自己疾病真相的焦虑和紧张，此外他们还要承受亲人罹患绝症疾病的痛苦。他们不想亲人知道真相，可能还有一层考虑，那就是如果亲人不知道疾病的真相，那么亲人就可以免受知道自己罹患重病或绝症的痛苦，那么，家人就等于选择了由自己来默默地替亲人承担这份痛苦。

当罹患绝症者被家庭成员集体地与真相隔离的时候，他也就无法来面对自己真实的疾病，他也因此可能失去找到有效地应对或干预自己疾病的方法。他需要面对两个部分：一部分是家庭成员基于隐瞒真相所带来的不那么真实的关系；另一部分是家庭成员所建构出来的那个不真实的疾病或假象。为了维护或不辜负亲人们费尽心思给予自己的爱，即使他们从亲人们的表现、情感或氛围或自己的疾病本身的感觉或从医生所采用的治疗方案那里已经获得了自己所患疾病的真相，那么，他也会配合自己的亲人对自己的疾病真相的隐瞒。他可能也会向他的亲人们隐瞒自己对自己疾病真相的感知，然后去让亲人们看到，他相信了他们所建构的那个假象，然后选择对他们隐瞒的信任。于是，家庭亲人之间的爱便在由善意所搭建起来的谎言里流动。

父母离异

父母在孩子很小的时候（如 3 岁之前）离婚又再婚，如果这个孩子的母亲是监护人，那么孩子便会随着母亲长大。

那么，当孩子长大之后，如果他的母亲不告诉他这段离婚和再婚经历的话，他在相当长的一段时间里几乎不会知道这些的（孩子一般记不起 3 岁之前的事情）。他的母亲为了保守自己离婚和再婚的秘密，可能会告诉继父就是他的亲生父亲。于是，这个孩子便活在母亲所设置的假象里。母亲担心，如果告诉孩子真相，孩子会觉得自己来自一个破碎家庭，会产生痛苦，也会因此产生自卑感。一旦孩子知道了真相后，他可能会对自己父母失望，会抱怨他们的不负责，从而可能会对父母产生怨恨之情；孩子也可能会有自卑感，觉得在同学那里低人一等，从而产生被同学歧视的心理。

蒙羞事件

还有一种保密是一个家族里前几代人做了一些不光彩的、让整个家族蒙羞的事，如吸毒、自杀、因犯罪坐牢等，为了不让后代重复他们的行为，或变成他们那样，于是对他们的后代隐瞒这些事情。保密这些事件的理由也很简单，是为了防止他们的后代学习他们的样子后变坏。如果他们不知道，他们成为好人的可能性就会增加，如果他们知道了这个事实，他们成为坏人的可能性就会增加。

当然，能够成为家庭秘密的事件还有很多，远远不只我们所列出的这些。像上面我们所说的那样，对于发生在家族成员身上的、家族觉得是羞耻的事，有违家族禁忌或伤风败俗的事，都会成为家族的禁忌，从而进一步变成家族的秘密。

公开家庭秘密的结果

前面我们已经看到了隐瞒真相的结果，我们现在再来看看不隐瞒真相的结果。

收养

如果养父母对他们的收养事实决定一开始就告诉他们的养子女，他们的内心就是坦然的，他们无须在自己的养子女那里去掩盖什么，他们会集中自己的所有力量和精力去爱自己的养子女。他们能够真诚地去面对自己的养子女，能够像抚养或对待自己的孩子一样去对待他们，他们无愧于自己的养子女，也无愧于自己的内心，坦然对待每一天。他们会把自己父母般的爱给予养子女，无惧养子女会选择他们的亲生父母而抛弃他们，他们对自己的爱有信心，对养子女给予他们的爱也有信心。

当养父母告诉了养子女的收养真相，养子女会觉得养父母对自己的身世给予了尊重，尊重了他的知情权，也尊重了他的整个人和整个生命。这份尊重会化成他内在的自我价值和力量。他们会因为这份尊重更加感激养父母，并更加能够感受到养父母给予他的那份深深的关爱。我们知道，乔布斯就是被收养的，他的养父母如实告诉了乔布斯的收养真相。乔布斯在成名之后的很多公开场合，对他的养父母都称赞有加，并且多次声称他的养父母就是他的亲生父母。乔布斯和他养父母一辈子都相处得很好，而且乔布斯用他的优秀回报了他的养父母。即使他后来知道了他的亲生父母，也没有影响到他与养父母的关系。

尤其重要的是，乔布斯的养父母在他们的人生里不需要再去消耗额外的力量，用于去防范秘密被打破，以及乔布斯知道自己被收养的真相。他们和乔布斯的关系是真实的关系、真诚的关系、开放的关系和尊重的关系。这种关系不仅有利于乔布斯的成长，也有利于乔布斯养父母的身心健康。一个人有知道自己身世的权利，有知道与自己相关的事务的权利。这些权利越是被尊重，被尊重的人就越会觉得自己被信任，他也会因此觉得更有价值。而爱就会因尊重而在亲密关系里得到充分而自由的流动。

当然，告诉真相也可能会有一些我们不想要的结果。例如，养子女可能会排斥养父母，觉得对自己不够亲也不够好。他们会觉得被自己的亲生父母所抛弃，并因此会非常伤心或难过。他们可能会因此而自卑，甚至自暴自弃。也有可能养子女被收养的真相被同学或老师所知，会被歧视。或他们会去找自己的亲生父母，并对自己的亲生父母好过养父母。当然这些都可能是告诉之后养父母不想要的结果。然而，重要的是，这些结果并不是说必然会发生。即使这些不希望出现的结果会发生，那么，对于养父母而言，他们也是做了他们应该做的事情，他们无愧于心，他们也无愧于养子女。他们既然能够有勇气面对收养的真相，也就有勇气面对这些不好的结果。他们会拿出他们的爱、真诚和勇气，和养子女一起来应对并处理这些。

就像我们在前面所看到的那样，不告诉也会带来一些我们不想要的结果。我们之所以选择不告诉，是希望在养子女那里能够避免我们告诉了收养真相所带来的那些不好的结果。可是，当我们选择了不告诉时，有可能我们避免了那些不想要的结果，但养父母会因此长期承受秘密被公开的焦虑、担心和压力；承受因为侵犯或剥夺了养子女对自己身份的知情权而带来的内疚感；会让养父母和养子女的关系变得不再真实；会影响家庭和外界的社交圈，这些影响比公开秘密所带来的影响对养父母的身心健康更加不利。

罹患绝症

如果我们对亲人不再采用隐瞒的做法，让得病的亲人参与所有的知情过程。他们明白关于自己疾病所有的一切，包括检查及检查报告结果、诊断和治疗，那么我们和患病亲人的关系就是真实的关系，整个家庭的能量此时都会聚集在如何帮助患病的亲人治疗疾病、战胜疾病上，此时家庭成员可以和患病亲人以及医生一起来讨论或协商如何应对患病亲人的疾病，如何选择治疗或干预方案。当患病的亲人能够得到来自整个家庭的亲情、爱、关怀、支持和帮助时，他就会因此而更加有信心和力量去战胜疾病。在这个过程中，患病亲人获得了尊重，获得了信任，也获得了来自整个家庭的爱。不论他余下的生命受到疾病的影响是长远还是短暂的，他的生命都是真实并充满能量的。

当然，如果我们告诉了患病亲人所患疾病的真实情况，我们的患病亲人有时可能会出现沮丧、失望或绝望、悲观、伤心，甚至会放弃治疗。当然，这些都是我们所不想看到的。然而，即使如此，整个家庭也可以和患病的亲人一起去勇敢地面对所有难题和困境，这份亲人的爱和真实通常又会化为患病亲人战胜疾病的信心和力量。

我们从另一方面来看这个问题，隐瞒时我们牺牲了真实的关系，牺牲了患病亲人的知情和选择权，牺牲了家庭成员对患病亲人的信任，家庭成员因此也会有内疚感。当然家庭成员也要承受隐瞒真相的压力，承受患病亲人知道真相的焦虑。

我们知道，人与人之间需要建立自由、信任和真实的关系，一个人需要尊重另外一个人的权利和尊严。只有这样，人在亲密关系里才能感受到爱，才能感受到自己生命的价值和尊严。

当然，上述关于家庭秘密的看法仅代表作者本人的观点。鉴于家庭秘密通常与家庭所在的文化息息相关，而且有时家庭秘密会受到家庭所属文化的保护，因此家庭秘密是否向某个或某些家庭成员公开，仍然取决于保守秘密的成员对公布秘密的评估。

Family Dynamics / CHAPTER 13

13

人生问题

从原生家庭溯源

我们经常会为所面临的问题苦恼。从家庭动力的角度看，问题就是一种动力，问题不同其动力也不同。在不同的家庭系统中，同样的问题会有不同的动力，不同的问题可能会有相同的动力。

从系统学来看，人类的系统是个开放的系统。开放系统是一个动态平衡的、有序的、非线性的及有物质、能量和信息交换的系统。而家庭系统的动态平衡主要表现在夫妻关系系统的稳定与平衡上。一旦夫妻系统出现不稳定或不平衡，那么家庭系统中的成员就会出来平衡夫妻系统，这是相当一部分家庭出现问题的原因。孩子通常会成为父母夫妻关系危机的拯救者和平衡者。从家庭动力的角度看，家庭中的夫妻系统出现问题，也是夫妻双方承接了他们各自家庭动力的结果。可能在他们的原生家庭中，他们父母的夫妻关系也曾经出现了问题，因为这个动力没有得到处理，从而父母的问题在他们的身上又再次得到体现和重复。这可能是出于潜意识对父母的忠诚，也可能是出于意识里对父母的拒绝。

自我伤害与自我拒绝

我们会有很多自我伤害的行为，如酗酒、熬夜、过度工作、过度减肥、自杀、自残等。从家庭动力的角度看，所有的自我伤害都是源于自我拒绝。而自我拒绝又源于对父母的拒绝。从家庭动力的角度讲，有拒绝的地方就会有伤害。如果我们拒绝自己就会伤害自己。

如果我们拒绝父母，我们会伤害谁呢？我们一般不敢轻易去伤害父母，因为在我们的成长经历中，他们曾经太强大了。除非我们有了足够与他们对抗的力量，否则我们通常不会直接去伤害他们。但我们可能会选择去间接伤害，如伤害他们的孩子——我们自己。我们既是自己，又是父母的孩子，我们每个人都会有这种双重身份。我们经常会通过伤害自己来表达对父母的拒绝。

生理疾病：满足心理的需要

从系统角度看，躯体系统低于精神和心理系统，如果精神和心理有需求，那么我们的身体就会来帮忙。

当我们的心理有自我伤害的需求时，身体就会说“让我来”。举一个简单的例子，如果我们有自我伤害的需要，我们可能通过抽烟或酗酒来满足。我们抽烟时感觉到烟是香的，我们喝酒时，感到酒是甜的。于是，我们会抽更多的烟、喝更多的酒，我们的身体便会不断地受到伤害。因为酒和烟能让我们的身体兴奋，我们的身体会渴望它们，于是我们的自我伤害就会延续到身体的受伤害上。而当我们的内在或心理不再需要伤害时，我们的身体也会来帮忙。那么当我们再接触烟酒时，它们所带给身体的体验就会是痛苦的。于是，我们无法再坚持抽烟和喝酒，那么我们的身体就会远离伤害。我们爱自己的需求就因此得到了满足。

因此，我常常说，看一个人是否爱自己，就看他是否爱他的身体。爱自己首先会爱他的身体。而爱自己的身体首先从吃好饭和睡好觉做起。

身体疾病是我们的身体出现故障或障碍的结果，是我们的身体在结构上和功能上被破坏的结果。这种情况会波及我们身体的所有系统、器官和组织。从家庭动力角度看，所有的躯体疾病都是我们的生命生物体被损害，躯体本身的组织被伤害。我们通常会借助科学从生物学、结构学上去找原因。这种方法当然是有效的、具有说服力的。可是，我们若从系统的角度看，可能会看到另外一种联系，即躯体疾病也是满足我们心理上自我伤害的一种方式。当我们的内在有自我伤害的需要时，我们就会动用身体来满足这种自我伤害。于是，我们的身体可能会通过罹患各种疾病，如癌症、高血压、糖尿病、胃溃疡、皮肤病、风湿病、肾炎等，用身体出现伤害的方式来获得心理上希望获得伤害的结果。

拒绝传承和与父母的联结

所有生命都有两大本能，即生存本能和繁殖本能。只有这两种本能同时起作用，生命才能作为种群延续下去。人也不例外。但是，人的传承却会受到家庭动力的影响。我们每个人都是父母的孩子，我们的生命是从我们的父母而来的。因此，我们的传承便与我们的父母有关。因为我们的生命在某种程度上是父母生命的延续，如果我们与父母的关系出现问题，如曾经在父母那里受到伤害，或觉得父母对我们不好，或我们对父母有敌视、怨恨时，我们就可能会拒绝把父母给予我们的生命传承下去。或者，我们如果看到父母的婚姻是不幸的、痛苦的，如在婚姻里不断地发生冲突、暴力、虐待等，我们就会对婚姻恐惧，可能不会走进婚姻。还有一种情形，如果我们的童年是不幸的，那么我们也可能对走进婚姻顾虑重重，因为我们觉得，如果结婚生子，就会再制造一个不幸的孩子来到这个世上，让自己的不幸和痛苦在自己的孩子这里重演，这不仅残酷，也不公平。于是，他们要么拒绝婚姻，要么即使结婚也会拒绝生孩子。

如果我们在传承上出现问题，那我们可能会通过很多种方式来表达，如拒绝结婚；结婚后不要孩子；想要孩子但自己的生育能力不行；想改变自己的性别，如男性想把自己的性别变成女性，女性想把自己的性别变成男性；改变性取向，性指向同性别的人；自己的性功能出现问题，男人出现阳痿，女人出现性交疼痛、性冷淡。

性心理问题背后的家庭因素

我们人类是一个以性别存在的物种，是以男人或女人的形式存在着。因此，男女性别是我们每个人最基本的存在。我们的性别有生理性别、心理性别和社会性别三种存在方式。从理想或常规的角度讲，我们的性别角色的发展会受到与父母关系的影响。

当父母决定要我们的时候，他们对我们就会有性别期待。通常在第一胎的时候，他们想要一个男孩。自第二胎开始，他们通常会期待即将到来的孩子能和上一个孩子有相反的性别。当我们的性别恰好符合父母对我们的性别期待时，我们的性别认同就不会有什么问题。当我们的性别与父母的性别期待不符时，我们的性别认同就会受到影响。我们会认为和自己的性别相反会比较好。

其次，当我们的家族存在重男轻女的文化时，即使我们的性别符合父母的性别期待，如果我们的祖父母或外祖父母存在重男轻女时，同样也会影响女孩的性别认同。女孩会觉得男孩好于女孩。

当兄弟姐妹的同胞里有夭折时，也会影响一个人的性别认同。当男孩的前面夭折了一个姐姐或是女孩的前面夭折了一个哥哥，那么他们的性别认同也可能会受到影响。当一个孩子夭折了，父母通常非常希望下一个孩子最好能和那个夭折的孩子性别相同，他们期待通过再生一个性别相同的孩子，来寻找夭折孩子的影子，并在这个孩子身上来补偿父母觉得所欠夭折孩子的爱。如果出生的孩子与夭折的孩子性别不符，那么这个孩子的性别就不符合父母的期待，他的性别认同也会受到影响。

影响性别认同还有一个非常重要的因素，就是一个人在俄狄浦斯期没有顺利度过，要么固着在了这个时期，要么退行到这个时期，或是形成俄狄浦斯情结。当孩子处在俄狄浦斯期（大约 3~5 岁），孩子会想和异性父母亲近，却排斥同性父母。如果同性父母对孩子过度严厉、过度惩罚，那么孩子可能就会出现俄狄浦斯情结，表现为惧怕同性父母，也不敢和异性父母过度亲密。我们在前面说过，当孩子出现俄狄浦斯情结时，到了青春期就会出现对异性的恐惧；到了成年期或走进婚姻后，会出现性功能障碍。当一个孩子出现俄狄浦斯情结，那么他就很难完成向自己的同性父母的性别认同。

还有一类性问题就是性心理障碍。这类人群会通过文化所不能接受的方式来满足自己的性欲需求。

- 恋物癖，用异性的内衣或服饰来获得性兴奋；

- 摩擦癖，在公共拥挤的场所通过摩擦异性的身体来获得性兴奋；
- 窥淫癖，通过偷窥异性私处或性生活来获得性兴奋；
- 露阴癖，通过在陌生异性面前暴露自己的生殖器来获得性兴奋；
- 异装癖，通过穿着异性的服装来获得性兴奋；
- 施虐和受虐癖，通过肉体的施虐或受虐来获得性兴奋；
- 恋童癖，通过猥亵或与儿童发生性关系来获得性兴奋。

此类人群通常在童年或青春期，在性的发育过程中，曾经遭遇到严厉的打压，可能会导致个体对性或性欲望的恐惧。于是，性欲望或性需求不能被承认，甚至不可以被存在。因为性需要是一种本能，需要被释放。如果不能通过正常的途径释放，它就会通过非正常的途径释放，这些非正常的途径就包括病态和违法的途径。而性心理障碍的人群就是通过病态的方式来获得那些在父母那里不能够通过正常的途径来获得释放的性欲或性需求。可能是父母太恐惧性会扰乱父母想在孩子实现的一些目标，通常的目标是学习好，因此父母企图把孩子的性打压掉。他们以为这样就可以保住他们在孩子那里所实施的目标。但是，我们看到，这样做的代价太大了，孩子可能会失去正常的满足性欲的能力。

为了保护孩子性心理的发展，作为父母的我们不要在孩子那里建立性是丑陋的、肮脏的、邪恶的观念，更不要在孩子进入青春期之后，对孩子的性欲及性行为进行打压。让孩子认识到性像饮食和睡眠一样，是我们人的正常本能，性是美好的，是用来创造新生命的。当一个人进入青春期之后，有性欲望，喜欢异性，想接近或亲近异性，甚至想和异性发生性关系等一系列的性心理或性活动出现都是很正常的事情。性本能、性欲望是不可以消灭的，但我们需要控制的只是满足性欲的方式或行为。我们把满足性欲的方式控制在道德和法律的要求之内就可以了。作为父母的我们要引导孩子，做好他们的性生理、性心理、性道德、性保护的有关性知识的教育，把性看成我们生命的一部分，不要加以排斥、否定、拒绝、打压和污名化，而是如何去更合理和更恰当地去满足这些需求。那么，孩子在进入青春期后，对性欲望就不会产生恐惧和自我打压，性就可能会在健康的轨道上发展。

原生家庭对异常人格形成的影响

生命总是以群的状态存在的。没有生命是独立的，否则她就会消失或绝种。因此，只要是生命，就会以群体的形式出现。越是高级的生命就越会如此。生命的这种群落性在人类身上就表现为人的社会性，这种社会性表现为人的国家性、城邦性、部落性、民族性、家族性和生产性。

人在这个世界上的关系，通常有与宇宙的关系、与地球上自然环境的关系、与人类社会的关系。而我们在这里所说的关系问题，则是指人在社会中与他人的关系。

人对社会环境的适应主要体现在人与人关系的适应上。我们经常所说的性格、人格、气质类型就是这个适应的结果。当我们觉得我们的人际关系不好的时候，其实是我们适应社会和他人的能力出了问题，是我们适应社会环境或他人关系出了问题。而我们适应社会或他人的关系为何会出问题呢？这通常又与我们在早年适应父母或兄弟姐妹的环境有关。

我们最早的关系是与母亲的关系，我们与人的关系模式，最早是从母亲这里建立的。随着我们的长大，我们生命的另一位创造者父亲会加入我们生命的关系中来。父亲的出现，扩大了我们要适应的环境范围，我们的关系就由和母亲的二人关系，变成现在的三人关系。在三人关系中，我们的适应环境范围扩大了，由原来我们只要适应母亲，到现在变成了还要适应父亲。我们不只是作为中性的孩子来适应他们，而是作为一个有性别的男孩或女孩来适应他们。作为中性的孩子，我们会面临对他们保持相同程度的忠诚问题，我们的内在潜意识需要和他们保持相同程度的爱，不论我们的父母是谁，也不论他们对我们做了什么，我们潜意识里的忠诚都要求我们要保持对他们有相同的爱。这种适应的结果，就产生了我们的行为模式，这些行为模式就构成了我们人格的一些成分。作为有性别的男孩和女孩，我们会遇到俄狄浦斯期的问题，即我们会和同性父母竞争异性父母。在竞争的过程中，我们又会遇到和同性父母的竞争关系问题，和异性父母的亲密关系问题。在这个竞争关系中，我们也要去适应这种环境，我们无法预测同性父母如何回应我们的竞争，也无法预测异性父母如何回应我们的亲近。但是，不论我们的父母如何回应，我们都会尽自己的最大努力去适应父母的回应。

如果我们一生下来前面就有哥哥或姐姐，或者我们生下来不久就有了弟弟妹妹，那么我们要适应的环境就会更加复杂。如果我们有兄弟姐妹，我们和他们的关系通常也是竞争关系。这种竞争关系通常取决于父母如何对待他们的子女。如果父母能够平等对待他们的孩子，给予他们所有孩子的爱是均等的、没有差别的，那么孩子就会在好的方面进行竞争；如果孩子感受到来自父母的爱是有差别的、不均等的、有偏重的，那么孩子就可能有不良的竞争。因此，一个孩子所面对的环境或关系通常取决于他拥有什么样的父母，还有什么样的兄弟姐妹。不论他们的状态或类型是什么样的，每个孩子都会尽最大努力去适应他所赖以成长的家庭环境。这种适应的结果，就形成了他们的关系模式、行为模式和人格模式。这些早年所形成的模式可能会固定下来，并被用在后来的人际关系中。当然，这些模式对他所在的早年的原生家庭是适应性的，这些适应原生家庭的模式可能会在被多次使用之后固化下来，并被应用到家庭之外的社会环境，如幼儿园、小学或初中与高中。这些原本在原生家庭是适应性的行为模式，一旦被原封不动地移植到家庭之外的环境里时，这些行为模式可能就会变成非适应性的了。这些非适应的行为或关系模式可能会变成一个人的非常态人格类型，这些人格类型常见的包括以下几种。

- 偏执型。对他人有普遍的不信任和猜疑，比如把他人的动机解释为恶意，可能的表现为没有足够依据地猜疑他人在剥削、伤害或欺骗他；经常会怀疑朋友或同事对他不忠诚和不信任；他们很难信任他人；他人的善意会经常会被当作含有贬低或威胁性的意义；对他人会有持久的怨恨（如不能原谅他人的侮辱、伤害或轻视）；如果他感到自己的人格或名誉受到打击时，他会迅速做出愤怒的反应或反击；对自己的情侣或配偶的忠贞反复出现没有证据的猜疑。
- 表演型。通常表现为过度的情绪化和追求他人注意；当自己不能成为他人注意的中心时，感到不舒服；与他人交往时往往带有不恰当的性诱惑或挑逗行为；其情绪表达的特点是变换迅速而表浅、戏剧化、舞台化或过于夸张；通常利用身体外表来吸引他人对自己的注意；易受他人或环境所暗示。

- 自恋型。需要他人赞扬；不能换位思考，不愿识别或认同他人的感受和需求；经常有幻想或自大；认为自己比他人重要、特殊和独特；不合理地期望特殊的优待或要求他人要顺从他的期望；要求他人过度赞美自己；在人际关系中经常会剥削他人，为了达到自己的目的而利用别人；经常妒忌他人，或认为他人妒忌自己；经常表现出高傲或傲慢。
- 回避型。认为自己在社交方面笨拙、缺乏个人吸引力或低人一等，容易在社交场合被批评或被拒绝，除非确定能被喜欢，否则不愿与人打交道；不情愿冒个人风险参加任何新的活动；因为害羞或怕被嘲弄而在亲密关系中表现拘谨；因为害怕批评、否定或排斥而回避涉及人际接触较多的职业活动。
- 依赖型。过度需要他人照顾，因此产生顺从或依附；害怕分离；如果没有他人给予足够的建议和保证，便难以做出日常决定；需要他人为其大多数生活领域承担责任；因为害怕失去支持或赞同而难以表达不同意见；因为对自己的判断或能力缺乏信心而难以自己开始一些项目或做一些事情；为了获得他人的培养或支持而过度努力，并且会自愿做一些令人不愉快的事情；因为过于害怕不能自我照顾而在独处时感到不舒服或无助；在一段密切的人际关系结束时，会迫切寻求另一段关系作为支持和照顾的来源。
- 强迫型。沉溺于有次序、完美以及精神或人际关系上的控制，而牺牲灵活、开放和效率；经常沉溺于细节、规则、条目、次序、组织或日程，以致忽略了活动的要点；因完美主义而妨碍完成任务；过度投入工作或追求绩效，以致无法顾及娱乐活动和朋友关系；对道德、伦理或价值观念过度在意、小心谨慎和缺乏弹性；不情愿丢弃用坏的或无价值的物品，哪怕这些物品毫无价值；不情愿将任务委托给他人或与他人共同工作，除非他人能精确地按照自己的方式行事；对自己和他人都采取吝啬的消费方式，把金钱视作可以囤积起来应对未来灾难的东西；表现为僵化和固执。
- 边缘型。表现为人际关系、自我形象和情感的不稳定并且带有冲动性；极力避免真实或想象出来的可能被遗弃的情境；对一个人或关系一时极端理想化，一时极端贬低否定；身份紊乱，自我形象或自我感觉极度不稳定；有潜在的自我冲动性和自我伤害行为，过度消费、放纵性行为、物质滥用、鲁莽驾驶、暴食、酗酒等；反复发生自杀行为、自杀姿态或威胁或自残行为；情感不稳定，如强烈的发作性的烦躁，易激惹或是焦虑；有慢性的空虚感；不恰当的强烈愤怒或难以控制发怒（如经常发脾气、持续发怒、重复性斗殴）；短暂的与应激有关的偏执观念或严重的分离症状（感觉不真实）。

- 分裂型。对他人、对亲密关系不是很感兴趣，他们很少有亲密或知心的朋友；对外在的赞扬或批评都显得无所谓；他们在关系里经常表现为冷淡、疏离；他们可能会毫无根据地猜疑他人对自己怀有恶意。
- 反社会型。主要表现为漠视或侵犯他人权利；不能遵守与合法行为有关的社会规范；经常欺诈，为了自己的利益或乐趣而习惯性说谎，使用假名或诈骗他人；经常出现冲动、易激惹和攻击性行为，不断斗殴；经常鲁莽行事，不顾及他人或自身的安全；一贯不负责任，表现为重复性地不坚持工作或履行经济义务；缺乏内疚和同情，表现为做出伤害、虐待或偷窃他人的行为后显得不在乎或为自己辩解。

上述的这些关系模式来源于美国精神病学会的《精神障碍诊断与统计手册》(*Diagnostic and Statistical Manual of Mental Disorders*，*DSM—V*）里的有关人格障碍的分类体系。这些分类大体概括了我们非适应性的人际和行为模式，这些模式便构成了我们的人格和行为的病理性特征。而这些人际、人格、关系和行为模式，可能均是我们在早年适应原生家庭里的关系或环境的结果。这些行为模式在早年的原生家庭里可能是适应性的，也就是说，这些行为模式可能是我们早年在自己的原生家庭的一些生存策略，这些生存策略使得我们能够最大化地适应那些我们早年的生存环境，如适应我们的父母、祖父母、外祖父母及我们的兄弟姐妹。我们的这些适应策略能否更好地适应将来我们走出家庭之外的社会情境，则多取决于我们的父母、祖父母、外祖父母、兄弟姐妹的人格是否健全。如果他们的人格本身就是不健全的，那么，我们可能就会发展出适应他们不健全的人格的行为生存策略。这些生存策略也可能会发展出上述行为类型的其中一种。

一般而言，这些早年家庭的生存策略在我们成长的过程中会渐渐形成了我们的行为特征，并以模式的方式固定下来，在后来的成长中反复地被我们所使用。而这些在早年可能是适应性的行为模式或生存策略，一旦被固化并用之于所有的人际或社交场合之中时，可能就会是非适应的了，尤其是那些对父母、祖父母、外祖父母、兄弟姐妹的不健康人格的适应行为，这些行为模式经常会严重影响一个人的人际关系，并会妨碍他生活、学习和工作的方方面面。

这些非适应的行为会带来关系上的困难，这些困难可能发生在同学、朋友、恋人、配偶、孩子、同事、上级和下级之间，会导致我们在学校、家庭和职场上的失意或失败，我们可能会因此承受痛苦和折磨。

就像我们前面所说，我们最早的关系是和母亲的关系。后来有了父亲的加入。如果有兄弟姐妹的话，同胞关系也是影响我们成长的非常重要的关系。当然，以和父母的关系仍最为重要。我们的行为模式、人格特点，通常与我们父母的行为模式和人格特点或者他们如何对待我们有关。因为我们和母亲的关系最早，因此和母亲的关系便是我们所有关系的元关系。母亲的行为和人格品质以及我们和母亲的关系品质便会对我们的关系品质、行为模式和人格特征有非常重要的影响。

当父亲加入我们的关系中来时，我们和母亲的两人关系会演变成三人关系。那么，我们和母亲的关系，也是我们与女性的关系，我们和父亲的关系也是我们与男性的关系。因此，我们和母亲的关系便成了我们与所有女性关系的原型，我们和父亲的关系便成了我们与所有男性关系的原型。而我们与父亲和母亲的关系则决定了我们未来的人际关系的模式，也是奠基我们人格类型的基础。因此，我们父母的心理健康度、人格类型和人际关系模式，会决定或影响我们的心理健康度、人格类型和人际关系模式。

而当我们在成人之后，如果觉得自己的人际关系或人格类型有问题，那么要想改善我们的人际关系或人格类型的话，我们就需要处理早年在父母那里所形成的行为互动或关系模式。这部分如果没有得到处理或修复，要想获得我们人际关系、人格特征和行为模式的改变或改善是极其困难的。

焦虑

焦虑的含义有很多，我们在这里所讨论的焦虑仅限于心理学领域。

焦虑与恐惧

焦虑和恐惧不同，因此，在我们讨论焦虑之前，先把焦虑和恐惧区分开来是非常必要的。

当我们在森林中行走见到了一只老虎，这个时候我们会出现害怕，这种害怕是因为我们通过视觉发现了老虎，老虎成了我们的知觉对象，我们从进化中获得了一种对老虎的恐惧能力，这种恐惧对保护我们的生存具有重要的意义，当我们对所知觉到的老虎产生恐惧时，我们便决定逃走，如果成功，那么我们的生命便得到了保障，于是恐惧使得我们避免了死亡。我们逃离了老虎之后，便离开那个让我们恐惧的情境。按理说，我们离开了那个可怕的情境，我们的害怕就可以因此而结束。但实际的情形却并非如此。我们被那一刻的濒临死亡的情境给吓坏了，虽然人离开了那个可怕的情境，但是那个惊恐的画面却在我们的大脑里不断地浮现。我们走着想、坐着想、睡着时也想，总之，我们的大脑里总是不停地萦绕着那只老虎。此时，尽管老虎已经不在我们身边或眼前，但是我们仍然会害怕。我们可能会想，如果明天自己再出门，会不会再遭遇到老虎。

我们检视一下上述的两种害怕。一种是当我们看到老虎时的害怕，一种是我们离开了老虎后仍然对老虎的害怕。从心理学的角度上讲，第一种情形是对我们所产生的老虎知觉的害怕，第二种情形是对我们大脑里老虎表象的害怕。我们把第一种害怕叫恐惧，把第二种害怕叫焦虑。

通常而言，恐惧是指向此时此地的害怕，通常是针对外在对象的知觉对象的害怕，如怕黑暗、怕登高、怕老鼠、怕社交、怕空旷、怕拥挤、怕密闭的空间，我们所害怕的对象在外在空间，我们通过回避所恐惧的外在客体的那个知觉对象，恐惧就可以消除。而焦虑则是对知觉对象所形成的表象的害怕，例如，害怕还没有到来的考试，害怕要去见某个人，害怕自己会患上某种严重的疾病，害怕失败，担心亲人的安全，担心亲人的健康等，这个害怕或担心通常是指向未来会发生的情境，这个害怕的对象在我们的主观空间，我们通常无法回避这个主观对象，只要这个主观对象被我们的内在或外在的刺激所唤醒，我们的害怕就会发生。

我们会看到，恐惧有具体的对象，通常的行为反应是回避。焦虑通常没有具体的对象，而且通常的行为反应是被所害怕的对象持续吸引。恐惧被回避之后就会停止，而焦虑则不同，会持续下去。恐惧通常是指向当下的反应，而焦虑通常是指向未来的预期担心。恐惧被当下的知觉所引起，而焦虑则是被表象或图式所引起。

当恐惧来临时，我们可能会产生三种应对方式——逃跑、战斗或假死。这三种应对方式都是适应性的。因此恐惧是在进化过程中所建立起来的应对环境的一种正常基本情绪，这种情绪有利于生命个体在面对威胁时更好地保存自己的生命。

当焦虑来临时，我们也会有应对它的方式，这种方式我们通常称之为心理防御，此类的心理防御被精神分析的自我心理学所描述，其种类包括压抑、隔离、否认、合理化、投射、替代、退行、反向形成、幽默、升华等。

与焦虑相关的原因

由前面我们知道，我们的焦虑是指向我们头脑中的表象，是指向未来的一种害怕或担心。焦虑是自我认知评估到不能达到所预期的目标或不能克服障碍的威胁存在时的情绪反应。

- 焦虑通常与具有威胁的情境有关，也与我们的能力有关。因此，焦虑的产生通常需要两个条件出现：一是主观表象具有威胁性；二是我们的能力不足以应对或处理这种威胁。换句话说，即使我们的表象具有威胁性，如果我们有足够能力处理的话，那么，焦虑就不会发生。
- 焦虑通常与死亡有关。当人类出现语言，有了意识，有了对死亡的意识，死亡的焦虑便随之而来。对一个生命个体来说，最具有威胁性质的就是死亡。因此，人类所有的焦虑都可以归结到对死亡的惧怕上来。也就是说，我们所有的焦虑都是死亡焦虑的变形。
- 焦虑通常与需要的满足有关。从生物的本能需要来看，人的两大生物本能就是活下来和传下去。活下来的本能就是我们的营养需要和安全需要；传下去的本能就是物种的繁殖需要。如果这两种本能需要得不到满足，我们就会出现焦虑。
- 焦虑与需求有关。我们人类是社会性动物，我们的需求分成三大系统：生理需要，如饮食、睡眠、性；心理需要，如安全感、归属感、自由；社会需要，如被尊重、被认可、被欣赏。当这三类需要没有被满足时，我们就会处于焦虑状态。而此时，焦虑则成为我们的需求没有被满足的信号。
- 焦虑与道德有关，因为人类自从有了文明之后，就有了规则，这些规则中最重要的就是关于对与错的规则。当人类发展出道德与法律的规则之后，人类就发展出了良性和良知的品质。当一个人做错事，他就会面临道德或良知的谴责和由此而来的一系列惩罚。这些谴责或惩罚部分就转变成了对违反道德或良心的焦虑。
- 焦虑与重要感有关，我们希望被他人重视，被看得起，在别人心目中有一定分量。当我们被他人轻视、否定、拒绝、远离时，我们同样会感受到一种威胁，我们会有种被排挤的感觉，然后就会失去归属感，而没有了归属感则就意味着被落单。而在远祖的生存环境里，如果一个动物落单，就意味着个体成为其他凶猛动物的猎物，也就意味着死亡的来临。
- 焦虑还与意义和价值有关。人们希望自己能够过上一种有意义和有价值的生活，他们会追求一种完美和理想的人生，如果达不到这个完美和理想，他们就会因此而焦虑。可能我们从小在父母那里，一直被要求要完美、要阳光、要有正能量、要积极、要有追求、要做有价值的事，如果我们做不到父母给我们规定的那些要求时，父母就会否定、指责我们，父母就会对我们表达不满，或者可能经常表现出嫌弃或厌恶我们的神情，而嫌弃或厌恶就意味着我们在父母那里被抛弃。而这种被父母抛弃的感觉，同样也会让我们和死亡联系在一起。焦虑便不可避免地会发生。

焦虑的对象

我们会看到，我们所焦虑的对象有很多。几乎对那些有关我们自己或对我们所爱的人的生存具有威胁性质的表象，都会带来焦虑。以对死亡焦虑及其与死亡有关的变形焦虑为最多见。

- 疾病焦虑。如果我们的健康受到疾病的破坏，最可怕的结果就是死亡，所以，当疾病来临时，会唤醒我们对死亡的焦虑。有时，对疾病的焦虑又会成为疾病的一部分。
- 意外焦虑。人生充满了种种意外和不确定，为了追求这种确定性，我们会用强迫的形式来平息对不确定和意外的焦虑。
- 分离焦虑。分离就意味着被抛弃，而在早年如果一个人被抛弃则意味着死亡，这种意味会保留在我们的潜意识里，使我们对分离始终保持着一份原始的恐惧。当自我意识出现之后，这份恐惧就转化成了焦虑。我们一生会不断地经历着分离，如出生、切断脐带、断奶、上学、失恋、亲人去世、失业、离婚等，这些分离都可能会成为我们焦虑的原因。当这些事件在相应的阶段没有被恰当地处理时，分离就会成为我们心中的一个情结，这个情结会持续不断地影响着我们与自己、他人和世界的关系。
- 被害焦虑。我们对周围对我们不利的因素非常敏感，以至于我们非常在意或关注这些因素。我们会特别在意那些针对我们的不良评价和意见，看重自己在他人心中的位置，重视自己在同辈、同行、同事间的竞争。当我们身处不利或预感到这些因素会给我们带来不利时，我们就会有被迫害的恐惧。
- 归属焦虑。当我们被团体成员所拒绝、排斥、否定、贬低、蔑视和打压时，我们会强烈地感受到不被团体所接纳，这意味着我们被团体所抛弃，而在动物的遗迹中，如果一个动物群体的成员被抛弃，那等待他的可能就是死亡。

- 完美焦虑。当我们觉得自己不完美，觉得自己不够好、不够优秀、不够可爱时，可能就会觉得得不到我们所喜欢的人的爱、认可，我们可能觉得如果他们不喜欢我们，就会抛弃我们。而抛弃我们，在早年也意味着我们无法活下来。

存在主义哲学流派认为，人的存在本身就充满着焦虑。人被抛弃在这个无意义的世界上，其一生都处在一个未完成时，人的本质是什么，取决于一个人的选择。选择是要承担责任的，而承担责任就是要承担各种后果，而有些后果对我们是不利的，所以，这些不利的后果就会变成我们所焦虑的对象。存在主义假设，“存在先于本质”，我们的本质是我们选择的结果，当我们对自己的本质、人生的意义和价值有所期待时，选择就会成为一种焦虑。

焦虑产生的影响

当焦虑来临时，焦虑会给我们带来什么样的影响呢？通过对焦虑的认识和理解，会有助于我们对焦虑的处理，也有助于我们对焦虑动力性质的理解。

当焦虑来临时，我们主观上会出现过分担心和紧张害怕，身体会处于过度兴奋状态，会有头晕、胸闷、心慌、呼吸急促、口干、尿频、尿急、出汗、震颤等表现，身体的血糖和血压会升高，瞳孔会放大，心率和呼吸会加快，当身体处在如此兴奋的状态时，整个人可能会出现坐立不安、烦躁的状态，无法安静下来。也就是说，当我们焦虑时，我们的身体就会处于高度的兴奋状态，身体所有的部分都被动员起来，准备应对我们所建构起来的受威胁的情境。

产生焦虑的条件

焦虑发生在我们的主观世界，它的发生也是有条件的。首先，我们的主观世界会建构一个可以引发焦虑的威胁情境，我们相信有这样的情境会发生，如我们焦虑孩子的身体、学习和性，焦虑我们的能力、地位、关系，那么其背后就会有一种相信或信念，我们相信孩子的身体会不健康、学习会变差、会和他人有性关系，我们也相信了自己的能力不行、地位不保、关系恶化；有了这份相信之后，接下来，我们又会相信，我们的能力不足以应对我们所相信的那个会发生的对我们有威胁的情境。于是，焦虑就会唤醒、诱发和启动。

因此我们看到，焦虑的背后有两个相信：一是我们深信不疑的那个具有威胁性质的建构情境会必然出现；二是我们相信自己对这个情境没有有效应对的能力。当这两个相信同时发生时，焦虑就会发生。

焦虑分类

有时我们能够识别我们所焦虑的对象，有时我们可能无法识别焦虑对象。当我们能够识别所焦虑的对象时，如我们焦虑孩子的身体、我们焦虑即将到来的考试、我们焦虑即将到来的面试等，我们就把这样的焦虑叫现实焦虑。

当我们无法识别所焦虑的对象，不知道所焦虑的内容时，如我们每天惶惶不可终日，坐卧不安、担惊受怕、饭不思食、夜不能眠，但却不知道为何而焦虑，那就是神经症性焦虑。

当我们所焦虑的对象与违反道德或良心有关时，我们称之为道德焦虑，如乱伦焦虑。

我们可以以考试焦虑作为现实焦虑的例子。例如，中学生对高考的过度紧张和焦虑。表面上看我们对考试的焦虑和紧张是源于我们太希望考好，害怕考不好。而这个考不好却源于我们主观世界里有一个对这次考试有考不好的相信，因为有了这个相信，我们的意识里才有了害怕和担心。而当我们害怕和担心时，我们便处于焦虑状态。而当我们处于焦虑、紧张、担心状态时，我们在考试时便处于一个不利的状态，这种状态又会让我们处在一种非常不利的情境下，这种情境和状态都会影响我们对考试的发挥。由于过度的紧张、害怕和担心，结果考试就真的没有考好。于是，便实现了潜意识里的相信和意识里的担心。为何我们的潜意识里会制造焦虑来干扰我们的考试，使我们得到一个不好的结果呢？这与家庭动力有关。由前文内容我们知道了，当一个人有了俄狄浦斯情结之后，就会出现对超越同性父母的恐惧，于是，他们便会限制自己的成功。因为当他们成功了，超越了自己的同性父母时，便会担心来自同性父母的惩罚，于是，他通常会阻止自己的成功和优秀。考试焦虑是能够成功阻止一个人成功和优秀的好方法。当内在出现对考试的焦虑时，就可以阻止一个人考试考好，于是，当考不好时，就可以成功阻止来自同性父母的惩罚。现在，我们再来看考试焦虑，其内在的原因不是害怕考不好，而是恰恰相反，是害怕考好。

在神经症性焦虑里，会有很多种类的焦虑类型，有明确焦虑对象的强迫现象也是属于焦虑障碍的一种。强迫在一个人身上发生时，其内在会有两股相反的力量：一个是坚持要做某事，一个是坚持不要做某事。如强迫性洗手，当一个人感觉自己的手很脏时，他希望通过洗手把这个"脏"洗掉。正常人洗手洗几次就可以了，但是强迫症的人洗手会洗上几十次到上百次。在他的主观世界里有一个"脏"的表象，而他对这个"脏"却非常害怕，他确信这个"脏"存在，并且想通过洗手能够"洗"去这个"脏"。因为这个"脏"不在手上，而是在他的大脑里，而这个"脏"也不是因为"手脏"，而是因为"人脏"。如果是因为"手脏"，是可以用水洗掉的，而"人脏"是用水洗不掉的。因此，他需要很多次的清洗。当他用水洗手的时候，他会觉得洗几次就可以了；可是，当需要把"人"的"脏"洗掉的时候，可能就需要洗几十次了。于是，他的主观世界就会对洗手这件事有两种力量出来：代表"手"的部分觉得洗几次就可以了，而代表"人"的部分觉得需要洗很多次才可以洗干净。当这两种力量相持不下的时候，便形成了强迫症。从家庭动力来看，强迫症的两股力量也是有其动力学的原因的。可能的原因之一是一个人在他的原生家庭里，其双亲对他可能经常会有相反或矛盾的要求。比如在对孩子做事的要求上，父母中的一方要求他快一点，而另外一方则要求慢一些；在给孩子选择兴趣班上，一个人要求孩子要上兴趣班，一个则要求不要上兴趣班，按孩子的自然兴趣发展；当孩子到了选择文理科的时候，父亲可能想让孩子报理科，而妈妈则坚持要孩子报文科。类似的情形还有，父亲或母亲在孩子那里经常前后不一，或对孩子同时有相反的要求；或父母在孩子面前彼此说对方的坏话等。这些都可能在孩子的内在形成相互矛盾的部分。

带来强迫的还有一种情形是孩子从小被父母严格要求做一件事情或遵守某个规定，或者父母在某一个目标或任务上不断提高标准，让孩子追求完美和卓越。如要求孩子过度干净，要求孩子在学习上保持成绩第一。在这个过程中，如果孩子达不到父母的要求，父母就会给到孩子严厉的惩罚。不论是父母的严厉要求，还是追求完美或卓越，在孩子的内心都会造成极度的不安全感，这种不安全感会引起孩子内在的恐惧，这种恐惧主要是基于达不到父母要求或标准时所受到的惩罚。因此符合标准或要求与达不到标准或要求，就产生了冲突，当这种冲突长期存在时，就会演变成强迫。

我们会看到，强迫焦虑的一个共同特征是过度追求完美和追求绝对安全。而这种追求又与早年我们在父母那里曾经对我们过度的要求和惩罚有关。

疑病也是焦虑障碍的一种。这类人的特点是怀疑自己患上了不治之症，如艾滋病、狂犬病、各种癌症等，然后不断地到医院去看医生并去做各种与所怀疑之病相关的检查，尽管各种检查结果都正常，医生也没有查出他身体有什么问题，但他仍然坚持认为检查结果有误或自己的信息资料被弄错或医生没有检查出来，基于这样的怀疑，他会坚持不懈地到医院就医和检查。就医和检查的结果仍然是结果正常，医生查不出来有什么问题，然后他会一如既往地拒绝正常的结果，仍然继续去医院就诊并检查。在外人看来疑病的人简直不可理喻，然而，在疑病者那里，他们的主观世界里一直存在自己已经患上某种疾病的表象、观念或事实，而这个表象、观念或事实不被他外在的客观世界所决定，而是被他的内在需要所决定。这个内在需要通常是无意识的，不被他所察觉的。也就是当一个人的疑病发生时，说明这个人的内在存在着患上他所怀疑的那个疾病的需要，于是他的主观世界里便出现了自己患病的信念，这个信念便进入了他的意识世界，然而他的潜意识里的需要却没有同时进入他的意识世界。那么，患病是出于潜意识的需要，但我们的意识却不需要自己患病，而我们的意识此时又无法和潜意识进行沟通和交流，于是我们的意识便对我们患病的信念进行抵抗，那么他去医院看医生就是顺理成章的事了。因为潜意识里的需要没有得到处理，因此，意识里就无法解决一个人的疑病问题。

我们从中可以看出，疑病的人通常潜意识里有一种需要患病的需要，而意识却对这种需要特别恐惧，因此他们到医院里去，想借助医生来把它消灭掉。如果想要把疑病的人怀疑解决掉，那么比较合理的方法是让他看到他的潜意识为何需要自己得病，去看到这个需要的背后是什么，该如何来处理这种需要。只有患病的潜意识需要被处理，一个人的疑病才可能得到有效解决。

还有一种焦虑被称作惊恐障碍，通常认为是焦虑的急性发作，其表现与恐惧症相似，惊恐焦虑的特点是来得突然，去得也突然。但此种焦虑的恐惧程度却非常严重。它的特点是说来就来，说走就走，没法预测。来的时候其焦虑程度非常严重和凶猛，并且会迅速达到极限，当事人常常会有濒死感，可能突然会出现胸闷、胸部压迫感、窒息感，不能自主呼吸的恐惧紧张感，甚至感到死亡将至而呼喊，常常不由自主地奔向窗户，推开门窗，让空气进入胸腔。还有一种表现就是失去控制感，可能出现极度的精神紧张，产生即将失去控制的焦虑或将变得疯狂的恐惧。当这些他都无法应对的时候，他可能会体验到无法控制的精神崩溃的来临。不论上述哪一种体验，对当事人来说都像挣扎在死亡边缘。

因为惊恐障碍的身体兴奋与恐惧症类似，所以，当一个人惊恐发作来临时，他的身体系统也会极度兴奋，这种兴奋主要集中在下面的四个系统里：一是在循环系统，如心跳加快、心悸、心慌出汗；二是在呼吸系统，如胸部压迫感、气短，胸痛不适、喉部堵塞感；三是在消化系统，如恶心呕吐、腹胀、腹泻、腹痛；四是在神经系统，如身体飘浮、眩晕、发热或发冷感、麻木、皮肤刺痛感、震颤。不仅如此，他还会出现人格解体（感觉自己不存在了）或现实解体（感觉自己之外的世界不真实或不存在了）的感觉等。

惊恐障碍具有发作性，每次从发作到结束大约持续 10 到 30 分钟不等。因为其发作无法预测，也没有征兆，因此其缓解期的长短便无法预测。因为无法预测，以及惊恐发作时其焦虑程度非常严重，所以会导致当事人在缓解期的时候，每时每刻都会担心他的惊恐发作会不期而至。因此，惊恐发作的特点是当惊恐来临时，便进入急性焦虑发作状态；当惊恐发作缓解后，便进入慢性焦虑发作状态。

当一个人处在惊恐发作的状态时，便和恐惧症出现恐惧的状态类似，然而我们知道，恐惧和焦虑是不同的，恐惧是在我们面对一个具有威胁性的外在对象并对它们形成知觉，但又没有能力应对这个威胁时所产生的情绪。而焦虑则是我们对主观世界里的具有威胁的表象所产生的恐惧。而我们看到的惊恐发作所表现出来的这种恐惧，就像一个人面对真实的客观世界里的知觉对象一样。那么，我们不禁好奇地问：我们的主观世界发生了什么，会让一个人的身体如此兴奋，我们的身体究竟“看到”了什么“可怕”的东西，会让我们的身体如此恐惧呢？

可能的原因之一就是我们的身体“看到”了这个威胁到我们生存的对象，这个对象通常是“死亡”。因为身体“看到”了“死亡”，身体会出现强烈恐惧的反应就在情理之中。我们的身体是如何感受到的这个“死亡”的呢？它们在我们这里是如何运作的呢？

例如，有一位中年男子突然出现了惊恐发作，他既往的健康状况一直很好。当他来就诊的时候，他的惊恐发作已经非常严重地折磨着他，使他无法工作和生活。当了解家谱图的时候，发现他的父亲是在 45 岁时，突发心脏病去世。而他发现他今年也恰好是 45 岁。当你看到这里的时候，你的脑海里可能会把他父亲去世的年龄与他现在的年龄做一个联结。前来咨询的个案 45 岁，这个年龄就是他父亲去世的年龄。那么，他的潜意识可能会告诉自己：“我已经到了我父亲去世的年龄，我也有可能像我父亲一样离开。”或者出于他对自己父亲的忠诚，他也要像父亲那样离开。当然，这些都发生在我们的潜意识里，我们的意识和思想是觉察不到的。但是我们的潜意识知道，我们的身体会知道。当我们的潜意识里知道有这个死亡的冲动或对父亲死亡的追随存在时，我们生命本能就可能害怕这个部分，因为这个部分是死亡，所以身体会特别害怕，于是身体就会情不自禁地出现剧烈的恐惧反应。

成瘾背后的家庭动力

要理解“瘾”，首先要把“瘾”与爱好、喜欢和嗜好区别开来。

爱好、喜欢和嗜好与“瘾”的共同特点就是它们都可以给我们带来愉悦、快乐或欢乐，不同点是，爱好、喜欢和嗜好不会给我们带来伤害，而“瘾”在给我们带来愉悦、快乐或欢乐的同时，还会带来伤害。

“瘾”和爱好、喜欢与嗜好的另外一个不同点就是不可控制性。爱好、喜欢和嗜好的行为可有可无，需要时，我们就从事它；不需要时，我们就放弃它。它对我们的生活、学习和工作有促进作用，是用来提升我们的生活品质的。而“瘾”是不可控制的，不是我们选择“瘾”，而是我们被“瘾”所选择。瘾是反复发生的、不可控的，只要情境适合，“瘾”就会发生。因此，如果我们需要给“瘾”下定义的话，那么“瘾”就是一种反复发生的、不可控制的、具有伤害性质的愉悦行为。

成瘾通常被分为两大类：一类是物质成瘾，如烟瘾、酒瘾、毒瘾；另一类是行为成瘾，如赌瘾、性瘾、购物瘾或游戏成瘾。

成瘾的特征

为了更好地理解成瘾，我们需要看看成瘾行为都有哪些特征。

- 成瘾的第一个特征是具有伤害性。伤害性是区别成瘾与爱好、喜欢和嗜好的最本质的部分。
- 成瘾的第二个特征是具有重复性。成瘾行为之所以称为成瘾，就是因为它是反复发生的行为，“瘾”之所以为“瘾”，就在于它的重复性。
- 成瘾的第三个特征是具有不可控制性。成瘾的行为是反复发生的行为，这种反复发生的行为具有不可控制性。虽然当事人想控制，但每次努力都归于失败。其不可控制的原因可能与成瘾具有戒断性和内在的心理需求性有关。当成瘾的物质或行为突然中断时，身体和心理上通常产生非常痛苦的剧烈反应，当再次拥有成瘾物质或行为时，这种戒断反应会立即消失。对于毒瘾者来说，他们几乎所有的内在和外在需求都需要借助毒品来满足，没有了毒品，他们的需求就失去了满足的途径。因此，基于满足需求的这个特点，也使得他们没有办法离开毒品。

- 成瘾的第四个特征是成瘾具有耐受性和戒断性。成瘾的耐受性是指使用相同程度的成瘾物质或成瘾行为时，其愉悦或快乐程度随着时间的增加而减少；如果想达到相同程度的愉悦或快乐效果，必须增加成瘾物质或成瘾行为的量。因此，为了保持住当初曾经拥有的愉悦或快乐度，成瘾者就会不断地加大成瘾物质或成瘾行为的量。这也是为什么成瘾者的瘾会越来越重。成瘾的戒断性是指当成瘾者中断对成瘾物质的使用或中断成瘾行为时，身体或心理出现的痛苦反应，这些痛苦的反应通常不是人的意志所能克服或战胜的，因此会导致重新使用成瘾物质或从事成瘾行为。这些身体的痛苦反应可能包括全身疼痛、抽搐、胃肠痉挛、恶心、呕吐、腹泻、反复寒栗、心动过速等，心理的痛苦反应会有极度的焦虑不安、恐惧紧张、抑郁、失眠、精神恍惚等。这些痛苦的身体或心理反应，除了再次使用成瘾物质或从事成瘾行为外，要靠当事人的意志或其他方法是不能解除的，因此，此时成瘾者可能会千方百计地去寻找或获得成瘾物质或从事成瘾行为，因为成瘾物质或行为可以立刻解除成瘾者的戒断反应。
- 成瘾的第五个特征是对成瘾物质或成瘾行为的强烈渴望。因为成瘾物质或行为能够带来愉悦和诸多需求的满足，因此，成瘾者对成瘾物质或行为具有强烈的依赖性。在成瘾者那里，只有和成瘾的物质或成瘾行为在一起，他们才能感到生活充实，才能找到自己的存在感、价值感和意义感。否则，当他们失去了成瘾物质或远离成瘾行为时，他们就会感到空虚、寂寞、烦躁、焦虑、抑郁、感觉生活没有乐趣、没有意义，甚至找不到自己的存在感。成瘾物质或行为成了他们解决几乎所有问题的万能钥匙，于是成瘾活动会成为成瘾者离不开的主要生活内容。他们通常不会顾及成瘾行为对自己的身体、生活、学习或工作所带来的危害或影响，因为对成瘾物质或行为的需要已经远远超过这些危害所带来的影响。他们通常不顾及后果，也不顾及亲人的劝阻或反对而坚持自己的成瘾行为。
- 成瘾的第六个特征是成瘾物质或行为能带来愉悦或快乐，能带来成瘾者的

> 满足感、意义感和价值感，并提供一种亲密关系。至少在他们成瘾的某一时刻，能提高他们的自信，提高他们的性能力，给他们想要的旺盛的精力或活力，能解除他们的空虚感、无用感、无力感、寂寞感、孤独感、无意义感、无价值感、痛苦感，能满足他们的无所不能感和完美感，能够帮助他们解决压力、找到自我。正是因为有了这么多好处，才使得成瘾者很难走出成瘾。

我们经常说成瘾者为何很难离开成瘾，是因为有“心瘾”的存在，如果能够解决掉“心瘾”问题，那么戒断“瘾”就比较容易了。

那么，什么是“心瘾”呢？

从上面成瘾的六个特征看，“心瘾”与“瘾”给成瘾者所能带来的好处，以及断“瘾”给成瘾者带来的害处与痛苦有关。如果一个人不能通过其他途径或用其他方法来替代“瘾”给成瘾者带来的好处，和/或不用“瘾”，而是用“瘾”之外的方法来处理断“瘾”之后所带来的痛苦，那么，成瘾者的“心瘾”就可以得到有效的处理，戒断成瘾行为就会变得容易了。

成瘾的家庭动力

从家庭动力学的角度看，成瘾的家庭动力都有哪些呢？

我们从上面可以看到，瘾首先具有愉悦的性质，在愉悦的后面隐藏着自我伤害。而愉悦象征着亲密关系，也就是说，成瘾者借用成瘾物质或行为来补偿在现实世界里亲密关系的缺乏或不足。而自我伤害可能象征着惩罚、陪伴和追随。当一个人觉得自己有罪过或有罪恶感时，他需要用自我伤害来惩罚自己，以此来抵消或补偿自己的罪过或过失或不道德行为。当一个人对自己的父母过于忠诚，当他看到自己的父母的人生命运非常悲惨或不幸时，他借用成瘾来把自己的人生也弄得悲惨或不幸，并以此来陪伴父母的人生或命运。

我们也会看到，有一部分成瘾者，如吸毒者会有很严重的后果，比如死亡，那么吸毒者的背后就会暗含着死亡的动力。在这个动力里面，可能会有对自己亲人的死亡追随。在这些吸毒者的家庭里，可能存在着非正常死亡的亲人，为了表达这种追随，那么，他可能会通过吸毒的方式让自己的死亡来追随亲人的非正常死亡。

在另一部分家庭里，可能的家庭动力是父母的婚姻遇到了危机，成瘾者用成瘾行为来转移父母的注意力，从而缓解父母婚姻关系的紧张或破裂。

还有一些家庭因为父亲或母亲功能或事实上的缺失导致事实或心理上的单亲，从而导致一方父母感情上的危机或感情上无法得到有效满足，那么未能得到满足的父母便需要孩子的陪伴，当成瘾者成瘾时，便会用退行的方式把自己退行到孩童时代，然后在这种状态下来陪伴父母。

成瘾者其他的动力机制可能还有以下几种。

- 补偿作用（compensation），即通过对成瘾物质或行为的过度沉溺，借以补偿现实生活中没有从父母那里获得的亲密关系。
- 否认（denial），即通过成瘾物质或行为来改变自己的感知状态或存在状态，从而否认现实生活中所面临的痛苦、失败、挫折的困境。
- 替代（displacement），即用一种具有伤害的方式来替代其他方法以满足所有的需求。
- 幻想（fantasy），即成瘾者曾经幻想自己无所不能，并且用这种无所不能去解决所有的问题，而成瘾者在成瘾过程中会拥有这种无所不能感，或让成瘾者处在无所不能的幻觉状态（如吸毒者吸食毒品时）。
- 孤立（isolation），即为了让自己免于被外在世界或社会伤害，用成瘾将自己与现实世界孤立起来，并将自己退缩到一个被动状态。
- 合理化（rationalization），即意识里不断地为潜意识里的需要进行辩护以解释自己成瘾的合理性。
- 退行（regression），即将自己退化到早期的发展水平，以避免承担过多的责任，以更好地满足父母对自己的依赖，以更加心安理得地陪伴父母。
- 抵消作用（undoing），即对自己所做的愧疚之事通过成瘾来伤害自己，以表示赎罪或弥补。

成瘾是一个系统问题，不是成瘾者一个人的问题。从动力的角度看，家庭中存在一个成瘾者，说明成瘾者的家庭系统出现了失衡，成瘾者的出现是为了恢复家庭系统的平衡，说明这个家庭需要有一个成瘾者。成瘾者的出现是一个家庭动力的结果，而不是成瘾者本身出了什么问题。因此，如果要把一个成瘾者解救出来，不从家庭系统着手，不从家庭动力着手，而只是从成瘾者本人着手是很难解决的。因此，解决成瘾者的成瘾问题，从家庭系统和家庭动力入手才是比较彻底而有效的办法。

父母婚姻对孩子婚姻观的影响

人类的繁殖本能受到其婚姻制度和性道德的影响，使得性和繁殖受到最严格的管理。因此，人类的性在人类的欲望里被压抑或管制得相当严厉。因为严厉，所以容易出问题。

人类的婚姻是通过法律制度固定下来的，因此具有强制性。而这种强制性则是希望能够带来关系的稳定性和不可随意解除性，这显然会给那些追求自由的人、无法建立稳定关系的人、无法建立或经营亲密关系的人、不愿意传宗接代的人、性功能出现障碍的人带来困难。

人类的婚姻会有很多种形式，以下是比较常见的形式。

- 不愿意结婚。坚持一生独身。
- 做大龄青年。愿意结婚，但迟迟难以走进婚姻。
- 和一个人走进婚姻并结婚。
- 和一个人同居但不结婚。
- 做丁克。虽然结婚，但是不要孩子。
- 制造外遇。同意结婚，也可以生孩子，但会寻求外遇作为婚姻的补充。
- 离婚。先结婚，然后再离婚，有的可能从此进入不断地再婚，然后再不断地离婚模式。
- 单亲。离婚后不再结婚，从此保持单亲状态。

- 再婚。可以结婚，可以离婚，可以单亲，然后再选择结婚。

一个人的婚姻状态同样受到家庭动力的影响。一个人父母的婚姻状态是影响其婚姻状态最为重要的动力因素。当一个人父母的婚姻是稳定的，那么他的婚姻的稳定程度就会高得多；如果一个人父母的婚姻是冲突不断或存在外遇或离婚或再婚，那么他的婚姻里会有非常高的概率再现父母的婚姻模式。

当一个人的童年经历了非常多的苦难或不幸，那么也会影响他走进婚姻，因为他觉得作为一个孩子太不容易了、太痛苦了，如果他感觉到他没有能力为他未来的孩子提供幸福生活的话，那么他就有可能会选择单身或做丁克家庭，因为他不愿意再制造出另外一个和自己同样悲剧的孩子。

当一个人在父母那里没有建立好安全型的依恋关系，那么，他建立、经营和保持亲密关系的能力就会遇到困难，尤其是当他的依恋关系模式是矛盾型、回避型和混乱型时，就更是如此。在不安全的依恋模式里，婚姻关系可能会经历更多的矛盾冲突，外遇、离婚的概率也会更高。当一个人在早年和自己的异性父母没能建立起安全型的依恋关系，或者他们的关系是冲突的、紧张的、对抗的或敌对的话，那么，当他进入婚姻之后，他和配偶的关系也可能会重复和异性父母的关系模式，这种重复的关系模式可能会导致婚姻的不稳定或解体。

当一个人早年经历过不断地分离，如不断搬家、不断更换学校、不断更换抚养人、父母离婚再婚，那么，他可能会在保持亲密关系上出现困难。在进入婚姻之前，可能会出现不断地更换恋爱对象，不断更换性伴侣；在进入婚姻之后，也可能是外遇不断或不断离婚，然后再不断再婚。当一个人在早年经历了不断分离，那么，他就很难在一段关系里投入过多的情感或亲密，因为他投入的越多，就意味着在分离的时候痛苦越深；为了避免分离的痛苦，最好在关系里不要投入太多的情感。同时，为了避免被抛弃的被动与无价值感，那么最好是主动抛弃对方，这样不仅会免于等待被抛弃的焦虑，还会获得一种控制感。

婚姻是指向繁衍而建立的，因此，婚姻的主要功能是指向繁衍后代，也就是我们通常所说的传宗接代。而婚姻的这一功能是否存在，则取决于婚姻双方对他们父母的联结度或接受度。当一个人的内在和父母没有联结上，或者他们与父母没有爱的联结，或者他们和父母是恨的联结的话，那么，他们的内在可能就会拒绝父母。当他们拒绝父母时，他们通常也会拒绝给他们传宗接代。其表现的形式可能有保持单身、成为丁克家庭、不孕不育等。在家庭动力中，拒绝父母最为彻底的方式之一是不为他们传宗接代，让他们的生命不能在自己这里得以延续；另外一个是自杀，把父母给予自己的生命还给父母，拒绝从父母那里获得的生命再在自己这里继续下去。

很想走进婚姻但又很难走进婚姻的大龄青年，通常会有另外的家庭动力原因。我们会经常看到一些很难走进婚姻的人，他们在意识里想走入婚姻的动力通常特别强，他们非常想拥有一个恋爱伴侣，他们的父母也经常会催促他们尽早有一个恋爱伴侣。但我们会发现，他们通常会把自己要找的那个恋爱伴侣设置一个非常高的标准，让现实里他所遇到的伙伴没有一个能够符合这个标准，然后他会说服自己：不是自己不想找，而是没有符合自己要求的人存在。于是一个人在高标准的寻找恋爱的道路上最终成了孤独的追寻者。他们的父母带着焦虑不断地期待，他们自己也带着焦虑不断地寻找。仿佛他们都在一起努力，但是，奇怪的是，他们越努力，好像就越没有结果。他们随着年龄的增大，所想找的那个如意伴侣却没能够如期到来。他们表面上很无奈，但内心里却心安理得地待在单身状态里。一个人到了该谈婚论嫁的年龄，却迟迟无法走进婚姻，其背后可能会有家庭的动力。其中的一个动力就是父母中的一方尤其是异性父母因为情感上需要自己的陪伴，因此他便会决定留下来陪伴这个父母。这个父母可能是处在单亲状态下的父母，也可能是处在父母之间的关系紧张、冲突或冷漠，那个情感需要无法在另外一个父母那里所满足的父母。其中的另外一个原因就是对自己的父母不满意，内在存在对父母的拒绝，不愿意替他们传宗接代，从而迟迟不愿意走进婚姻。

孩子的行为表现是其适应父母或家庭环境的结果

家庭动力和家庭治疗一样，通常会从系统去看问题，从系统去看个人，视个人问题为系统动力的结果，因此不会把个人问题包括心理问题、行为问题甚至是躯体问题疾病化或病理化。心理学通常会从需要、功能和因果去看问题，而不是从对错去看问题。因此，我们会说，一个家庭里之所以会出现问题，是因为家庭这个系统出现了问题，而个体出现的这个问题是用来解决家庭系统的问题的。因此，系统派的家庭治疗通常对家庭成员出现问题的态度是：任何成员的问题都是有功能的，都是契合这个家庭的，这个问题在这个家庭里刚刚好。因此当我们从这种立场来看孩子的问题时，我们就有可能减少对孩子的责备，从而转向思考家庭系统，转向思考家庭动力。

对孩子的问题我们也经常听到这样的表达：每一个问题孩子的背后都站着一个问题父母。如果我们持这种观点，那么父母就会被放在被责备的位置，仿佛他们是孩子问题的制造者，他们也会因此可能被视为加害者。那么，我们再想，父母的问题又是从何而来呢？当我们再从系统观的角度看，父母也有他们的家庭系统，他们也是系统的动力结果，因此，我们要让父母来全部承担责任就不太公平。如果我们从动力角度或从因果角度看，可能会更加容易看清这个现象。我们可以不把孩子的行为或父母的行为问题化，而是把它们现象化，即把他们的行为视为一种表现或呈现，而不再看成问题化、障碍化和疾病化。把家庭系统视为因，把孩子的表现、呈现或行为视为果，或把家庭系统和成员的表现、呈现或行为视为互为因果，那么我们就更加容易看懂孩子或父母的行为或表现了。因此，我们要了解或理解孩子的行为或表现，就要把孩子放进家庭系统里看，放在历史的、动态的他所在的家庭系统里去看。

我们先从进化论的角度来看孩子的行为。进化论有一个理念：物竞天择，适者生存。也就是说，生物进化的一个基本原则就是它对环境无条件的适应性。对于所有的生命体来说，它只有调整自身来适应环境，它才能更好地进化，更好地生存下来。而进化的目标就是为了适应环境。如果从系统来看，那环境对于一个生物体来说就是它的生存系统。因此环境就是成员的系统，而系统就是成员的环境。而“物竞天择”所讲的就是，那些不能很好地适应环境的生命体会被大自然所淘汰，而那些能够很好适应环境的生命体才能被留下来。

因此，所有的生命体，若想在大自然的系统里存在下来，它就要遵循这一游戏法则。不能适应它的，就得被淘汰掉。然而，从生命的实现倾向来看，每一个生命体都具有实现倾向，它们都会把自己的生命潜能最大化，而生命的这种实现倾向、潜能最大化倾向也是指向适应环境的，也就是说，每个生命体在它的潜能里都已经做到自我实现的最大化了，在对环境的适应上也是最大化了。它们在自己的生命潜能里都已经做到最大化地适应环境，最大化地实现自己了。然而，因为每个生命体所获得的遗传物质有所不同，它们的生命成长经历也有所不同，因此便决定了它们自身的潜能也会有所不同，但是对所有的生命体来说，它们有一点是相同的，那就是它们都把自身所拥有的潜能最大化，对环境的适应最大化。然而，不幸的是，仍然会有一些生命体会因为不能适应环境而最终被自然所淘汰。被淘汰的原因不是因为它们不尽力，而是它们的遗传和成长经历限制了它们的潜能，而与此同时，也限制了它们适应环境的能力。但是它们在自己的遗传和成长经历所带来的有限能力之内，已经做到最大化地适应环境了。

我对生命一直存有以下信念：相信它们是向上的；具有实现倾向；在自己的潜能之内都已经最大化地适应了环境并且实现了自己。我对人的信念、对孩子的信念、对父母的信念同样如此。

因此，从适应环境的角度看，孩子的行为或表现都是孩子适应父母或家庭环境的结果，不论我们所看到的孩子多动、拖延、不爱学习、迷恋游戏、逆反等这些父母不太喜欢的行为，都是孩子适应父母的结果。

从另外的动力看，孩子的动力可能与父母的动力有关，也就是说，在系统里，一个成员的表现，会受到另外成员的影响，而他同样也会影响其他的成员。对于孩子来说，受到影响最大的就是他们的父母。也就是说，亲子关系会成为影响孩子最为重要的动力。

我们从前面的亲子关系的动力里知道，父母和孩子的关系是单向的关系，这种单向的关系是父母把爱流向孩子，即父母给予孩子爱，孩子接受。而当亲子关系变成双向关系时，亲子关系就会受到影响，孩子的正常发展就会受阻。于是孩子可能就会出现这样或那样的问题。亲子关系的双向性会表现为当父母给孩子爱的时候，当父母在满足孩子需要的时候，父母通常会向孩子索取回报或向孩子要爱，如向孩子要感恩、要将来对自己好、要学习优秀、要各方面表现优异等。

亲子关系的单向性不仅要求父母在给予孩子爱的时候，不能向孩子要爱，更不可以在自己的需求没有得到满足时，到孩子那里寻求满足。他们可能想让孩子当他们足够好的父母，以满足自己早年没有在父母那里获得满足的需要。这样的父母通常会把孩子推到父母的位置，让孩子父母化、成人化。当他们成功地把孩子父母化和成人化之后，他们就可以心安理得地在孩子那里做孩子了。

还有一类父母，当他们的夫妻关系出了问题，他们在配偶那里得不到想要的感情，那么与两性有关的情感便无法在婚姻里得到满足，此时，可能的情形之一，就是父母会向孩子要这种情感的满足，那么此时就会把孩子推向父母配偶的位置上，孩子会成为满足父母情感的工具。这对孩子来说就是一种乱伦，这种乱伦可能发生在情感的层面，也可能会发生在身体的层面。不论是在哪一个层面发生，都会对孩子带来一些负面的后果。孩子通常会用一些自我伤害的方式如抽烟、喝酒、打架斗殴、吸毒等来伤害自己，以此来补偿乱伦所带来的罪恶感。

在父母和孩子之间，孩子对父母的忠诚会成为孩子成长非常重要的一种家庭动力。人类有一个非常漫长的成长期。他们从出生到成年，需要 18 年的时间。在生命的头三年，如果没有父母的照顾，所有的孩子都不可能活下来。因此，孩子在生命的头三年和父母的关系是完全的依赖关系。他们需要父母的照顾，需要父母的关爱，他们需要使尽浑身解数，让父母喜欢自己、爱自己、不要抛弃自己，因为只有这样，他才能活下来。那么这个时候，孩子能使用的武器就是对父母的忠诚。这个忠诚的表现就是无条件地满足父母的需要，尤其是潜意识里的需要。这个需要通常是配合父母完成父母自己的那个家庭动力。这个动力有时可能是痛苦、折磨和不幸，那么，作为孩子也会无条件地去满足父母。对父母忠诚的另外一种表现是把自己变得和父母一样或相似。如父母是痛苦的、不幸的、自我折磨的，那么孩子也会把自己变成痛苦的、不幸的和自我折磨的。如果父母不幸过早去世，那么，孩子出于忠诚，可能会对自己说："我要追随你而去。"于是，出于忠诚，孩子可能表现得体弱多病、或郁郁寡欢、或自伤自残，严重的可能会出现自杀行为。孩子这种把自己变得和父母一样的忠诚可能会在很多方面表现出来，如健康程度、性格类型、能力大小、关系模式、婚姻品质等都会成为孩子忠诚的对象。

还有一种孩子忠诚于父母的行为是当父母身陷一种困境、苦难或不幸时，孩子会滋生了一种幻想，如果自己把这种发生在父母身上的困境、苦难或不幸拿过来发生在自己身上，那么，父母就可以免于这些痛苦，父母就可以脱离这些困境、苦难或不幸。于是，孩子可能会认为，如果自己得病，父母就可以免于得病；如果自己痛苦和不幸，父母就可以免于痛苦和不幸；如果自己死掉，父母就可以免于一死。这样的替代忠诚经常会导致悲剧的发生。

在孩子那里会发生作用的动力还有自我概念。就像前面我们所讨论的自我概念对我们成长的影响那样，我们通常会按照童年在父母那里所形成的自我概念来表现和发展自己。当一个孩子在早年所形成的自我概念是负面的，那么他就可能朝向那些负面的自我信念去发展自己。这些负面的信念包括我是不可爱的、我是没有用的、我是没有价值的。当他朝向这些的负面的自我概念或信念去发展自己时，他就可能成为问题孩子或儿童。

14

中国传统文化对家庭的影响

每个家庭都有自己的文化，而这些文化都可能会在一个人的成长过程中产生这样或那样的影响，原生家庭中的文化尤其如此。我们可以通过一个人的原生家庭去寻求家庭文化的线索，这些线索通常由一个人的原生家庭或原生家庭里的父母的特性所决定。这些线索主要包括原生家庭或父母的所属种族与地域、宗教信仰、社会阶层、职业身份、生活方式、时间观念、社交礼仪、卫生习惯、家庭成员的关系模式、家庭对外界的开放度以及家庭对自然、社会、人生、种族、性别、性等重要主题的态度等。

中国式家庭文化的三大支柱

中国家庭文化是基于中国传统文化建立起来的，中国传统文化又是基于封闭的地理环境、农业文明和宗法制度建立起来。

从整体地理环境看，我国是三面陆地、一面临海，西南、西北、东面是天然屏障，北面修建了长城，加之长期处于文明中心，隔绝了与世界的联系。封闭的结果使得我国文化具有自给自足、连续稳定、自我中心的特点。

农耕自然经济是我国古代社会经济的主体。农耕民族的生活方式是建立在不能移动的土地基础上，稳定安居是农耕社会经济发展的前提。以农耕经济为主体的文化是一种主张和平自守的内向型文化。农耕经济的特点是不能自由迁徙，祖祖辈辈都会被限制在一个地方。这种文化的特点是追求稳定，人的角色比较单一，人际结构比较恒定，生活范围比较狭小，与外界的沟通比较有限，宗族、家族和家庭的作用比较突出，血缘关系成了一个人最重要的关系。于是，以家长制为核心的专制体系便逐步被建立起来，这些制度里就包括宗法制度。

宗法制度形成了宗法文化。宗法文化是以血缘关系为基础、以男人地位为重心、以长子为优先权的一种文化，这种文化为建立等级制度揭开了序幕。儒家在此基础上，进一步深化了以男权主义为特色的等级制度文化。儒家提出了“君为臣纲，父为子纲，夫为妻纲”的“三纲”以及“仁、义、理、智、信”的“五常”。“三纲”奠定了整个社会关系的准则，确定了社会的等级制度，在等级的基础上，建立相应的秩序；“五常”是所有人都要遵守的伦理规范。

宗法文化在后来演变成祖先至上、男人优先的法则。首先在家庭里建立相应的制度，然后扩展到社会，家庭关系涉及父子、夫妻、兄弟，社会上的关系涉及君臣和朋友。孔子最先提出了对这些关系的规范，他对家庭与社会里的一些角色提出了要求，这些角色包括君、臣、父、子。孔子对这些角色的要求就是“君君、臣臣、父父、子子”。意思是做君主的要像君的样子，做臣子的要像臣的样子，做父亲的要像父亲的样子，做儿子的要像儿子的样子。孔子在这里强调的是“角色规范”，用“像”来进行标定，但对每个角色具体的要求却没有提出具体的标准。后来孟子在孔子对人的角色研究基础上，又增加兄弟和朋友的角色，并称之为“五伦”。“五伦”包括君臣、父子、夫妻、兄弟和朋友。我们在这些关系里可以看到，只有“父子”关系，没有“母子”关系，男权至上，男尊女卑的局面已经形成。孟子对这些关系提出了伦理要求：“父子有亲，君臣有义，夫妇有别，长幼有序，朋友有信。”（《孟子·滕文公上》）然后，孟子又进一步给予了解释：“君臣之间有礼义之道，故应忠；父子之间有尊卑之序，故应孝；兄弟手足之间乃骨肉至亲，故应悌；夫妻之间挚爱而又内外有别，故应忍；朋友之间有诚信之德，故应善。”从中我们可以看到，对于这些关系里的角色要求，都是针对下一层级的角色，而针对上一层级却没有提到。这方面的不足在《礼记·礼运》中被完善，在这部儒学文献里，对每个角色都规定了相应的规范：“父慈、子孝、兄良、弟悌、夫义、妇听、长惠、幼顺、君仁、臣忠。”到了儒家启蒙教育名著《三字经》这里，又对“三纲”里的关系又有了新的提法：“三纲者，君臣义，父子亲，夫妇顺。”

在这里我们看到，始于夏朝、发展于商朝、完备于周朝的宗法制度被儒家不断地系统化、实践化、完善化，并被后来历代统治者所采纳和遵循。

不论是周朝的嫡长子继承制，还是儒家的“三纲五常”，都是基于等级、主从、高低、贵贱和尊卑来划分关系、界定关系，并对这些关系提出人伦要求的。它们都是宗法制度的一部分。在宗法制度里，我们可以看到关系上的尊卑脉络，即上尊下卑、男尊女卑、父尊子卑、兄尊弟卑、夫尊妻卑、君尊臣卑、父母尊子女卑，这些尊卑关系为我国的传统家庭定下了文化基调。

根深蒂固的家庭观念

人类社会经历了从游牧狩猎到种植养植、从母系到父系的变迁，这些变迁为家庭的出现做了准备。由于我国是一个处在封闭区域的以农业为主体的文明古国，所以其家庭、家族和宗族均与此特点相适应。

我们中国人比较看重认祖归宗、落叶归根，喜欢寻根求源。如果我们要寻求祖先的源，那么我们可能就要从家庭开始，然后向家族、向宗族去寻找。

家庭通常是指共同居住在一起的亲属团体，范围较小，通常只包括两个或三个世代的人口，一般家庭包括祖父母、已婚的儿子和未婚的孙儿女。

家族则通常是指有一个共同的男性祖先的男系后裔所组成，这些成员都属于同一宗族团体，被称之为族人。其亲属范围则包括自高祖而下的男系后裔。如果从我们自己算起，那么上推到第九代，就是属于一个家族的，也就是我们通常所说的九族，即包括自高祖至玄孙的九个世代。

同一姓氏有一个共同祖先的不同家族称为一个宗族。因此，我们把若干有血缘关系的家庭叫家族，把若干出自同一男性祖先的家族叫宗族。

前面我们说过，我国传统文化是基于农业文明、封闭的地理环境和宗法文化基础之上建立起来的文化。在这样的文化作用下，个人通常会依附于家庭，家庭又会依附于家族，而家族又会依附于宗族，宗族又会依附于国家。

在宗法制度里，我们个人的位置是被祖先的位置所决定的，个人在决定自己的命运和位置上，几乎没有任何空间。在科举制度之前，我们每个人的人生和社会命运都掌握在家族手里，直到有了科举制度，这一局面才得到部分改观。

在儒家看来，我们每一个人在家庭里都是隶属于父母的，其次是哥哥姐姐的。在社会上，尤其是官场上是属于君主一个人的。在家庭里一个人的义务就是孝敬父母，把自己的父母照顾好，学会报答父母的养育之恩。如何报答父母之恩呢？那就是要听父母的话，按父母说的去做，不要忤逆父母的意愿，知道体恤父母，要争气上进，要成家立业，要结婚生子、赡养父母。

我们通常不是属于自己的，而是属于整个家族的。因为在家族里，我们是同一祖先的后代，我们所有的后代都代表着祖先，而所有的后代也会彼此影响。因此，我们的好坏直接影响到祖先的荣耀。祖先的每一个后代都有义务通过自己的努力来光宗耀祖，给家庭争光。在家庭里，我们要孝敬父母、积极优秀、传宗接代，给父母养老送终。

不仅如此，我们还要背负儒家赋予每个男性社会成员的共同理想——修身、齐家、治国、平天下。我们除了优秀、除了做圣贤，不可以有其他的选择。

因此，从儒学的观点来看，一个人不论是在家庭里，还是在社会上，都要接受“家文化”的影响。而且“家文化”是所有人的人生起点，都要经营好，都要服从宗法制度和儒家文化的影响。这样你才能在社会立身立足，你才有成功的机会和可能。

人生伦理的起点：孝文化

我国传统文化是以“孝”“忠”为主调的，而“忠”又是建立在“孝”的基础之上的，因此“孝”文化则是一个人伦理的起点。失去了“孝”的基础，则其他的道德品质就会无所依附，也无从谈起。一个不“孝”的人，无论他其他方面有多好，都不会好到哪里去；一个“孝”的人，不论他其他方面有多差，都不会差到哪里去。所以，可以用“一孝遮百丑”来形容“孝”的重要性。

“孝”的基本动力就在于，孩子要服务于父母，要成全父母，要满足父母的需要，这在很大程度上干扰或妨碍了孩子自我实现的需要，让孩子没有机会成为他自己。“孝”就成了父母依赖孩子的一种工具，只要父母活着，那么孩子就没有机会离开父母，没有机会去充分发展他自己的人生。

亲子关系是单向的关系，在这种关系里，只要求父母能够无条件地爱孩子，对孩子提供物质和安全上的保证，提供走向社会所必需的指导与教育，为孩子能够离开父母走向社会，能够独立地生活，提供足够的能力。而父母对自己在这个过程中所有的付出和努力，并不要求在孩子那里得到任何回报。当孩子长大成人可以独立门户时，父母功成身退，自给自足，自谋生路，依靠自己的能力活着，不从孩子那里寻求生活的依靠。如果父母能够这样对待自己和孩子的话，那么孩子就能有机会展开他自己的人生，就有机会去实现他自己。当然，在这种状态下，孩子对父母可能就会越敬重、孝顺，越会侍奉父母，但是这一切都不是父母要求来的，而是孩子自发地做出来的。我们可以看到，一个“孝”的孩子，不是父母要求来的，也不是一个父母强迫来的，更不是父母“绑架”来的。当父母越是能够无条件地爱自己的孩子，越是能够自主独立，越是能够自强不息，越是不伸手向孩子要爱，那么他的孩子就越是可能成为一个有“孝”道的孩子。

养儿防老的悖论

我们从“孝”文化中看到，儿子赡养自己的父母是孩子“孝”父母的一项很重要内容。在中国文化里，养儿防老的观念不仅仅是一种道德要求，而且也会是一种法律要求，当父母到了晚年需要孩子赡养而孩子拒绝时，那么法律会强制孩子要赡养他的父母。

当养儿防老成为一种道德或法律要求时，那么这种要求的后面会带来一系列的动力。

首先，孩子会被父母或家族视为一种财产或投资，当我们把自己的晚年交到孩子的手里时，我们的未来有没有保障全靠孩子如何对待我们。如何才能获得这种保障或如何才能降低被孩子抛弃的风险呢？一要靠法律制度，二要靠道德要求。法律制度比较容易实现，但我们仍然不能保证所有的孩子都能遵守法律的规定。于是，道德的要求便随之跟进，“孝”就在这种制度下应运而生。“孝”是对孩子的道德要求，这个要求强调孩子要服从父母、侍奉父母、无条件地满足父母的需要。如果每个孩子都能孝顺父母的话，那么孩子就能够成为父母晚年的保障。然而，即使有了法律和道德的双重保险，我们也无法保证每个孩子能在父母晚年赡养他们。因此，为了获得更加可靠或有效的结果，或降低父母晚年得不到赡养的风险，父母在生儿育女上就会增加一些策略。策略之一就是多生孩子，尤其是多生儿子，因为孩子多，即使出现不孝的孩子，仍然会有孝顺的孩子来赡养自己，这是一种风险分散效应，孩子越多，晚年的风险就会越小；策略之二，就是让孩子优秀，因为孩子只有优秀，他们才有力量和能力来赡养自己。于是父母就会在孩子的成长和教育上进行大量的投资，这种投资最直接的原因就是希望在自己晚年时能够从孩子那里获得更多的回报率。

在养儿防老的文化体系里，孩子就成了一种父母一生的尤其是晚年的投资工具，父母尤其容易出现对孩子过度投资的现象，在他们的愿望里，他们投资孩子，孩子可以得到优秀发展，那么他们的晚年就可以获得保障。

然而养儿防老容易把孩子工具化。过度对孩子投资，非常容易让父母过度承担属于孩子的责任，如孩子可以不做家务、可以不负责自己房间的卫生、可以不洗自己的衣服等。而到了父母晚年，孩子又要去承担本属于父母自己的责任，如自己的饮食起居、自己的健康、自己的娱乐、自己的社交等。养儿防老容易让父母和孩子彼此承担对方的责任，即自己可以不为自己负责，而要求对方为自己负责。当父母要为孩子负责时，孩子就可以不再为属于自己的事务承担责任，如学习、家务、吃饭、作息、交友等，那么孩子就没有办法发展好自己。当父母的晚年要孩子为他们负责时，那么父母的晚年也很难有很好的境遇。这种以不为自己承担责任的相互依赖，其结果会使父母和孩子彼此都会更加弱小。

如果父母没有养儿防老之心，也不要求自己的孩子孝顺自己，那么父母就能够让孩子承担起属于他自己的责任，他会让孩子承担家务、洗自己的衣服、为自己的学习负责、为自己的过错承担责任。那么孩子就会成为一个自我负责的人，孩子的未来就可能会发展得非常优秀和顺利。而父母如果不抱有养儿防老之心，他们就会不再指望孩子为自己养老，也就不会把自己的晚年交到孩子的手里。他们可能会早早为自己的晚年做准备。他们会发愤图强，自强不息，他们会发掘自己的生命潜能，会最大化自己的能力，去创造和丰富自己的生命。

当他们不再依靠子女时，他们就要依靠自己来度过自己的晚年，他们会想方设法让自己生存下去，他们不依赖子女和他人的信念会激发自己的生命潜能，会让他们去不断创造，不断地去开发生命的能量，即使他们到了生命的晚年，仍然能够让自己的生命不断地发出光辉。他们仍可能会拥有自己的收入，有着很广泛的朋友和社交圈，有着丰富的兴趣爱好，他们每天都坚持锻炼身体，他们把自己每天的日常生活都安排得井井有条。

这样，孩子们和父母们都可以在自己的人生和生活里去自我实现。他们的人生关系是分享关系、共享关系，而不是隶属关系、包含关系或成全、奉献与牺牲关系。

当父母决定不让孩子养老时，孩子在人生进程就不会背负来自父母人生的责任，他们就能全身心地去发展自己的人生，那么孩子的人生在各个方面都会发展得完满，这些完满也包括孩子的身心、人格与灵魂。他们会更加有爱，更加深爱自己的父母，更加懂得孝敬父母。他们会经常与父母在一起，和父母聚会、娱乐、旅游；他们会更加关爱父母，当父母有困难时能够及时帮助和照顾父母。而当父母看到自己的子女人生发展得非常顺利和成功时，他们对子女的人生也会更加满意，他们自己也会因为孩子的成功更加开心和快乐。父母会为自己的子女开心，而子女也会为父母能够给予他们独立而自由的空间而感到满意。

因此，如果父母想要一个养儿防老的孩子，那么，父母就需要做一件事：下定决心不要孩子为自己养老。

重男轻女的影响

人类中的个体是以性别方式存在的。而且，性别也是自我概念非常重要的组成部分，性别接纳是衡量自我接纳的一个非常重要的指标。

性别歧视是男权主义的产物，而男权主义是人类社会发展的产物。人类社会的发展经历了从母系社会到父系社会的发展过程。父系社会的出现，奠基了男人在社会中的地位，男人的地位被提升，女人的地位被降低。

重男轻女的含义是男孩比女孩重要。这种重要性主要体现在两个方面：一是男孩才是家族的传宗接代者；二是男孩可以为父母养老送终，可以成为父母生活的支持者和照顾者。

重男轻女的影响会发生在女孩身上，也会发生在男孩的身上。

对男孩子的影响

当一个男孩生长在一个重男轻女的环境里时，他自然会受到来自家族的重视和优待。但是在另一方面，他也会承载家族的使命与责任。尤其是当这种期待和责任由一个人来承担时，就可能会超出一个人的能力范围。

例如，在传宗接代方面，他一定要生下一个男孩；在功名利禄方面，他一定要显达富贵；在孝敬父母方面，他一定要养老送终。而这些，对于一个男孩来说都是无形的压力。我们会看到，在重男轻女的家庭里的男孩，他不缺存在感，但可能会缺少价值感。也就是说，他作为一个男孩是被父母和家族所喜爱，但是他不一定能够满足父母的愿望，也不一定能达到父母或家族对他的要求，这个时候他就会缺少价值感，那么他最在意的常常是自己有价值，被他人认可。然而，当父母的期望过高或压力过大时，当他觉得自己无力来承担这些的时候，他可能就会放弃自己，从而变得碌碌无为。更有甚者，有时父母的压力过大，或期待过高，有些男孩可能会有消极厌世的念头或行为。

当一个受重男轻女影响的男孩做了父亲，而如果他的后代是个儿子，他可能会把自己没有完成的任务转嫁给他，希望自己没有能完成的使命让现在的儿子去继续完成。因为他自己是重男轻女的受害者，所以他不大可能用强加的方式来要求自己的儿子承担这些，他可能会用更加温和的方式来向孩子要这些目标。

如果自己没有儿子只有女儿，那么他对这个女儿可能会失望，他不会对她有过多的要求，忽略可能是最常见的做法。女儿在父母那里可能感受不到自己的存在，即感受不到来自父亲的期望，也感受不到父亲的关爱。女儿在父亲那里和在母亲这里会有截然不同的体验，一方面是来自母亲的高期待和高要求，另一方面又体验到来自父亲的高漠然和高忽略。

当他做了爷爷，他对自己的子女也不会有太高的要求和期待。在他的世界里，重男轻女的观念可能不会太过明显，他对自己的子女期待不会太高，要求也不会太多，因为他知道自己并没有做好一个榜样。因此，重男轻女到了爷爷的辈分里，其强度会减轻。

对女孩子的影响

当女孩被家族轻视时，无疑她的性别、她的到来都不受这个家族的欢迎。这个家族也不太接纳她成为这个家族的成员。那么这个女孩的存在感就会出现问题，因为她的性别、她本人和她作为这个家族的成员都是不太被接受的。当一个人的存在感存在问题的时候，他的注意力就不可能会集中在价值感上。所以，当一个女孩在家族里受到轻视时，她就会把精力放在自己的存在感上，那么这个女孩可能就会关注自己不好的部分、他人对自己不好的评价部分。因为如果自己有不好的方面，就会引起家族对自己更加反感，会更彻底地被抛弃。因此，她们会在意和惧怕自己的缺陷和不足，在意他人的负面评价。

当然，这类女孩通常会用自己优秀来补偿自己因为不是家族或父母的性别期待的不足。她可能会把父母或家族对男孩所期待的那部分弄得很优秀，如学业成绩优异。当女孩的性别不被家族认同时，这个女孩也不敢向自己的性别认同，她可能会认同男孩的一些性格，以满足家族对男孩的期待，如她可能把自己的衣装与外貌弄得像男孩，把自己的性格弄得像男孩。

我们可以看到，她和权威的关系是充满张力的。她一方面惧怕权威的否定，一方面也渴望权威的承认，她对权威是充满敬畏、期待和怨恨的。她在权威面前可以是毕恭毕敬、唯唯诺诺的，她努力想表现好的一面，生怕给对方留下不好的印象。

她们对男性是充满矛盾的，一方面，男性是她所在家族的期待，而她自己也正因为男性才被歧视或否定，因此，她对男性的情感是复杂的。一方面她羡慕男人的地位，另一方面她又不满男人夺走了她应该拥有的地位。男人无形当中被推到了一个竞争对手和敌对的位置上。因此，她和男人的关系是充满紧张和竞争的。这不仅体现在她和同学、老师、情人、老公、同事和领导之间，也会体现在和她的儿子之间。当她到了谈婚论嫁的时候，她可能不会选择非常优秀或强大的男友为伴侣，她可能会选择比自己稍微弱一点的男人成为自己的配偶。因为她知道，如果她战胜不了这个男人，她就可能会面临被压迫的风险。

当她自己有了再生家庭之后，在选择后代的性别上，会面临矛盾的选择。如果她也想要个男孩，那么，就等于她自己认同了重男轻女的观念，这也就等于认同了她的原生家庭和她的家族对她的歧视和拒绝的合法性，她也成了他们的同谋，成了和他们一样的加害者。如果她的孩子也是个女孩，那么这个孩子可能也会面临和她自己一样的不幸遭遇，如果她丈夫的家族也是重男轻女的话。因此，不论她的孩子是男还是女，对她来说，都是一个悖论。

当她的孩子是女孩时，那么，如果她所在的家族也是重男轻女的，那么她可能会因为自己的女儿而受到责备，就像当年她的母亲因为自己是女儿而让其受到牵连和责备一样。她可能会因此把这个因为女儿而起的被责备转嫁到对女儿的埋怨上，她可能要在女儿身上做一些事情，以便让自己的这些因来自女儿所承受的不公得到减轻。就像她过去所经历的那样，她会想方设法让自己的女儿变得优秀，希望通过这种优秀来弥补没有要到儿子的不足。她企图让女儿成为一个全能冠军式的孩子，成为一个十全十美的孩子。于是，她可能会给孩子报各式各样的早教班，进行最大程度的智能开发，也会给孩子报各种兴趣班，以为孩子的未来储备各种能力，以提高孩子在未来的竞争力。她可能会有意和无意地在女孩身上寻找男孩的影子，如给女儿留男孩的发式，穿男孩的服饰，鼓励发展男孩的性格等。

如果是个男孩，那么她对这个男孩的情感则是复杂的。因为男孩曾是她备受歧视的原因，是她苦痛的根源，她对男孩的情感是怨恨或敌视。然而，如今当她有了男孩，也正是因为这个男孩，才让她在丈夫和丈夫的家族那里获得了地位和价值。基于这个原因，她又要感激这个男孩。在过去，因为自己不是男孩，而父母又希望要一个男孩，她只能用能力卓越来超越男孩，这样她才能在父母那里获得一份存在感或价值感。而如今她要如何对待这个男孩呢？为了保持自己作为女人的价值，她仍然不能放弃和男人的竞争，因此，她不可能让这个男孩太优秀。但为了感激这个男孩给她带来的地位和价值感，她又需要给他回报和爱。于是，她选择了一个平衡的养育方式，那就是溺爱。溺爱既能保住母亲的能力优势，又能保住母亲对儿子的感激。因此，当一个母亲曾经遭受到重男轻女的影响，一旦她有了儿子，对这个儿子通常会采用溺爱的养育方式。

当这个母亲有机会成为婆婆时，那么她对儿子和儿媳妇的期待也是能够给她生个孙子，因为她深知，只有儿媳妇生男孩才能给自己的儿子带来价值，给自己带来价值，给家族带来荣耀。在这个时候，她也内化为一个具有重男轻女观念的人，然后把这个观念用在自己的儿子和儿媳妇那里。当她的儿子没有给他们生一个男孩，而是生下一个女孩时，他们就会对这个女孩歧视，就像她当年受到来自她的爷爷和奶奶的歧视一样。不仅如此，她还会把这种没有得到孙子的责任怪罪到儿媳妇身上，会觉得儿媳妇没用，就像当年她自己生了女孩被婆婆指责为没有用一样。当她对自己的儿媳妇不满时，无疑会恶化与儿媳妇的关系，她可能会利用自己的儿子来表达这种不满，婆媳不和就在所难免。

等级观念下的家庭关系

在封建社会，等级观念不仅是中国儒家文化的特色，也是我国传统文化的核心之一。等级观念后来演变成等级制度，成了我国政治、道德、经济、文化、宗教和日常生活的核心内容之一。上从君主、官僚，下到黎民百姓，无不受其影响。

我国的等级制度成形于周朝，完成于秦朝，完善于汉朝，然后被后来的各个朝代不断地发扬光大。

中国文化里的等级最初是天地为大、人次之；后来演变成祖先的等级为大、后代次之；再后来演变成父母为大、孩子次之。于是，我们看到的等级就是：天地大于人，逝去的祖先大于活着的后生，父母大于孩子。在不同的体系里，有着不同的级别，如在政治体系里，君主大于大臣，大臣大于百姓；在性别体系里，男人大于女人；在家庭代际体系里，父母大于孩子；在婚姻体系里，丈夫大于妻子。

我们看到，等级基本上是按照地位、性别和年龄来确定的。在社会上以地位来确定，在家庭里通常以性别和年龄来确定。

从地位上讲，职位越高者，级别就越高，职位越低者，级别就越低。在我国封建社会等级里，皇帝的地位最高，等级也最高。其次是皇帝的各级臣子，等级按地位依次降低，最低的级别是平民百姓。

从性别上，总体的等级是男性高于女性，男性的等级较高，女性的等级较低。尤其在水平的同一辈分里，男性的级别要高于女性的级别。如哥哥弟弟的级别要高于姐姐妹妹，丈夫的级别要高于妻子。但是，在不同的辈分之间，地位高的父母，不论男女都会高于孩子。

对于年龄来说，一般而言，年龄长者等级较高，如爷爷比父亲等级高，父亲比孩子等级高，在同一辈分里，也是哥哥高于弟弟妹妹。但是对于姐姐来说，其情形可能会有所不同，因为姐姐和弟弟之间还会涉及性别的因素。当性别和年龄两个因素重叠在一起时，性别因素要优于年龄因素。也就是说，在一个家庭里，如果你是一个女孩，即使你的年龄长于弟弟的年龄，但是在重要性和优先权上，她仍然没有弟弟的等级高，她可能会在等级上低于弟弟。在夫妻关系里也是如此，在婚姻中，即使妻子的年龄大于丈夫，而丈夫的地位和级别也是高于妻子的。

当丈夫高于妻子的时候，妻子的权利和需要就会被忽略掉，妻子就会处在一个从属的地位。由于妻子在她的原生家庭的地位就是低的，步入婚姻后，她在丈夫这里的地位也是低的。持续的低等级和低地位，会影响她的存在感和价值感，那么，在她有了自己的再生家庭之后，她可能会拥有一些寻求提升自己地位和等级的机会。在男权主义的环境里，她可以有一个机会改变自己的地位，那就是给丈夫生一个男孩。这个时候，她作为丈夫的妻子和作为儿子的母亲的地位就会得到很大的提升。除此之外，她还可以利用"孝"道来增加自己在孩子那里的存在感、价值感。如果母亲能够做到让孩子孝敬自己、顺从自己，那么自己的存在感和价值感就会得到满足。如何才能让孩子孝顺自己、听自己的话呢？母亲可能会通过过度对孩子好、过度奉献，甚至牺牲自己的方式来无条件或无限制地满足孩子的需求，当母亲如此做的时候，孩子就会欠母亲很多，他只有通过对母亲好来偿还，母亲在孩子那里就会变成了一个债主，而孩子就会变成一个不断欠母亲债的人。他除了对母亲好之外，没有其他的选择。

母亲提高自己的价值感的另外一个方法就是让孩子需要她、离不开她，以此在孩子这里提升作为母亲的价值感。母亲可能会采用以下方式会达到这个目标。

- 一是溺爱孩子，无条件地满足孩子的需求，过度承担属于孩子的责任，让孩子对自己的事务失去承担责任的能力。当一个孩子对自己的事务没有能力承担时，那么他就无法离开母亲，那么母亲就会感到自己在孩子那里的重要性和价值性。
- 二是通过否定孩子的方式来让孩子感觉到自己不行。当孩子不断地在父母那里被否定时，那么孩子就会慢慢怀疑自己不行或自己不对，然后觉得母亲对，当孩子觉得自己在母亲那里总是不对时，他就可能会觉得自己除了依靠一个"对"的母亲外，他就没有别的选择，于是他的"错"就需要一个"对"的母亲来拯救，母亲的价值感在孩子那里就得以实现。
- 三是让自己在孩子那里保住父母的身份，让自己在孩子那里还有价值。因为父母的身份是孩子给的，父母的价值感也是孩子给的。当自己的孩子不再需要自己的时候，有些父母就会觉得自己在孩子那里失去了存在的价值。为了获得这种作为父母的价值感，他们就会想方设法制造给自己在孩子那里做父母的机会，他们可能会通过给孩子制造问题，或让孩子成为问题孩子或是有问题的人，这样，她就可以用这个借口来帮助孩子，当她能够有机会帮助孩子时，她就又有机会再做母亲，来继续为孩子指点江山，从而实现她作为母亲的价值感。

在等级制度下的家庭关系，通常是父亲掌控全家，丈夫掌控妻子，父母掌控孩子，男孩掌控女孩。在这种等级制度下，处在父母阶层的母亲没有地位，处在孩子阶层的女孩没有地位。母亲通常会通过控制儿子（有时是女儿）来获得地位，女孩通常会通过表现优异和完美来获得地位。在这种制度下，母亲极其容易和孩子结盟，来对抗来自丈夫或父亲的控制。

等级制度下的家庭关系，不可能把夫妻关系放在第一位，也不会鼓励夫妻之间的亲密关系。因为如果鼓励夫妻关系的重要性和亲密性，那么，无疑会破坏父母比孩子重要这一等级秩序，会影响已经成年子女与他们的父母的亲密。为了保护这种等级秩序，就要把成年后的子女与他们的父母的亲密度调高到超过夫妻之间的亲密度。在“父为子纲”和“孝”文化的等级制度里，夫妻之间的亲密关系是对成年子女与他们父母之间的亲子关系的一种威胁。因此，在这样的等级制度里，成年子女与他们父母的关系通常要比夫妻关系重要和亲密。另一方面，在夫妻关系里，如果夫妻关系过于亲密和平等，也会破坏“夫为妻纲”的等级秩序原则。当夫妻关系亲密时，无疑需要丈夫在妻子面前降低自己的重要性，那么“夫为妻纲”就不能再维持住。因为如果夫妻关系要想融洽或亲密，那么，夫妻关系就要保持在一个平等的关系里，而平等的夫妻关系是违反等级制度的原则的。等级制度源于宗法制度，宗法制度的根基是血缘关系。而血缘关系里又是成人父母大于孩子，丈夫优先于妻子，男人优先于女人。因此，在等级制度里，亲子关系是注定要优先于夫妻关系的。当下个孩子还没有成年之前，夫妻和孩子的关系要比夫妻关系亲密；而当他们的孩子长大成人之后，他们和成年后的孩子的亲子关系要比孩子成年后和他的配偶的夫妻关系亲密。

在这样的等级制度里，男人的地位在做孩子时是低于父母的，却是高于姐姐或妹妹的。而因为“父为子纲”的存在，父亲可能要牢牢控制住儿子才能获得这个等级或秩序，因此，在“三纲五常”的等级文化里，父亲是不允许儿子超越自己的。因此，当男孩进入俄狄浦斯期时，男孩是注定要被父亲打败的。男孩出现俄狄浦斯情结的可能性就会增加。而女性在自己为孩子时会受到双重压迫：一是她的位置要低于父母，二是她的位置也低于她的兄弟。当她有了再生家庭之时，在没有孩子之前，她的地位也低于她的丈夫。只有当她有了孩子之后，她的地位才有了改观，因为此时她的地位在孩子之上了。那么，当她的地位出现改观的时候，她第一个要在儿子那里获得掌控感，因为她要在儿子这里把过去从兄弟和丈夫那里失去的地位补偿回来，因此，她通常可能不会放弃可以让她获得地位和权力的机会。就像前面我们看到的那样，她一面会通过无条件地满足儿子的需要来溺爱儿子，一面又会通过自己的权威来控制住孩子。因此，男孩在自己的原生家庭里，会受到来自于父亲和母亲的双重压力。这种压力往往会使得一个男孩失去男人的本色和活力。

在等级制度里，子女的婚姻也要为父母服务，所以，即使子女结婚，也不能和父母分离。因此，我国的原生家庭和再生家庭就不可能会分离，也不可能会有界限。因为父母要优先于孩子，父母的利益和需要也要优先于孩子，这是“孝”对孩子的要求。也就是说，即使孩子成家立业，有了自己的家庭，那么也不可以和父母分离，也要把父母的位置放在最前面。那么对于一个从夫居的再生家庭来说，如果父母在世的话，就要和父母住在一起。在一个核心家庭，对于家庭中的父亲而言，家庭的关系序位就会是：和自己父母的关系第一位，和孩子的关系第二位，和自己配偶的关系则是第三位。我们由前面知道，当丈夫把自己的父母放在第一位的时候，最容易出现的就是婆媳不和。当夫妻关系不在婚姻中占据第一位的时候，那么，母亲往往会和孩子结盟在一起，以共同抵御来自父亲的疏离。

北京阅想时代文化发展有限责任公司为中国人民大学出版社有限公司下属的商业新知事业部，致力于经管类优秀出版物的策划及出版，主要涉及经济管理、金融、投资理财、心理学、成功励志、生活等出版领域，下设“阅想·商业”“阅想·财富”“阅想·新知”“阅想·心理”“阅想·生活”以及“阅想·人文”等多条产品线，致力于为国内商业人士提供涵盖先进、前沿的管理理念和思想的专业类图书和趋势类图书，同时也为满足商业人士的内心诉求，打造一系列提倡心理和生活健康的心理学图书和生活管理类图书。

阅想·心理

《戒瘾：战胜致命性成瘾》

- 美国著名成瘾治疗医学专家为成瘾者开出的独具开创性的戒瘾良方。
- 一本各类成瘾者不容错过的、脱离欲望苦海的戒瘾书。

《人格心理学：人格与自我成长》

- 一部自 1974 年问世以来不断更新再版、畅销 40 余年的心理学经典著作。
- 完整梳理现代人格理论的发展脉络，讲述心理学各大流派对人格理论的构建及贡献。
- 以跨文化的全球性知识体系帮助你深入了解人类的本性，以便你可以用来更好地了解自己、了解他人。

《这才是心理学：看穿伪心理学的本质》

- 一本为心理学去伪存真、有态度的、让你真正了解什么才是心理学的经典著作。
- 畅销三十余年、长踞亚马逊心理类图书前100名位置。

《改变心理学的40项研究》

- 心理学史上影响无数人的、最重要的40项研究。
- 20年来畅销不衰的心理学入门经典图书全新升级和修订。
- 亚马逊心理学类畅销书Top100，亚马逊心理健康类畅销书。

《重新定义心理学：关于心理学的另类思考》

- 英国心理学会临床心理学分会主席富有开创性和争议性的心理学新作。
- 打破传统心理学观念，从革命性新视角解释人类行为，重新定义心理健康模式。

《极简心理学史》

- 最受追捧的安万特科学图书奖入围者、剑桥学霸倾情奉献。
- 一本有料、有故事、有历史厚重感的全彩心理学史图解书。
- 将心理学的发展历程化作一个个发人深省的故事娓娓道来。